中华译学馆

莫言题

中华译学馆立信守与

以中华为根 译与学并重

弘扬优秀文化 促进中外交流

拓展精神疆域 驱动思想创新

丁酉年冬月许钧撰 罗卫东书

中华译学馆·中国翻译实证研究论丛

穆 雷 许 钧／总主编

口译产品质量
与用户满意度研究

以汉英会议交替传译为例

王巍巍◎著

ZHEJIANG UNIVERSITY PRESS
浙江大学出版社

本书为"教育部考试中心—英国文化
教育协会英语测评科研课题"资助项目。

总　序

　　15 年前,我招收了第一名博士研究生。到 2020 年退休,一共有 22 名博士生入门,还有近 50 名曾经指导过的硕士研究生和本科生读了博士。学生们常在一起交流,合作研究,形成团队。这个数量在国内翻译圈远远不算多(最多的同人仅博士生就有上百人)。我对这些博士情有独钟,并非因为他们学历学位高,而是因为我跟他们朝夕相处时间较长,感情深厚。可以说,我跟这些学生相处的时间远比跟我儿子在一起交流的时间要多。很多学生跟我情同母女/子,我们无话不谈。"教学相长"是个老说法,但我对其感同身受:我和博士生们在一起,他们给我的教育一点不比我给他们的少,令我深感欣慰。

　　在过去的十几年里,对于如何成为一名好的博士生导师,我有一个逐步学习的过程。入门初始,我仅以自己导师和我观察到的其他导师的做法为主,慢慢地有了体会和认识,也有了经验和教训。首先是选材,研究生院一般比较关注考试成绩,所以大多数考生咨询最关心的也是成绩和录取名额。例如很多考生会问:"请问导师有几个名额?您是否已经有心仪的人选了?我还有没有机会?你们要考二外吗?考分要多少才能录取?我有一些特殊情况,请问老师能否考虑优先录取我?"来自高校的青年教师有很多会谈到大学"非升即走"的要求,谈到自己的年龄、工作、婚姻家庭,特别是职称等方面的压力,请求老师尽快录取他们,以免耽误更多的机会。应届毕业生往往会一石多鸟地"投石问路":只要你肯录取,就多说你好话;一旦你表示竞争激烈,就立刻转向。只有很小一部分考生会主动谈到自己的理想、信念、兴趣,有意愿了解导师的想法和方向,明白读博士的艰辛和目的。

　　我习惯在考试之前就跟考生交流,了解考生的基本情况。例如,通过聊天可以发现：有的考生功利心太强；有的考生不善于跟别人合作与交流；有的考生以为读博士可以有一段悠闲的假期，可以用来怀孕生子或者完成此前未能完成的研究；也有的考生读博士就是为了戴上博士帽，满足虚荣心。凡此种种，不深入交谈，根本无法发现。每年面试结束后，我还会邀请在读的博士生跟部分考生共进晚餐，观察考生人际沟通的能力。这种考察真的管用，有的考生一顿饭下来会赢得师兄、师姐的喜爱，也有的会被师兄、师姐一致否定。学生们会说："老师千万别录取这个考生，否则我们团队就没有现在这么融洽的氛围了。"然而，也有个别考生善于隐藏自己的想法，可以顺利地通过上述考察，等到入校后才暴露真实意图。这是教训。例如，有些考生考前信誓旦旦地表示哪怕辞职都要专心读书，绝对会心无旁骛，等到一个学期的课上完，就坚决要求回原单位上班。理由各种各样——照顾妻儿、单位考核、担任职务、保住收入等等，让你不得不批准他回去。考生还会堂而皇之地屡屡对外宣称自己多么辛苦，要旅途奔波，其实是什么都不想放弃，读书成了副业，得了便宜还卖乖。同样的读书机会，那些宁愿放弃眼下一切既得利益踏实读书的学生更应该优先得到。

学生入学之后，师生之间的"磨合"才真正开始。每个学生都有不同的成长经历和学习风格，导师需要适应每个学生的特点，因材施教。有的学生非常自律，读书写作无须督促；也有的学生有拖延症，每次作业都要反复督促。有的学生心理适应能力强，经得起批评；有的学生比较脆弱，情绪起伏较大；还有的学生家庭负担较重，有老人孩子需要照顾。加上每个学生论文方向都不一样，需要的帮助也不尽相同，所以对待学生就需要有耐心和信心。师生之间的交流在某种意义上跟婚恋相仿：有的人先恋爱后结婚，有的人先结婚后恋爱，有的人婚前已经彼此有情有义，有的人只能婚后慢慢磨合。

对于学生的研究兴趣，因入学前已经有所考察和了解，所以研究方向大体有了，入学后通过深入广泛阅读再继续深入即可。我有一个认识，导师不能强迫学生亦步亦趋地跟在自己后面，自己做什么学生必须做什么，自己的"理论"学生一定要用上，要宣传，自己的论著学生一定大量引用，让学生摇旗呐喊为自己的研究助威。学生入学前一般会有自己的研究兴趣，如果导师认为大方向没问题或者自己也有兴趣,双方一拍即合,这是最理想的状态。导师的任务是通过自己的帮助和学生的努力去实现学生的学术理想,解决他们发现的问题。不过,如果研究兴趣相去甚远,双方往往也难有师生的缘分。

有的学生真心要进入团队,那年恰好又不一定有名额,他们宁可先参加团队活动,埋头读书,向师兄、师姐请教。这些学生后来入校,反而比较顺利,一般三年即可毕业。因此我常跟前来咨询的考生讲,很多导师每年只有一个名额,但录取并非仅凭成绩,要看哪个考生的准备成熟了,也就是说通过读书学习等活动,考生已经大体掌握了研究方法,明确了研究兴趣,找到了研究方向,认识到研究和读博的艰辛并下定决心。录取是一个形式,重要的是从你决心读博开始,就已经进入读博的状态,无论何时被录取,读书研究的脚步是坚定向前的。考试顺利固然可喜,但考上了毕不了业也很煎熬。

我对于研究方法的认识也有一个过程。读博士之前我对研究方法是懵懂的,也很少有相关论著可以学习。进入博士阶段第一学期就选了语言学研究方法的课,跟研究生一起听课,为了完成作业泡图书馆,这才发现方法论的著作实在太丰富了。我站在书架旁一本一本地筛选浏览,很多内容对我很有启发,似醍醐灌顶。旁听一名同学的开题报告时,评委老师们对于选题逻辑和研究的方法提问犀利,令我印象深刻。虽然迄今自己对研究方法的了解也还仅有皮毛,但我从开始指导研究生时起就暗自决定,要让孩子们早点重视研究方法。国内很多学者把无法归类的研究都称为"思辨性研究",我一直对此存疑,因为在各类研究方法的论著中都找不到定义。直到有博士生去比利时鲁汶大学翻译学研究中心暑期学校回来说,欧洲的老师们对中国学生普遍使用的"思辨性研究"说法不认可,因为任何一种研究方法的使用中都存在思辨活动,思辨是思考的过程而非独立设计使用的研究方法。这从侧面印证了自己的观点,我感到欣慰,因为自己的学生在论文写作中几乎无人将"思辨性研究"作为唯一的研究方法,尤其是博士生大多会从实证研究入门,一点一滴地掌握各种研究方法。

我从 20 世纪 90 年代开始关注翻译教学,发现很多硕士论文都是套用一个或 n 个理论去分析翻译文本,用理论话语去解释原文,进行译文比较。从理论上说,一个理论可以套用 n 多个译文分析;反之,一个

译本也可以套用 n 个理论。这样排列组合，可以产生无数的论文。然而仔细阅读这些论文，发现都是一个模式：同样的结论，无非"证明"该理论可以"解释"不同的译文。从理论建设的角度而言，如果一个理论产生后所有的研究都证明其正确有用，该理论就无法推进了。我们的研究生，特别是博士生，应该得到系统的训练，把各种理论和方法都当作研究的工具，用以解决翻译实践和翻译研究中的各种问题。如果他们从硕士读到博士，还只会套用理论去解释译文，或者只会"建构"理论自说自话，那么很难想象他们未来的研究之路何在。针对研究生的学术训练应该主要培养学生掌握发现问题、分析问题和解决问题的能力，这种能力的提升可以伴随他们日后的研究与工作。在高校，我们发现很多外语"青椒"找不到研究方向：明明教学中有很多亟待解决的问题，却"端着金碗要饭"，在各种理论中苦苦寻觅研究课题。问题的根源就是在研究生的训练中缺少正确的研究方法训练。

有了上述认识，我就鼓励自己指导的研究生，特别是博士生，不要躲在舒适区里图安全，满足于套用理论分析译文，而是先磨刀——开拓理论视野，掌握研究方法，找到研究问题，再砍柴——找到有价值的研究问题，选用合适的工具去分析问题，解决问题，同时最好在理论上有进一步的推进，有所独创。研究的目的一定是解决问题而非"填补空白"或"构建理论体系"。久而久之，学生们的选题和研究不再出现空谈理论或者套用理论的现象，实证研究成了很多学生的选择。本论丛就选择了部分博士论文，反映团队近十年的研究特点。

我还记得蓝红军的论文选题过程。入校后他表示要做钱锺书翻译思想研究，我认为以他当时的训练基础，还不足以做这个课题——这个选题虽然非常有意义，但不太适合做博士论文。我建议他暂时保留这个选题，毕业后申报国家社科基金项目。他接受了我的建议，毕业后果然顺利获得国家社科项目，也顺利完成了这个课题的研究，还做得非常出色。他的博士论文则为《翻译操作规范：应然与实然——一项基于韩素音青年翻译竞赛语料的描写性研究》。当时对这个话题的研究还没有做过博士论文这么深入的探讨。红军毕业后开始发力，自身的优势凸显。他长于逻辑思维和论辩，理论分析深入精准，每年都有力作推出，连续几年在《中国翻译》发表年度头篇。

　　王巍巍硕士毕业直接读博士。选题的时候她说，口译员感知的用户需求跟用户的口译需求、口译期待产品和实际口译产品之间往往有差别。开题答辩时有评委老师指出，口译质量是客观存在的，好就是好，不好就是不好，怎么会不一样呢？后来经过她反复查阅文献和我们共同讨论，我肯定了她对口译活动和质量的观察：对于口译产品质量的认知，口译员和客户之间确实存在着差异。我觉得她的研究恰好可以回答评委的疑问，很有意义。通过博士研究，巍巍成长迅速，我们亦师亦友，深入交流。她不仅自己的学术研究越来越亮眼，而且还主动积极做了很多行政工作及中国翻译协会和广州翻译协会的工作，承担了很多烦琐的填表申报和沟通联络工作，使得口译系的工作上了一个台阶（口译系成为广东省三八红旗集体和五一劳动模范集体，通过了国际口译员协会的认证，获得了国家级课程），再次擦亮了口译教学团队这块牌子，而她自己也成为口译研究、口译教学和口译服务的排头兵，成为师弟、师妹们信赖的师姐。

　　邹兵读硕士期间就表现出色，勤于阅读思考，不怕吃苦，选择了"英汉笔译难度主要影响因素及测量方法的实证研究"。无论对翻译行业还是对翻译教育和翻译测试而言，翻译难度问题都是一个亟待解决的重要研究课题。研究分别得到英汉笔译难度的影响因素框架、预测变量和测量模型。我认为，这个研究如果持续进行下去，实际运用后对于现有的翻译质量评估和翻译测试评分体系都很有价值。希望他不要放弃，继续开展相关研究。十年来，邹兵在团队都是"后勤部长"，默默地承担了许多团队事务性工作。师弟、师妹入校前，他就开始张罗，帮助安排住宿等生活细节。谁有困难找他，他都会伸出援手。邹兵的踏实勤奋、助人为乐给大家留下深刻的印象。

　　许艺硕士跟刘建达老师学习测试学，研二时来找我，表示要做口译测试方面的研究。她说自己硕士做英语口语测试研究，同时学习了翻译理论，希望能把测试学方法用于口译研究。我喜出望外，因为前面有邹兵做笔译测试研究，许艺的选题"交替传译策略能力构成研究"则从口译方面开展测试研究，口笔译测试研究可以相互借鉴。她入学第二年，刘建达教授主持了教育部重大攻关项目"中国英语能力等级量表研制"，我们团队承担了其中口译量表的子课题，王巍巍、许艺和邹兵作为课题组的骨干成员立下了汗马功劳。许艺和邹兵在读期间,全国翻译专业学位研究生教育指导委员会秘书休产假,他俩业余时间承担起秘书处的工作,跑前跑后,忙里忙外,为秘书处的正常运作提供了保障。

傅琳凌从华南师范大学(华师)硕士毕业后在广东外语外贸大学(广外)南国商学院教书,她申请考博时表示对翻译的性别研究很有兴趣,但我没有立即答应,因为我曾经指导过八九个硕士做同类研究,盲审时评委给分差异悬殊——同一个选题,有的评委评价很高,有的评委给分很低。有一名翻译研究专家说,性别研究是政治问题,不是学术问题。虽然我持不同看法,但不敢让博士生去冒险,毕竟这个风险比较大。琳凌坚持不放弃初心,她工作之余坚持参加团队活动,在师兄、师姐们的帮助下扩大阅读范围,终于在两年之后被录取。直到胡开宝教授的博士生用语料库的方法确实证明了性别在翻译中的差异,我才同意了她的选题"译者性别对译作风格的影响研究"。她的扎实研究在答辩时获得评委一致认可。琳凌毕业后通过激烈的竞争回到母校华师工作,她除了完成本职教学科研工作外,还积极承担了很多院务工作,把团队合作的精神带到了自己的工作中。

李希希从准备报考到被录取经历了三年的耐心等待,最终顺利完成博士论文《汉英交替传译策略能力发展——基于翻译硕士专业学位研究生的纵向研究》。希希聪明好学,四川外国语大学(川外)毕业后,在从事口译教学的过程中发现了一些问题,想通过研究解答疑惑,但我感觉她基本功还不够扎实,就没有很快录取。然而她能够沉下心来,甚至辞职来到学校,积极参加团队活动,以博士生的标准要求自己。她的论文是一项基于翻译硕士专业学位(Master of Translation and Interpreting,MTI)口译学习者的质性跟踪研究,跟踪时间长、工作量与工作难度较大。入校前,她已经完成了为期一年的跟踪试点,充分论证了研究计划的可行性并完成了开题报告初稿,入校即展开研究工作。在读期间,她先后赴鲁汶大学和香港理工大学访问学习,打磨研究,最终在三年时间里顺利完成了论文。她的研究发现了MTI口译学习者策略能力发展曲线、突变节点,以及影响因素,对于我们MTI口译教育具有重要启示意义。在读博期间,她除了完成博士论文,亦参与团队多项工作,承担高翻学院本科和研究生口译教学工作,还兼任博士生党支部书记和博士班班长,在学习和各项工作中迅速成长。她和琳凌都是先开展博士研究,后被录取,这说明博士研究的过程不是一定要在被录取之后才能进行,入校之前的准备也是非常有效的。预先打下坚实的研究基础,入学后心理压力反而不会太大。

王莹硕士也在本院就读,但因为我不是她的导师,只给她上过课,知道她语言功底不错,跟巍巍一样都在全国模联比赛中获奖。她毕业后去了深圳大学。有一次,她来办公室找我,说在口译教学中感到学生的情绪对口译学习有很大影响,想以此作为博士研究选题。恰巧,我在博士阶段认识北京体育大学做运动心理学研究的毛志雄教授,同单元住宿的博士同学苏细清也是从心理学入手做社工研究,博士论文做的就是大学生的情绪表达。在跟他们的交流中,我了解到一些心理学理论和相关的各种量表问卷等信息,尤其是毛老师的运动心理学教材引起了我的兴趣。我一直在思考,口译员和运动员的某些心理活动类似,例如焦虑——过度焦虑一定会影响表现,但完全不焦虑可能也无法调动积极因素去超常发挥。这种相似性是否可以用于我们的口译教学研究呢?于是我让王莹回去扩展阅读有关心理学的论著,看看心理学的理论和方法是否可以帮助解决口译教学的问题。可以说,王莹的研究也是我多年的心愿,她的选题"教学情境下的同声传译焦虑——一项基于翻译硕士专业学位学生译员的实证研究"很好地回答了研究问题。在研究过程中,我两次陪她去北京向毛老师当面请教,邀请苏老师来指导开题,还送她去香港浸会大学访学,在苏老师的训练营里,她收获满满,为开展博士研究奠定了基础。最让我们开心的是,王莹的研究还令研究对象获益。她以本院口译证书班的学生为研究对象,发现学生的焦虑情绪对口译学习影响很大,于是跟学生的导师和口译老师一起,针对学生的焦虑情绪进行疏导,化解了危在旦夕的心理矛盾。最终学生顺利毕业,也验证了苏老师指导的研究方法的有效性。研究问题从教学中来,研究过程同时也解决了教学中的问题,这不正是我们要追求的教学和研究效果吗?在王莹的研究过程中,参与配合的口译教师也从中发现了研究的乐趣和意义,激发了他们的研究动力,这更加令我感到欣慰。

  李雯在所有学生中是一个"另类"：她外语本科毕业后进入华为翻译中心，工作十年后离职。经翻译中心陈总推荐，我认识了她。翻译硕士专业学位设置之后，教指委一直在做翻译博士专业学位的论证准备，广外翻译学博士点也设置了"语言服务"方向。据我观察，从学校到学校的学生，完全不了解语言服务行业，很难从语言服务行业的实际运作中发现问题，因此就想看看李雯是否能够打破这个魔咒。李雯从我和陈总商议的三个课题中挑选了一个作为博士研究方向，她的博士论文《基于客户视角的翻译服务质量评价研究——以汉英翻译为例》解决了翻译行业笔译服务质量评价的问题。有关翻译的学术研究中不乏对翻译质量的评价研究，然而，语言服务行业的翻译服务质量评价跟我们的学术研究基本上没有交集。学术研究对质量评价依据语言学理论，而翻译服务的质量评价以客户满意度为依据。李雯遇到的困难是她虽然翻译经验丰富，但学术表达从零开始，阅读文献和学术写作都要从头学起。她之前的工作经历派上了用场。由于具备了有条不紊的时间管理手段和极高的学习效率，李雯很快就进入研究状态，出色地解决了研究问题，这也为她毕业后进入高校任教奠定了扎实的基础。

  广外的博士答辩一般有 5 名评委，王巍巍和李雯的正式答辩，我们都邀请了 7 名评委——因为她俩都使用了管理学的方法，我想多邀请几名专家，多发现一些问题。巍巍答辩我们邀请了中山大学管理学院的博士生导师，李雯答辩我们邀请了语言服务行业的专家。她们的研究得到了专家们的一致赞誉，我们也获得了跨学科研究的经验。多一双专业的眼光就能多挑出一些问题，让博士论文更加经得起推敲和考验，也让翻译研究有更多机会跟相关学科进行交流。

  杨扬跟邹兵一样，也是从硕士阶段就进入团队的。她决定硕士选题时就遇到团队做量表，她的选题从硕士到博士都与量表相关。她的硕士论文《全国翻译专业八级考试（英语口译科目）概要口述（英—汉）任务效度研究》难度很大，团队讨论已经帮她压缩了很多研究内容，但论文仍然比其他同班同学厚重很多，完成质量也很好。她的博士论文《口译能力认知诊断评价研究——以学生译员英汉交替传译为例》，其研究结果交替传译认知属性模型补充和发展了口译能力模型、口译过程的并行加工理论,以及口译子能力之间的互补性机制,所构建的交替传译能力认知诊断评价体系对日后相关口译教学和测评实践提供评价参数基础。且交替传译能力认知诊断评价工具实现了口译过程评价和口译产品评价的有机结合,兼具形成性评价和终结性评价功能,具备良好的信效度,可为口译能力评价、翻译能力评价或其他语言能力评价提供工具基础。无论是做硕士论文还是博士论文,杨扬都特别认真,工作量非常饱满,远远超出其他同学。一个瘦弱的小女生,在三年时间里,完成了这么厚重的博士研究,还兼任博士班的班长,承担了许多行政工作和团队工作,确实不易。

马晶晶是云南师范大学的青年教师,硕士毕业后任教多年,在研究方向上徘徊。共同的少数民族背景让我对她"另眼相待",我直接建议她做民族翻译研究。在研究对象上我们纠结过一段时间,也根据黄友义老师的建议探讨过几个民族翻译的案例,后来才确定以彝族创世史诗《勒俄特依》英译为研究对象,探索创世史诗翻译中的原型重构。无论是研究对象还是研究目的和研究方法,都是没有先例的。好在晶晶身处民族地区,她的公公从事民族地区的地方志撰写工作。耳濡目染,她也有一定的资源积累,在英译本尚未拿到纸质版的时候就先获得了译者赠予的电子版,开展先期研究。文化人类学和原型理论我们团队没有人做过,所以晶晶很多时候是"孤军作战",团队成员们只能从研究的逻辑和方法上提出建议。翻译学界对创世史诗的关注极少。创世史诗的翻译文本少,相关研究严重不足,现有的零散研究缺乏对创世史诗文本及文化的深入研究和对创世史诗翻译的理论建构。但这些困难并没有让她止步不前,她在译者本人的帮助下,获得了大量一手资料,通过阅读文献并向专家请教,终于对原型理论有了自己新的认识,借助"三重证据"法和其他相关理论,解读了这本从说唱艺人流传直接进入翻译程序的创世史诗的翻译过程,提出了创世史诗翻译中的原型重构模式。期望晶晶以此为契机,日后在民族翻译研究中有所贡献。

通过这十部以博士论文为基础的专著,可以看到我们团队的成长路径,可以展示团队在翻译实证研究方面的探索。这些博士通过几年的训练,掌握了翻译理论和研究方法,可以独立选择研究课题,选择有价值也有一定难度的问题,去一点一点地啃,一步一步地前进,分析问题,解决问题,同时力争对翻译理论的发展做出自己的贡献。他们都是后浪,他们的博士论文远比我当年写得好!我为他们感到自豪!

感谢许钧老师的慧眼和推荐,感谢浙江大学出版社的鼎力相助,感谢包灵灵老师和诸葛勤等各位责任编辑老师,使我们这套丛书得以出版。希望丛书出版后能够得到学界和学者们的批评指正,让同学们不断修正错误,健康成长!也预祝更多的博士生推出更好的博士论文!

是为序。

穆 雷

2021 年秋

前 言

本研究从"口译研究的社会性转向"和"口译职业化及专业化口译人才培养"出发,借鉴管理学市场营销中服务接触领域的相关理论,以会议交替传译(交传)为例,探讨译员与用户口译期待产品参数及权重对口译产品的影响,进而考察"口译产品质量"与"用户满意度"之间的关系。

在研究中,笔者把研究类型定位为"社会文化层面的应用研究",把研究对象类别归纳为"口译产品"。在将口译产品视为一种专业语言服务的基础上,笔者旨在通过研究路径设计达到"探讨会议交传中口译质量与用户满意度的关系"的研究目的。借鉴管理学的概念,笔者提出"口译产品整体概念"。基于此,笔者通过综述前人关于口译产品的研究,找到研究起点并以从事会议交替传译的口译员及用户为研究对象,提出"口译产品期待模型假设",即:译员期待的口译产品与其所感知的实际口译产品之间存在差异、用户期待的口译产品与其所产出的实际口译产品之间存在差异、译员和用户之间存在认知差异。基于此,继而提出相应的研究问题:

(1)会议交替传译职业译员期待产品包含哪些具体参数?

(2)会议交替传译用户期待产品包含哪些具体参数?

(3)会议交替传译译员及用户期待参数有何异同?

(4)口译实际产品质量与用户满意度之间呈何种关系?

研究方法主要采用焦点小组访谈、反省式有声思维法、问卷调查法等方式进行量化研究,将所得数据进行统计分析和三方验证。通过实证研究过程,以及 SPSS 统计、分析,对比了会议交传译员及用户心目中的期待产品参数、构面及各项权重,并探讨了双方质量观异同。在探讨这些异同对于口译产品质量及用户满意度影响的同时,笔者讨论了两者之间的互动关系。

本研究主要发现说明如下：

首先，译员及用户会议交传期待产品参数、构面及权重可以量化。尽管译员与用户在具体参数层面存在各种异同，但其各自注重的品质构面重要性趋同。在总体质量观方面，译员及用户均最为重视会议交传服务品质的内容要素，而非其形式。本研究结果显示，译员对会议交传的重视程度普遍低于用户。需要指出的是，用户参数细项存在自相矛盾之处，可见用户对于口译产品仍处在尚待了解的阶段，有必要展开用户教育，以帮助其建立合理期待。

其次，鉴于会议交传译员与用户期待的产品参数存在差异，双方对所感知的口译产品的质量评价在一定程度上存在偏差。对于译员来说，符合其心目中会议交传期待产品的口译表现并不一定会获得同样好的用户满意度。同理，对于用户来说，符合或超越其心目中会议交传期待产品的口译服务（较高用户满意度）也不一定意味着译员对自己当次口译表现同样满意。这说明，在当前行业现状下，"用户满意度"并不完全等同于"口译产品质量"。

最后，"口译期待产品模型假设"得到验证，即"译员期待产品与实际产品的差异""用户期待产品与实际产品的差异""译员和用户之间的认知差异"3 个差异均存在。这些差异的存在进一步证明，为同时达成"口译产品质量"与"用户满意度"，有必要通过推广用户教育、建立口译服务质量保证体系及关注口译教学相应问题等方式弥合双方差异，以期实现最佳口译服务质量。

本研究的主要贡献在于，借鉴管理学相关理论证明其研究方法在口译研究中的适用性，并以此量化了口译期待产品。从口译作为一种专业服务的品质视角看，提出同时涉及"过程（process）"和"产品（product）"的口译服务质量观，即"口译期待产品模型"。基于此，从口译行业发展视角提出用户教育及口译服务质量保证体系的建议，同时为口译教学提供参考。

王巍巍

2021 年秋

目　录

图目录

表目录

第1章 绪 论

1.1 研究背景

当语言发展到了一定程度，符号和手势都不能够满足人类沟通需要的时候，口译活动就应运而生，成为两种语言族群交际的桥梁。自古以来，口译活动涉及外交、军事、商贸、科技、宗教、教育等社会生活的方方面面。在我国，有历史记载的口译活动可以追溯到先秦时期。

《国语·周语》中记载："夫戎狄冒没轻儳，贪而不让，其血气不治，若禽兽焉。其适来班贡，不俟馨香嘉味，故坐诸门外，而使舌人体委与之。"韦昭注曰："舌人，能达异方之志，象胥之职也。"而清代梁章钜所著《称谓录》中写到"象胥"，说其"掌传达异国来使之语言，即汉代译令官、九译令之起源"（黎难秋，2002：2）。可见，口译活动及相关职位在春秋前就已经出现了。

根据凯德（Kade）的定义，"口译"属于"翻译"的一种，具有单次性，难以重复；常在较紧张的时间内产出，难以修改（转引自：Pöchhacker，2004：10）。这一定义一方面体现了口译现场即时性的特点，另一方面也界定了口译的归属。根据凯德的划分，波赫哈克首先回顾总结了关于"翻译"的4个主要定义，并将其整合为以下表述：

> 翻译是这样一项活动，由语言（文本）的产品组成，并应当在另一个语言和文化中产生与先前表述语言类似的意义和（或）作用。

> （Pöchhacker，2004：14，笔者译）

波赫哈克认为，作为"翻译的一种形式"（凯德语），口译活动符合上述特点。口译研究者可根据实际情况将相关内容进行调整。比如，谈到"辅助用户交际"时,这里的"活动"可以替换为"专业服务";而"产品"可具体化到某种"文化"或"情境"之下等等(Pöchhacker,2004:14)。

基于以上的表述,笔者将本课题定位为口译产品研究。在本研究中,口译活动是一种专业服务,由口译产品组成,旨在辅助不同语言文化背景的用户进行有效沟通和跨文化交际。

1.1.1 口译研究的社会性转向

口译研究在 20 世纪初发轫(Sanz,1931),50 年代开始兴起,逐渐发展为一门新兴的子学科。根据吉尔(Gile,1994a)著名的历史划分法,口译研究学科发展的进程大致分为 4 个阶段:(1)起始研究阶段(20 世纪 50 年代);(2)实验心理学研究阶段(20 世纪 60 年代末至 70 年代初);(3)口译实践型研究阶段(20 世纪 70 年代至 80 年代中期);(4)口译研究的"新兴期"阶段(20 世纪 80 年代末至今)。

20 世纪 80 年代起,翻译研究"文化转向"日益兴盛。这一时期,口译研究与翻译研究"不再同步发展",而是在"研究方法与观念界定上分道扬镳"(Pöchhacker,2006)。与当时以人文科学研究方法为主的"文化转向"不同,同时期的口译研究注重更为客观的、实证性的自然科学研究方法。1994 年,兰伯特(Lambert)和莫泽-默瑟(Moser-Mercer)共同编纂论文集,收录来自全球口译研究者的 30 篇会议口译实证研究文章,涵盖口译教学、同声传译和口译的神经心理学研究,旨在展示科学实验法为口译研究领域带来的影响。同年,吉尔撰文呼吁"拓展研究方法,进一步开放口译研究领域"(Gile,1994b)。这一阶段被波赫哈克(Pöchhacker,2006)称为"实证转向"(the Empirical Turn)。

20 世纪 90 年代起,正如《翻译研究转向》的作者提到的,翻译研究与口译研究共同步入"跨学科转向"阶段(Snell-Hornby,2006),受到布尔迪厄等人的社会学研究影响,研究者们开始反思前人的研究。一些学者提出翻译研究与社会及翻译职业缺乏联系(例如 Fraser,1996;Chesterman & Wagner,2002)。翻译(包括口译)的社会文化作用日益受到关注,探讨口笔译专业化、译员角色与社会影响、翻译职业话题的研究逐渐增多,学者们就意识形态和社会政治如何影响译者(译员)的角色,以及译者(译员)如何在这些维度内协调互动展开讨论(例如 Alexieva,1997;Fowler,

1997;Angelelli,2004)。因此,90 年代后期被沃尔夫(Wolf,2007)等学者称作翻译研究"社会性转向"的开端。

从这个时期开始,口译研究也不再单一地关注会议口译,社区口译、口译与技术等更多元的话题开始进入研究视野。研究者们开始把更多目光放在社区口译中的话语互动、人际互动等社会文化维度上(例如Wadensjö,1992;1993;1995)。另一方面,口译研究对象也扩展到了社会组织机构,法律、医疗行业等层面,例如曾文中(Tseng,1992)从社会学角度撰文构思中国台湾地区口译专业化发展路径的模型;米克尔森(Mikkelson,1998)从法庭口译的角度探究译员的角色等。

然而,需要指出的是,所有这些"转向"仅仅是辨认研究范式、研究方法发展的"里程碑",任何一次"转向"都并不意味着对先前路径的完全摒弃或全然否定。正如沃尔夫在其论文集《建构翻译的社会学》中所说:

> 任何翻译……都植根于社会语境。一方面,翻译活动是由社会体系当中的人展开的;另一方面,翻译现象也不可避免地牵连于社会体系之中。社会体系在很大程度上决定了翻译的选择、产出和发行;又因此成为翻译策略的选择缘由。
>
> (Wolf,2007:1,笔者译)

翻译(包括口译)研究的各种发展变革也是如此,其相互联系,相互影响,互为因果。因此,从 20 世纪 90 年代开始至今,许多年过去了,"社会性转向"后的口译研究形成了这样一种研究范式,即"借鉴和吸收翻译研究中'文化转向'和'社会性转向'后业已成熟的研究范式和方法","把口译活动还原到其真实现场和具体的社会/文化语境中进行研究"(王斌华,2009:35)。

1.1.2 口译职业化与专业化口译人才培养

职业口译发轫于 20 世纪的欧洲。1919 年法国巴黎凡尔赛宫召开的和平会议使用了英法交替传译。这次会议标志着口译职业化的开始。20世纪 20 年代,同声传译设备的发明彻底改变了国际会议口译的方式。1947 年,联合国通过 152 号决议,把同声传译正式确立为联合国的一项永久会议服务。自这一时期起,口译从随机地找一个懂外语的人来充当翻译传递大意,转变为职业服务,即聘用掌握专门口译技能(记忆方式、口译笔记和边听边译等)的人为国际组织和事务服务(Pöchhacker,2004:160-161)。职业口译员是"一些受过专业口译训练,以专门从事口译服务工作为职业的专门人才。和其他专门职业一样,口译员掌握了口译专有的技能。口译员的口译服务是一种专项职业服务"(柴明颎,2007)。20世纪40年代,随着口译作为一种专门职业的确立,欧洲开始了专业化会议口译人才的培养。日内瓦大学翻译学院于1940年成立,维也纳翻译学校于1943年成立,开始了以职业译员为导向的专业化口译人才的培养。

与欧洲相比,中国的专业化口译人才培养及口译职业化道路起步较晚。1979年,联合国在北京外国语学院(现北京外国语大学)设立了译员训练班(部),标志着我国内地/大陆口笔译翻译人才培养的开始。1994年,该译员训练班(部)更名为高级翻译学院,成为中国内地/大陆第一个进行专业翻译训练并授予硕士学位的学院。"直至1999年,把口译作为一门专业来教的教学单位只有3处:一处是北京外国语大学高级翻译学院,一处是广东外语外贸大学英文学院的翻译系,还有一处是厦门大学。"(穆雷,1999)2006年,教育部批准了广东外语外贸大学等3所高校试办翻译本科专业,次年又批准了北京外国语大学等4所高校继续试办翻译本科专业。2007年1月,国务院学位委员会第23次会议全票通过设立翻译硕士专业学位(Master of Translation and Interpreting,MTI)。MTI的设立标志着翻译学作为独立学科的建立,成为衔接中国口译职业化道路与专业化口译人才培养的重要里程碑。至此,翻译学从一个从属于语言学与应用语言学之下的三级学科真正发展成为独立的二级学科,并伴随着MTI学位从构想到设立的发展过程,形成了完整的专业化口译人才培养体系。如穆雷(2007)所说,"翻译硕士专业学位的设置……,使我国的翻译教学在纵向上从本科、硕士到博士,从横向上不仅有学术性学位,也有专业性学位,各层次的翻译人才都可以培养。从翻译事业的发展上来说,加快了翻译市场专业化、行业化和规范化管理的步伐,把高层次、职业化的翻译人才培养与翻译市场管理结合起来"。以广东外语外贸大学为例,其翻译人才培养模式分为翻译本科教育、翻译硕士专业学位教育、翻译学硕士教育和翻译学博士教育4个层次,每个层次"都有自己明确的培养目标,以及与之相应的培养重点。具体而言就是参照翻译专业对知识与技能的模块划分,在不同的层次有针对性地侧重培养不同的技能,完成相应的知识和素质教育,形成本层次特有的人才培养模式"(仲伟合、穆雷,2008)。

在口译职业化发展方面,全国翻译专业资格(水平)考试(CATTI)作为国家的一种资格制度的建立并组织实施,是中国口译职业化发展的一个里程碑。2003 年,人事部制定下发了《翻译专业资格(水平)考试暂行规定》和《二级、三级翻译专业资格(水平)考试实施办法》,并于同年 12 月 6 日至 7 日在北京、上海、广州首次进行二级、三级英语口译、笔译试点考试。口译资格认证及口译评估标准是口译职业化发展和专业化口译人才培养的重要方面。鲍川运(2004)曾指出:"翻译培养的手段方面缺少明确的共识,根本原因是很长一段时间翻译行业没有资格标准……一个人能做些翻译,便被称为翻译。……实行翻译资格考试,有助于翻译行业的规范化,提高翻译的标准和翻译质量……有利于建立职业资格规范,提高准入门槛,也是译员检验自身水平和自我提高的工具。"2006 年,国家颁布了《翻译服务规范第二部分:口译》,第一次以国标形式对口译服务及其质量要求做出了明确规定,对规范口译服务市场、促进口译职业化进程起到了积极作用。2019 年 11 月,中国翻译协会在新中国翻译事业 70 年论坛上正式发布《译员职业道德准则与行为规范》,进一步规范了语言服务市场,推进了行业标准化建设。

根据王恩冕(2005)、潘珺(2010)、王巍巍和穆雷(2019)等学者的调查,我国口译职业化发展日益规范,口译市场对于职业译员在数量上的需求不断扩大,口译用户对翻译质量的要求日趋多元。当前,发展专业化口译人才培养体系以适应职业化口译市场需求和现状,已成为当前口译教学与研究的重要关注点之一。

1.2 研究目的

"口译是一门专门化的职业,只有通过专业培养才能真正学会口译。……口译的职业化特点促生了口译的专业化教学。……口译教学的形成导致了口译研究的开始。……口译服务通过职业化才能走向正轨,口译教学和研究通过专业化才能发展。"(柴明颎,2007)这三者互相影响,相辅相成,共同促进了口译的发展(见图 1.1)。

专业化口译教学

口译职业化发展 ←————→ 口译研究

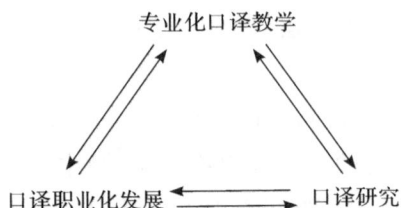

图 1.1　口译职业化发展与教学研究的关系

在发展专业化口译人才培养体系以适应职业化口译市场需求和现状的趋势下,本课题结合口译研究的"社会性转向",将口译产品视为一种专业语言服务,通过尝试描写译员表现、用户反馈、译员期望与用户期望等方面参数,探讨会议交传现场中口译质量与用户满意度的关系。

1.3　本课题在口译研究中的学科定位

作为翻译研究的子学科,口译研究旨在认识口译活动本身及其相关现象。在"交叉学科"的视域下,仲伟合和王斌华(2010a)提出了口译研究的学科框架(见图 1.2)。基于这一分类标准,笔者将本研究定位为社会文化层面的应用研究,研究对象为口译产品。

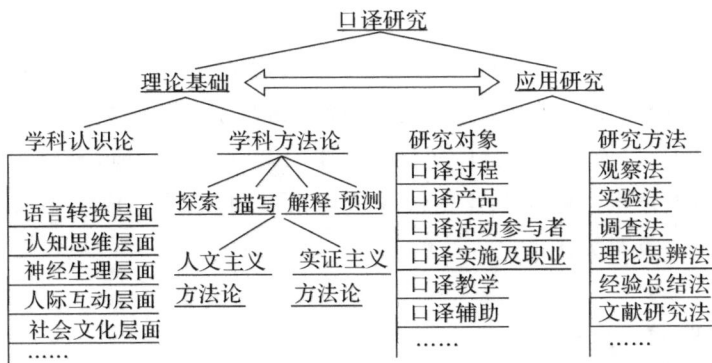

口译研究

理论基础 ←————→ 应用研究

学科认识论	学科方法论	研究对象	研究方法
语言转换层面	探索　描写　解释　预测	口译过程	观察法
认知思维层面		口译产品	实验法
神经生理层面	人文主义　实证主义	口译活动参与者	调查法
人际互动层面	方法论　　方法论	口译实施及职业	理论思辨法
社会文化层面		口译教学	经验总结法
……		口译辅助	文献研究法
		……	……

图 1.2　口译研究的学科框架(仲伟合、王斌华:2010a)

波赫哈克(Pöchhacker,2004:24)提出,口译研究主要有 8 个维度(见图 1.3):(1)口译媒介;(2)口译场合;(3)口译方式;(4)口译语言(文化);(5)口译语篇;(6)口译活动参与者;(7)口译员;(8)相关问题。前 7 项指出了几种常见的研究参数;第 8 项则是口译研究所关注问题的举例。

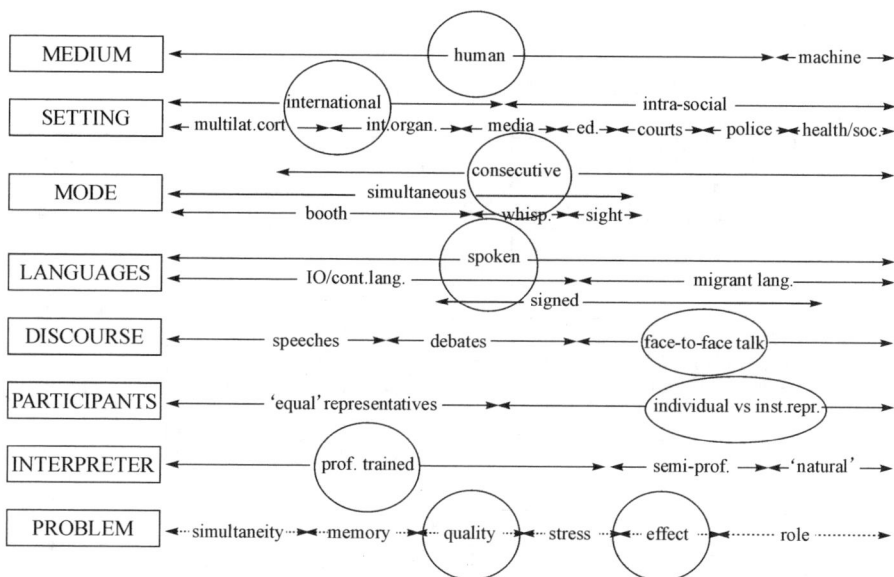

图 1.3 口译研究的维度与参数(Pöchhacker,2004:24)(笔者标识)

根据王恩冕(2005)、潘珺(2010)等学者针对中国不同地区口译市场的调查,商贸场合及交替传译的比例在各种口译场合及口译形式中更为常见,而口译服务质量则是译员及用户关注的重要问题。因此,在本研究中,笔者选取的研究维度与参数是:以译员为媒介的多边国际会议场合;口译方式为英汉交替传译;口译语篇形式以面对面交谈为主;口译参与者包括发言人、听众及职业译员;探讨的是与口译质量和效果相关的问题(请见图 1.3 中的标识)。

口译研究主要有 5 种视角:(1)把口译看作一种信息处理过程;(2)把口译看作可分解并学习的技能;(3)把口译看作一种认知处理过程;(4)把口译看作一种社会互动行为;(5)把口译看作一种社会文化活动。(仲伟合、王斌华,2010)本研究所采用的是第 5 种视角,即通过考察会议交传场景中参与口译活动的各方,探究口译产品产生过程中各种参数之间的关系。

1.4 研究路径设计

基于以上的研究背景、目的及学科定位,本研究起点由文献综述而来,通过具体研究过程设计,讨论研究的主要发现,回答研究的问题(如图

1.4 所示)。

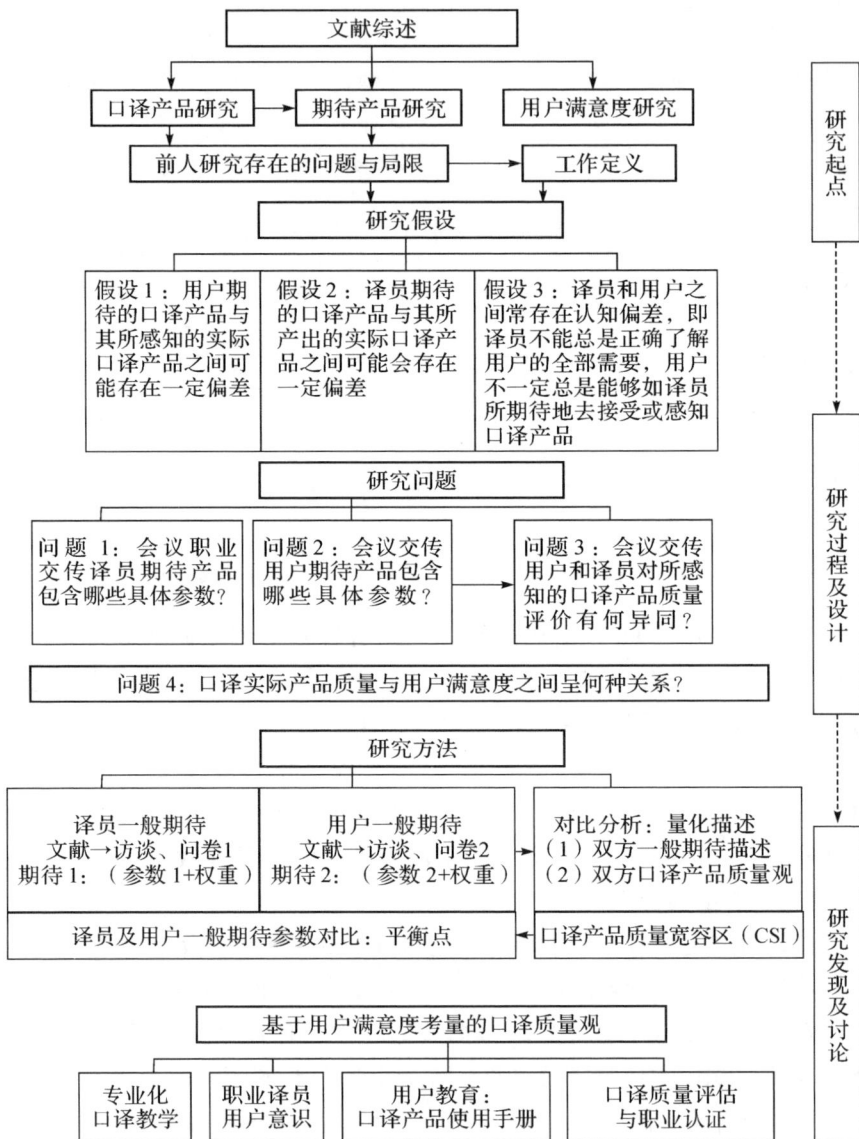

图 1.4 本研究具体路径

| 文献综述 |
| 口译产品研究 → 期待产品研究 ← 用户满意度研究 |
| 前人研究存在的问题与局限 → 工作定义 |
| 研究假设 |

假设1：用户期待的口译产品与其所感知的实际口译产品之间可能存在一定偏差

假设2：译员期待的口译产品与其所产出的实际口译产品之间可能会存在一定偏差

假设3：译员和用户之间常存在认知偏差，即译员不能总是正确了解用户的全部需要，用户不一定总是能够如译员所期待地去接受或感知口译产品

研究问题

问题1：会议职业交传译员期待产品包含哪些具体参数？

问题2：会议交传用户期待产品包含哪些具体参数？

问题3：会议交传用户和译员对所感知的口译产品质量评价有何异同？

问题4：口译实际产品质量与用户满意度之间呈何种关系？

研究方法

译员一般期待
文献→访谈、问卷1
期待1：（参数1+权重）

用户一般期待
文献→访谈、问卷2
期待2：（参数2+权重）

对比分析：量化描述
（1）双方一般期待描述
（2）双方口译产品质量观

译员及用户一般期待参数对比：平衡点 ← 口译产品质量宽容区（CSI）

基于用户满意度考量的口译质量观

专业化口译教学

职业译员用户意识

用户教育：口译产品使用手册

口译质量评估与职业认证

研究起点

研究过程及设计

研究发现及讨论

图 1.4　本研究具体路径

首先,综述主要分为翻译学科内文献综述及管理学科相关领域文献综述。通过回顾口译产品研究相关领域前人文献,笔者尝试厘清"口译产品"的概念和定义(详见第 2 章),从而剥离出口译产品中的期待产品层面,进一步展开相关领域的文献梳理,旨在发现前人研究存在的问题与局限。其次,借鉴管理学研究成果,笔者基于介绍性目的,回顾和梳理用户满意度领域的相关研究,并界定其可以借鉴的原因及意义。在以上两部分的文献综述基础上,笔者列出相关工作定义,以厘清全文所使用术语的具体内涵及使用范围。

在文献综述及工作定义的基础上,笔者提出本研究涉及的 3 项假设——"用户期待的口译产品与其所感知的实际口译产品之间可能存在差异""译员期待的口译产品与其所产出的实际口译产品之间可能会存在差异""译员和用户之间常存在认知差异",即译员不能总是正确了解用户的全部需要,用户不一定总是能够如译员所期待地去接受或感知口译产品(详见第 2 章)。

为了对 3 项假设进行证实或证伪,笔者提出了具体的研究问题。前两个研究问题旨在验证前两项假设中所涉及的两个"期待产品"本身,即"会议职业交传译员期待产品包含哪些具体参数?""会议交传用户期待产品包含哪些具体参数?"基于前两个问题的回答,第 3 个研究问题旨在对比,即"会议交传用户和职业交传译员期待参数有何异同?"第 4 个问题旨在针对 3 个假设当中的差异展开具体描述,即"会议交传用户和译员对所感知的口译产品质量评价有何异同?"最后一个研究问题"口译实际产品质量与用户满意度之间呈何种关系?"旨在于验证 3 个假设之后实现本研究的目的并探讨研究意义。

为了回答这些研究问题,具体采用 3 个步骤展开研究设计。(1)通过文献法厘清已有研究中所得的译员一般期待项,基于此设计问卷发放,并通过焦点小组访谈等方式进行多方验证,从而得出译员一般期待项。(2)用同样的方式,即文献法、调查法,获得用户一般期待项。这两个研究设计步骤的目的在于将译员及用户一般期待参数进行对比,从内容上找双方共有的平衡点。(3)通过真实口译案例,采用观察法、调查法、语料库等研究方法,描述及量化译员与用户双方针对同一场口译活动的质量评价,再进行比较。此处旨在通过借鉴管理学的用户满意度公式(CSI),探索该场活动在用户心目中的口译产品质量宽容区;同时,具体描述口译产品质量与用户满意度之间的互动关系。3 个研究步骤完成后,参考译员及用户双方的一般期待参数对比和用户心目中的口译产品质量宽容区,尝试提出基于用户满意度考量的口译质量观。如此,则回答了所有研究问题。

在研究发现及讨论的基础上,笔者最后尝试从专业化口译教学、职业译员用户意识、用户教育、口译质量评估与职业认证等方面探讨可能的解决方案,并解释研究结论可能具有的意义。

1.5 章节安排

在章节内容安排方面,本研究分为 7 章,每章结尾均设置“本章小结”。

第 1 章为绪论,主要从“口译研究社会性转向”及“口译职业化与专业化口译人才培养”等方面介绍研究背景,从而引出研究目的。在明确本课题在口译研究中的学科定位的基础上,通过研究路径图及其文字描述展示具体的研究思路。

第 2 章为文献综述,借鉴管理学的概念,通过梳理前人的研究提出“口译产品整体概念”。笔者首先展开了口译产品研究综述,接着从“口译有形产品研究”“口译延伸产品研究”“口译期待产品研究”等方面进行文献回顾。同时,以介绍为目的,辅以管理学“用户满意度”研究视角的文献梳理。本章也相继提出了研究假设和相应的研究问题,阐述了研究意义。

第 3 章重点探讨研究方法及理论框架,主要采用社会科学研究方法中的观察法、调查法等路径进行定性和定量研究。同时,结合管理学中的产品质量管理模型与翻译规范相关理论,尝试建立全书的理论及分析框架。

第 4 章到第 6 章为本研究的主体部分。第 4、第 5 章主要从译员和用户的视角,通过收集和分析数据等具体步骤,考察双方的期待产品具体参数,在前文基础上探讨。第 6 章通过对比译员及用户的一般期待参数,寻找双方的期待产品参数的差异,及其对口译产品质量与用户满意度的影响,旨在探讨两者之间的互动关系。

第 7 章为结论,逐一回答研究问题,并综述研究结论。在探讨可能的贡献与意义的同时,反省本研究存在的局限,展望未来进一步的研究方向。

1.6　本章小结

作为全书的研究背景,本章对口译研究中的"社会性转向"和口译职业化与专业化口译教学趋势进行了梳理,并通过定位研究维度、参数、视角等方面,确定了本课题在口译研究中的归属。基于此,笔者确定了研究路径,即研究起点由文献综述而来,通过具体研究过程设计,讨论研究主要发现,回答研究问题。如此,奠定了本研究的课题来源及研究基础。

第 2 章　文献综述[①]

2.1　核心概念

　　在本节中,笔者将就本书涉及的 4 个核心概念,即"作为服务产品的口译产品""口译产品整体概念""口译产品用户满意度"及"口译产品质量"进行梳理和介绍。首先探讨本研究中"口译产品"可以借鉴管理学相关成果的原因,基于此,论证"口译产品"区别于"实体产品"作为一种"服务产品"的原因。然后,在管理学"产品整体概念"的基础上,提出"口译产品整体概念"。"口译产品用户满意度"及"口译产品质量"两个概念的来源介绍及厘清旨在为研究过程中涉及的具体内容廓清界限。

2.1.1　作为服务产品的口译产品

　　"产品"(product)通常指"劳动所创造的物质资料,包括生产资料和消费资料;广义也指人类创造的精神财富"(李行健,2005:141)。因此,"产品"能够满足人们的物质需要或精神需要,是经由劳动或努力得到的成果,是某种过程或行为的结果。

　　在翻译市场上,语言转换之后的结果,笔译以译本的形式出现,口译则以声音的形式出现。这些成果,我们将其看作"产品"。基于以上定义,笔者将"口译产品"理解为"经由口译过程所得的成果",是辅助人们在不同语言文化之间沟通交流的有机整体,是口译活动中各种因素相互作用的结果。"口译产品"不仅包括语言层面的口头翻译内容,还包括其他层

①　本章部分内容改编自:王巍巍,穆雷,2013."期待产品":口译产品研究中的一个模型[J].外语与外语教学(5):73-77.

面的内容,如交际效果、用户期望、译员角色等多个方面。

因此,影响口译产品的因素并不仅局限于译员本身,也涉及口译这一社会文化活动的其他方面。比如,宏观方面,社会文化语境中的伦理规范、权利关系、意识形态等对口译产品的制约和影响;微观层面,口译员非语言行为对听众译文接受度的影响、发言人语速及口音对于口译员的影响、雇用方对口译员的要求等(见图 2.1)。

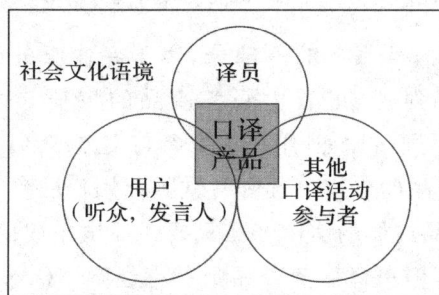

图 2.1　口译产品的影响因素

作为一种即时性的语言服务,口译产品既具备其独有的特征,也与其他服务行业(如咨询类、旅游类等)提供的产品相类似。随着口译服务日趋专业化,有必要从广义产品的角度探讨口译活动的特征。目前,管理学对于产品的相关研究已相对完善。笔者尝试借鉴管理学关于产品概念及特征的表述,以归纳出口译产品的特征及概念。

科特勒(2001:409)在其管理学著作中提出,产品既包括有形的实体,又包括无形的服务或利益。因此,产品主要可分为服务产品与实体产品两种,其特征存在 9 项主要差异(见表 2.1)。

表 2.1　服务产品与实体产品差异

编号	差异内容	实体产品	服务产品
1	形式	有形	无形
2	所有权	有	无
3	顾客参与生产过程	少	多
4	顾客作为"产品"的一部分	否	是
5	品质评估	可自行判断	有时非常困难
6	投入与产品变化	少	多

续表

编号	差异内容	实体产品	服务产品
7	库存	有	无
8	时间因素	较不重要	重要
9	分销渠道	实体配销路径	可经虚拟路径

注：笔者根据 Lovelock & Wright(1999:14-17)修改整理。

口译活动作为语言服务的一部分,属于专业服务的一种。将表 2.1 中各项与口译产品对比,可看出服务产品的特征与之十分吻合(见表 2.2),与实体产品不同。比如,用户很少参与实体产品(如汽车、电器等)的生产过程,但口译产品的生产过程则常常需要用户的参与和交互。在品质评估方面,服装、食品这样的实体产品只要一经试用或使用,马上可以大致判断其品质或味道,但口译服务产品则具有经验性(experience attributes),有时甚至有用户本身在消费后依然无法自行评判专业口译品质。

表 2.2　服务产品与口译产品比较

编号	差异内容	服务产品	口译产品
1	形式	无形	符合
2	所有权	无	基本符合
3	顾客参与生产过程	多	符合
4	顾客作为"产品"的一部分	是	符合
5	品质评估	有时非常困难	符合
6	投入与产品变化	多	符合
7	库存	无	符合
8	时间因素	重要	符合
9	分销渠道	可经虚拟路径	符合

基于以上共同性的考量,可以认为口译产品是一种服务产品,与实体产品存在差异。从这个视角看,口译产品区别于实体产品的特征有以下几种。(1)形式:口译产品本身相对实体产品而言是无形的,看不见、摸不着。(2)所有权:顾客在购买口译产品这一服务时仅有使用权,通常并未获得所有权(但有时顾客可以获得并拥有口译现场录音、录像)。(3)顾客

参与:顾客需要参与口译产品的产生过程,如有时译员在口译过程中需要与听众或讲者进行沟通互动,以明确意义。(4)顾客是口译产品的一部分:如口译过程中,听众对口译产品的接收会受到讲者和其他听众的影响。(5)品质评估:由于不具备明确外观等特性,口译产品品质的评估并不如实体产品直观简易。(6)投入与产品变化:对实体产品,投入一定的原材料会相应得到固定比率的产出,口译产品则会因多方外在因素的影响而产生投入产出的变化。比如,即便是同一名译员,也会由于背景知识、硬件设备、身体状况等原因有不同的临场表现。(7)库存与时间因素:口译产品与实体产品不同,无法预先生产或储存,顾客需要亲临现场(即使在远程口译/电话口译的情况下,顾客也在实时参与)。(8)分销渠道:与实体产品需要实际运输分销不同,除现场提供服务外,口译产品可以经由网络及各种多媒体等形式输送给最终使用者。

因此,在已区别了口译产品与实体产品的前提下,笔者将口译产品看作服务产品,本研究尝试借鉴管理学中服务营销领域的相关服务产品研究成果,将其应用于口译产品研究。

2.1.2 口译产品整体概念

科特勒(2001:409)认为,产品(包括服务产品和实体产品)虽有差异,但存在共性。他将产品分解为核心利益、有形产品、期待产品、延伸产品及潜在产品 5 个层次(见图 2.2),称之"产品的整体概念"。

核心利益,又称核心价值(core benefit),是指能够满足顾客核心需求的效用或利益,是产品的实质。有形产品(formal product)是核心价值借以实现的基本形式,例如产品的包装、组件等。期待产品(expected product)指购买者在购买

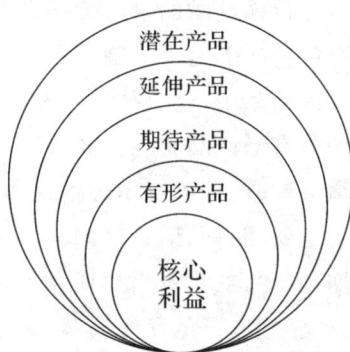

图 2.2　产品的 5 个层次
(科特勒:2001:410)

产品时期望得到的属性。比如,入住酒店时,顾客期望客房内宽敞、窗明几净。延伸产品(augmented product)指产品满足以上 3 个层次的需求之后,提供给顾客的延伸产品特性或利益,从而将自己与竞争者区分开来。

如电子产品的商家会提供包括免费升级、在线进阶使用教程等各种售后服务。潜在产品(potential product),指产品特性的未来发展趋势。(科特勒,2001:409-410)

上述分类方式基本符合口译产品的组成形式,可以帮我们更加清晰地认识口译产品,从而明确口译产品的组成部分。借助这一分类方法,笔者根据口译产品的特点将其划分为核心价值、有形产品、期待产品及延伸产品 4 个层次,并称为"口译产品的整体概念"(见图 2.3)。

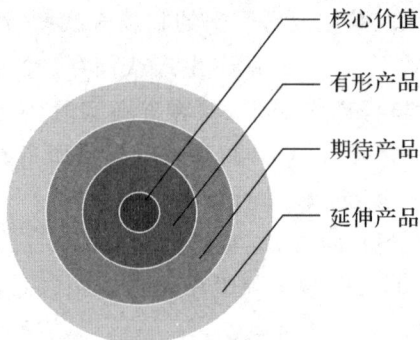

核心价值
有形产品
期待产品
延伸产品

图 2.3 口译产品的整体概念

口译产品的核心价值是口译活动满足用户的核心需求产生的效用,一般情况下是为了辅助用户进行"有效的多语言、跨文化交际沟通"①。在口译活动中,这一抽象的核心价值需要通过译员的具体语言和非语言行为等有形产品实现。如:语言层面,译员根据源语与目的语的差异所做的增补删减、译语所体现的文本性与连贯性;非语言层面,译员在口译现场的手势、眼神、语音语调等。期待产品分别有两个角度:从用户的视角看,期待产品意味着用户所预期的口译产品属性。例如,用户对口译产品信息完整度、译员发音质量、表达流畅度的期待等。从译员的视角看,期待产品是译员根据职业规范等因素对自身口译表现的预期。口译延伸产品则从口译产品与社会文化关系的角度出发,包括口译产品对社会历史文化的影响作用、社会对译员职业的认可程度(译员社会文化地位)以及译员各自所持的不同身份认知及定位调整等。

---

① 某些特殊情况下,如外交场合下,尽管双方都具备双语能力,但仍使用口译。这时口译产品的核心价值除了沟通,可能还包含权利关系的体现等。

2.1.3 口译产品用户满意度

用户满意度（customer satisfaction）是一个经济心理学的概念，指将一个产品或服务可感知的效果或结果与期望值相比较后，用户所形成的愉悦或失望的感觉状态（Grigoroudis & Siskos，2010）。在管理学中，用户满意度是用户对产品综合性的量化评价，是决定用户是否愿意继续使用的关键，同时也是质量改进的依据和指标。

作为专业语言服务提供方，职业口译员也面对着各种用户，例如发言人、听众、雇主、会议组织方、设备公司、中介机构等，他们各自的期望值因立场差异而不同。为了最大限度地减少研究变量，笔者对口译用户群体进行筛选，最终选择能够在商务会议现场与交传译员直接沟通的"发言人及听众"作为研究对象之一。

因此，本研究中，"用户"特指口译活动过程中的"发言人与听众"；而"口译产品用户满意度"是指通过对口译产品的感知效果与期望值相比较后，"发言人与听众"所形成的愉悦或失望的感觉状态。与其他产品和服务相同，口译服务中的用户满意度也体现着用户对口译产品的综合考量，决定着用户对译员服务的忠诚度，是口译产品质量改进的依据和指标。

2.1.4 口译产品质量

根据欧盟质量管理组织的定义，"质量"是指"产品或服务能够满足某种需求的特征或特性"（Kurz，2001）。在这里，"满足某种需求"体现出该定义的用户导向。因此，这里很大程度是从用户的角度上看"质量"，与"用户满意度"密切相关。因此，可以说，从欧盟质量管理组织的角度看，只要用户满意，就是好的质量。

然而，在探究口译质量方面，加伯和莫菲特-伦德斯（Garber & Mauffette-Leenders，1997）向用户展开口译质量调查，目的是了解非英语口译服务用户是否能够提供有意义的相关评估反馈。调查结果显示，用户反馈更倾向于显示消费者满意度而不是译员的能力，因此对译员能力的衡量只能通过语言和口译相关的测试。莫泽（Moser，1996）认为，理想的职业口译质量意味着译员要提供完整、准确的译文，不扭曲原意，并试图捕捉发言人在某种外部条件限制之下传递的任何或全部言外信息。针对会议口译质量的概念问题,塞莱丝柯维奇(Seleskovitch,1986)提出了疑问:口译质量是对谁而言的? 是否包括那些有译员出现的交际场合的参与者? 而这些参与者最终是否会做出口译质量的评判? 对此,有的学者认为,不同的国籍、身份、口译场合均可能会影响用户对口译质量的评判。有的学者提出,要从发言人和听众的角度来考虑。施莱辛格(Shlesinger,1994)认为,译员的译语也应从 3 个层面来加以分析:(1)源语与译语的对比;(2)译语作为一个完整的口译产品其自身的听觉、语言和逻辑特征;(3)译语是否具有有用性和可理解性的服务活动。波赫哈克(Pöchhacker,2001)提出,"口译质量意味着'在特定互动场景下,参与各方(是否)能够成功地进行沟通'"。吉尔(Gile,2003)指出,"口译质量的评定"可以包括"信息的可靠性、目的语语言准确度、声音质量"等。回顾并分析了以往口译质量的相关研究个案后,王东志和王立弟(2010)认为,口译质量研究有两大主流,一个是将口译视为最终产品,另一个是把口译活动视为一种功能。尽管如此,两者在口译质量的关键要素方面达成了共识,如忠实、信息传达准确、表达清晰等。

在梳理前人文献的基础上,格尔比克(Grbic,2008)撰文从理论建构的角度探讨"口译质量"这一概念,旨在考察不同口译研究领域中"质量"的概念和定义,以及在口译教学、口译实践及口译研究 3 个体系中对"口译质量"的应用。她发现,"质量"的概念是相对的,取决于谁来评价质量和实际的语境情况,但同时也可以放在特定的基准(benchmark)下进行测量。目前与"口译质量"相关的文章,在口译教学、实践及研究领域涉及面很广,但针对"口译质量"本身的理论探讨性文章少,其原因在于:(1)行业机构的要务是保证口译实践质量;(2)口译教学重点在于培养高质量译员;(3)口译研究长期以来重视实证研究多于理论研究;(4)"质量"问题本身复杂。在对比前人研究中所提到的各种质量观异同的基础上(见表2.3),格尔比克(Grbic,2008)发现,口译质量研究存在多种维度(见表2.4)。因此,"口译质量"虽然具有多维多变及多重参照性,依然可以通过建构的方式展开系统研究。虽然不存在完全正确或错误的口译质量定义,但不代表"口译质量"及"口译质量保证"不值得探讨。格尔比克(Grbic,2008)认为,为了适应口译研究、教学及实践领域的多种需求,有必要建立、修改或扩展动态的标准。

表 2.3　口译研究"质量观"异同

分　歧	认　同
满足质量标准不同 口译策略结果不同 伦理责任不同 实际服务减去预期服务的值不同 ……	口译质量从根本上看是可变的,因为: (1)口译活动各方观点不同 (2)由语境参数的选取和范围决定 (Gile 公式 $Q=Sw_ic_i$)

注:笔者根据 Grbic(2008)整理。

表 2.4　口译质量研究的多种维度

口译质量	维度(Dimensions)		
作为例外 (As exception)	传统概念(Traditional notion)		
	卓越水平 (Excellence)	超越高标准(Exceeding high standards)	
		零缺陷(Zero defects)	
作为典范 (As perfection)	符合标准(Compliance with standards)		
	质量文化(Quality culture)		
作为目的 (As fitness for purpose)	益于用户 (Usefulness for customers)	满足需求(Satisfaction of needs)	
		物质价值(Value for money)	
	服务提供方来决定质量有效性 (Usefulness determined by the service provider)		

　　综上所述,可以发现,管理学视角中的"口译产品质量"大多从用户满意度出发;而在口译研究领域,学者们谈到"口译产品质量"时主要从口译教学、实践及研究出发,较少从服务产品角度将口译看作一项专业语言服务。

　　为了区分用户满意度,量化译员表现,在本研究中,笔者参考了主要行业组织,例如国际会议口译协会(AIIC)、美国翻译协会(ATA)、中国翻译协会等关于口译质量的标准,选取行业认定规范作为量尺,将"口译产品质量"的概念范围局限在"从研究者第三方的角度所观察和记录到的实际口译产品的语言、逻辑和交际特征"(详见第 3 章)。因此,在本研究中,谈及"口译产品质量"及其相关量化标准时,暂不涉及用户或译员的期待与反应。

2.2 综述

2.2.1 口译产品主要研究回顾

产品研究一直是口译研究的主要话题之一。自 20 世纪六七十年代的"实验心理学研究阶段"（Gile，1994）起，口译研究者们（Oleron & Nanpon，1964；Gerver，1969；Barik，1971）开始通过实证研究的手段探讨口译产品的特征及成因。早期的相关研究大多集中在语言层面，从"源语—目的语"分类对比研究的途径描述口译中增补删减的情况。根据笔者的文献检索，最早的口译产品研究可以追溯到 1964 年奥莱龙（Oleron）和南邦（Nanpon）在《正常心理状态与病理学杂志》（*Journal de psychologie normale et pathologique*）上发表的实证研究论文《同声传译研究》（"Recherches sur la traduction simultanée"）。在文章中，两位研究者通过定量研究的手段，对同声传译（同传）译文中出现的删减、增补及错误情况进行了计量研究。1969 年，杰弗（Gerver，1969）同样用定量分析的手段展开实验，撰文探讨"源语速度对同传译员表现的影响"。他将同传译文的"省略、替换、修正"定义为"错误"及"不连续性"（discontinuities），并对其"从属形式"（subforms）做了进一步的分类。无独有偶，巴里克（Barik）在其博士学位论文中也探讨了口译产品的上述问题。并于 1971 年在 *Meta* 上发表了其博士论文中的部分研究成果——《同声传译中多种省略、增补及错误的描写》。在这项研究中，巴里克转写了 6 名同传译员的译语录音（每人各译 8 篇，共 48 段录音），并针对译文中出现的省略、增补及错误进行了分类、对比和描述。他发现，资深译员在不同语言方向的口译中表现出程度类似的省略、增补及错误；生手或业余译员则在母语译向外语的时候相对表现更好，而在外语译向母语时出现较多的省略、增补及错误。

在 20 世纪 70 年代跨学科趋势的推动下，口译产品研究开始涉及社会文化层面的探索。1976 年，安德森（Anderson，1976）撰文《译员角色面面观》，首次从跨文化交际及社会文化语境的角度探讨译员在口译活动中的角色。在该文中，安德森将口译活动视作一种社会文化交际，通过研究译员在交际中所表现的行为、所面对的权利关系和所发挥的作用来建构译员的角色。他认为,译员在交际活动中的角色首先是一名双语者,他/她不一定完全中立,甚至会在交际中占据赋权的地位。正如安德森在研究结论中所说,"任何具体的社会情境都可能对译员角色产生影响",译员角色问题研究尚需大量的实验证明及理论推演。值得一提的是,1977 年,杰弗和赛奈科(Gerver & Sinaiko)在意大利威尼斯联合组织召开了口译研究历史上第一次大规模跨学科的研讨会——1977 年北约语言口译和交流研讨会(1977 NATO Symposium on Language Interpretation and Communication),会议主题为"语言传译与交际"。会议上,来自不同学科领域的研究者就语言与交际的问题展开了交流探讨,寻求跨学科合作研究路径。其中关于口译产品的探讨主要集中在"口译作为一种交际活动"和"译员的角色"问题。例如,斯坦纳(Steiner,1998:47)提出,作为"解码"(decoding)和"编码"(encoding)的口笔译行为是"交际的中心"。帕尔尼亚(Pergnier)指出,译员不仅是两种语言间的"协调者"(mediator),更是交际双方及其所代表的两种社区的"协调者"(转引自:Gerver & Sinaiko,1978:203)。兰(Lang)则以巴布新几内亚法庭联络口译为切入点,观察业余口译员的行为。兰发现,"虽然译员的官方认定角色应当是被动参与者",但译员在实际口译活动中是非常积极的参与者,其角色有时甚至是"调解人"(intermediaries),译员在交际互动中的参与度取决于实际协商情况。基于上述研究发现,兰提出有必要进行译员专业训练。(转引自:Gerver & Sinaiko,1978:241)除此之外,口译产品的非语言层面研究也引起了一些学者的注意。比如,安德森曾于 1979 年撰文介绍了一项非语言行为实验以探索会议口译中的多渠道交际现象。继安德森的实验之后,口译产品中的非语言行为研究不断深入。1982 年,比勒(Bühler,1982)在威尔斯(Wilss)主编的论文集《符号学与翻译》(Semiotik und Uebersetzen)中发表文章《翻译与非语言沟通》,从非语言交际的层面探讨其对口译效果的影响。两年后,鲍恩(Bowen,1984)在奥地利口笔译员协会刊物上撰文《非语言交际》,专题探讨非语言因素对口译产品的影响。1987 年,波亚托斯(Poyatos,1987)发表论文《同声传译及交替传译中的非语言交际:一个理论模式和新视角》,作为口译研究中最早的非语言模型,该模式"至今仍最能够全面涵盖(口译活动中)语言及情境的符号现象"(Pöchhacker &

Shlesinger,2002:206)。

进入 20 世纪八九十年代的口译研究"新兴期",跨学科口译产品研究领域日趋多元化。以社区/对话口译为中心的译员角色研究成为热点之一,涉及语用、语义、语域、语篇等的话语研究成果快速增长,用户期待、口译规范、伦理道德等话题纷纷进入产品研究视野。1984 年,阿列克谢耶娃(Alexieva,1984)在第十届世界翻译大会上宣读其论文《同声传译文本的语义分析》,从语义学的角度分析同传译文中的话语,以探讨其对口译效果的影响。1987 年,克纳普-蓬托夫(Knapp-Pontthoff,1987)同样从话语分析入手,描述了非专业译员口译产品中的语言特征,探讨译员角色问题。这一时期,译员的角色研究吸引了众多学者的目光。1995 年,首届关键链接(Critical Link)国际社区口译研讨会在加拿大召开。会议以"社区中的口译员"为题,探讨了社区口译的内涵,交流了各国社区口译的现状以及关于社区口译的标准、评价方式、认证程序等方方面面的内容。社区译员的角色问题成为会上讨论的热门话题。该研讨会的论文集《社区中的口译员》(Carr et al.,1997)首次以全球的视野呈现出社区口译这一迅速发展的新兴职业的概况。论文集中,多篇文章涉及口译产品研究,如福勒(Fowler,1997)在题为《法庭译员:完美者与入侵者?》的文章中,探讨了译员在法庭口译情境下的角色选择。而黑尔(Hale,1997)则在其文章《庭审上的译员:法庭口译的语用学》中讨论了译员口译产品的语用效果。值得一提的是,与 1977 年威尼斯会议后续无声的遗憾不同,从 1995 年开始,Critical Link 国际社区口译研讨会每 3 年举行一次,并发行会议论文集,促进了全球社区口译的研究及实践。除此之外,口译产品的规范研究也日益得到重视。1989 年,施莱辛格(Shlesinger,1989)在 *Target* 上撰文《将笔译理论向口译延伸:以规范为例》,首次详细探讨了将笔译规范研究引入口译研究范畴的可行性,并提出规范在口译活动中的形成和延伸。同年,库尔兹(Kurz,1989)在美国翻译协会(ATA)年会上首次系统地探讨会议传译中的用户期待,提出口译产品研究的另一个视角。

20 世纪 90 年代后,随着口译研究的兴起,产品研究领域及研究方法进一步多样化,成果数量与日俱增,涉及产品研究领域的论文、专著不胜枚举。例如,1994 年,施莱辛格就"同声传译中的语调"展开实验,探讨听众对口译产品的接受程度。实验中,15 名被试需要倾听 3 段录音,该录音分别是真实的同传译员口译原声和由译员朗读出来的转写译文。实验结果显示,绝大多数被试更能够理解后者,而非带着"翻译语调"(interpretational intonation)的同传原声(转引自:Lambert & Moser-Mercer,1994:225-236)。1999 年,特贝尔(Tebble,1999)基于 13 场真实医疗口译的语料展开研究,分析出包括"介绍""陈述问题""陈述解决方案"等在内的 11 种"类型元素"(genre elements),提出口译交际事件中的几个基本阶段,从而建构医疗咨询中的事件结构(event structure)。2004年,安杰莱利(Angelelli,2004)出版专著《再访译员角色》,作为首项跨国研究,作者通过调查、访谈、语料库等研究方法收集了来自加拿大、墨西哥及美国的上百名译员的大量翔实数据,描述了译员在各种口译场合所扮演的角色,展示了译员对职业身份的认知和自身口译行为的看法,证实了译员实际工作与职业理念之间的差距。2006 年,蒙特斯德奥卡(Montesdeoca,2006)以西班牙拉斯帕尔马斯的移民拘留中心为例,从符号学的角度探讨口译交际活动,反思权利关系在口译职业、法律、传译和交际层次给译员带来的情景约束。关于译员角色的思考依然是这一时期的研究热点之一(Giambruno, 2008;Angelelli, 2008;Takeda, 2009;Pöchhacker & Kolb, 2009;Torikai, 2009, 2010;Jacobsen, 2009;Zwischenberger, 2009;Setton & Guo, 2009)。正如波赫哈克(Pöchhacker,2006)所说,15 年前仍处于边缘地位的口译研究如今正经历着一场社会文化研究范式的新转变,越来越多的人从社会文化的角度入手探讨口译产品的各个层面。

与西方相比,中国的口译产品研究起步稍晚,初期主要是在口译教学研究中提及口译产品的特征,并以辅助教学为目的对其分析分类(例如:万昌盛,1996;陈菁,1997 等)。进入 21 世纪后,以口译产品为对象的研究逐渐增多。例如,芮敏(2001)从口译译文的"语言特色、语体类型及特征的把握和转换等方面"分析口译语体问题,建议译员提高语体意识以改善口译表现。刘林军(2004)从话语基调的理论出发,结合实证研究和同声传译的特点,阐述了同传译员在传译过程中的角色定位,认为译员要依据交际双方的关系来定位自己的角色,并在把握发言主题和选用合适的表述方式传递信息方面发挥自己的作用。张威(2009)则通过观察同传译文的省略现象,探讨认知记忆在同声传译实践中的作用。与西方一致,译员角色及用户期待也是中国口译产品研究的热点话题。朱耀华(2005)通过分析顾客期待指出顾客单方面评价口译产品的局限性,提出"需要加强顾客期待具体方面的专化研究"。关于口译用户期待的研究也涉及译员具体的口译表现,如张凤兰(2009)通过问卷调查法分别让彰化师范大学 121名学生和东北大学 89 名学生就 4 位口译员的口译表现打分,调查结果显示,"在译文内容无虞的情况下,口译员发音愈标准,听众觉得愈专业,专业程度和听众的喜好程度呈现高度的正比关系。像播音员一样字正腔圆有加分作用,但并非必要"。而张威(2008,2009)则以科技口译为例,调查用户对口译产品的期待。研究发现,口译使用者更重视科技口译的内容,而不太注重科技口译的形式要素。在口译规范方面,中国的相关研究仍待深入探讨。值得一提的是王斌华(2009)的博士论文《口译规范描写及应用》首次通过系统性描写研究呈现出译员口译行为及活动中的"实际规范"并构建了以规范为基础的译员能力及口译质量评价模式(王斌华,2012a)。王斌华(2012b)在借鉴翻译规范相关理论及研究的基础上,提出"口译规范的描写框架"。他认为,口译规范可从"源语—目的语关系规范""目的语交际规范"及"职业伦理规范"3 个方面进行描写。

在回顾口译产品主要研究的基础上,笔者以"口译产品整体概念"为框架,将从"有形产品""期待产品""延伸产品"3 个层次分类综述前人的研究。

2.2.2 口译有形产品

口译的有形产品是核心价值的载体。在口译活动中,核心价值通过译员语言和非语言行为两种形式实现。有形产品大多较为直观,如译员根据源语与目的语差异所做的增补删减,译语所体现的文本连贯性,译员在口译现场的手势、眼神、语音语调等。

本类研究主要可以分为如下(见图 2.4)几个层面,各自进一步细分出不同的研究主题和方向。需要指出的是,各项不是独立唯一的,可以在研究中交叉探讨。

有形产品的语言层面研究路径主要由语言学的各个方面组成,比如源语—目的语对应、句法、语义、语用、文类、语域、篇章连贯等;研究方法多采用实证研究中的描写法、实验法、语料库等。早期的有形产品研究主

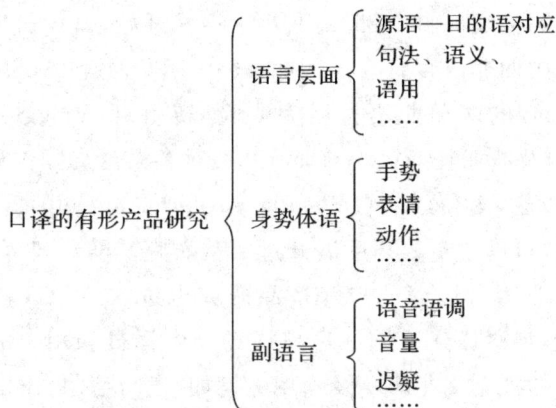

图 2.4 口译的有形产品研究主题

要针对译文中增补删减的情况进行计量,描写和解释(如 Oleron & Nanpon,1964;Gerver,1969;Barik,1971 等)。对口译产品文本的研究很大程度上受到以罗伯特·德·波格然德(Robert de Beaugrande)为代表人物的文本语言学产品研究路径的影响(转引自:Pöchhacker,2004:140)。

20 世纪八九十年代,研究者开始从"社会文化交际"的角度研究口译有形产品的语言层面。1991 年,弗里德里霍娃(Frydrychova,1991)在其硕士学位论文中从句法功能的角度探究英—捷同传译语文本特征,并从语言交际层面对其进行了分类和解释。1992 年,波赫哈克提出会议口译的"文本性"(textuality)后,得到阿列克谢耶娃(Alexieva,1997)等人的支持。1997 年,阿列克谢耶娃撰文《译员协调事件的类型》,从社会交际互动的角度将口译文本及事件的类型分成了 6 种参数,构建了译员在不同场合下的工作语境。除此之外,话语分析也是口译产品研究的常见路径之一。一般来说,话语分析主要使用于书面文本。事实上,口译产品研究中的"话语"不仅指交际中的"口头话语",也适用于转写的译文,甚至是口译的整个交际沟通过程。比如,黑尔(Hale,2004)、特贝尔(Tebble,2009)等学者所做的产品研究中曾经提及的"discourse"分析都属于这种广义的"话语"。

口译有形产品的非语言层面属于口译跨学科研究视角之一,涉及心理学、社会学、社会语言学等学科理论及研究方法。主要研究对象有译员的身势体语和副语言两大方面,从而描述或解释译员与发言人或听众之间的非语言交际沟通。自 20 世纪七八十年代开始,口译研究者们就把目光投向了口译中的非语言行为。例如,1979 年安德森(Anderson)和 1988 年巴尔萨(Balza)的两项非语言行为实验(转引自:Viaggio,1997);比勒(Bühler,1985)及波亚托斯(Poyatos,1987)对多渠道交际沟通的建构。20 世纪 90 年代以来,多位学者(Shlesinger,1994;Angelelli,2004)针对该问题从用户期待、口译质量等角度展开过实验研究。随着口译研究"社会性转向"的兴起,非语言层面的口译产品研究也进入了社区口译研究的视野,学者们通过观察描述不同社区口译场合中译员和用户的非语言行为探究口译活动的社会文化影响及作用。例如,巴哈德尔(Bahadir,2010)通过研究难民营、拘留所、监狱等口译员的眼神和声音,指出译员在权利关系悬殊的口译场景下既需表达各方立场又要协调双方沟通时所面临的角色挑战。巴哈德尔提出专业译员需要在口译活动中保持敏感,从而合理应对作为中间人和交际第三方过程中所面对的风险和机遇。

2.2.3 口译期待产品

口译期待产品是口译产品整体概念的第 3 个层次,意味着用户及译员对口译产品的预期属性或效果等方面。例如,用户期望译员能够保证译语信息完整、表达流畅、发音悦耳(张凤兰,2009);而特定的一些用户则期待译员具备一定的专业知识,使用较为正确的科技术语等(张威,2009)。

对用户期待的关注最早在赫伯特(Herbert,1952:82)的《口译手册》中就有所提及,塞莱丝柯维奇(Seleskovitch,1986)在其文章《谁应评价译员的表现?》中也提到口译效果应由听众评判。事实上,直到 1983 年才有学者在其博士学位论文中首次提出用户期待研究的必要性(Stenzl,1983:31)。1986 年,比勒(Bühler,1986)就口译质量面向国际会议口译协会(AIIC)的会员发出问卷,试图考察译员对会议口译质量各参数重要性的认知及其对口译质量的期望值。在研究中,比勒假设缺乏原语知识的译语用户更可能通过口音是否地道、声音是否悦耳、产出是否流畅等非内容性指标来判断译员的口译质量,要求受访的译员根据自己对用户质量期待的推断,按照"非常重要""重要""不那么重要""不相关"这由低到高 4 个标准对 16 项口译质量评估指标进行排序,排名前 9 位的项目依次是:

(1)忠实传达发言人意思;(2)译语前后逻辑连贯;(3)翻译的完整性;(4)译语语法正确;(5)译语与原语风格一致;(6)术语准确;(7)语音语调正确;(8)翻译流畅;(9)声音悦耳。此后,1989 年,库尔兹在美国翻译协会(ATA)年会上以"会议口译——用户期待"为主题发言,用户期待研究也因此得到了越来越多的研究者的关注。1993 年,库尔兹分别在《哲罗姆季刊》(*The Jerome Quarterly*)第 2 期(Kurz,1993b)和《口译员通讯》(*The Interpreters' Newsletter*)第 5 期(Kurz,1993a)撰文具体探讨不同用户群体对口译产品的期待。库尔兹(Kurz,1993a,1993b)得到莫泽(Moser,1996)和沃里科斯基(Vuorikoski,1993)等人的支持,他们分别撰文进一步分析用户期待并从用户反馈的角度考察会议传译产品的质量评估及改善。麦克和卡塔鲁扎(Mack & Cattaruzza,1995)则以用户问卷调查的方式了解用户眼中的同声传译质量。1998 年,科利亚多斯(Collados)通过实验研究结果表明实际的口译质量与用户感受到的口译质量差别明显,因此认为用户"不是合适的质量评判者,原因很简单,因为他们不适合承担这项任务"(转引自:Pöchacker & Schlesinger,2002:336)。2001 年,库尔兹(Kurz,2001)又以《会议传译:听众耳中的质量》为题在 *Meta* 第 2 期撰文,通过调查研究的方式描述用户理想中"令人满意的会议传译",提出应当在译员口译服务评估中加入用户期待指标。2011 年,克里斯滕森(Christensen,2011)以法庭口译为案例,讨论了用户期待与口译产品质量。2016 年,马来西亚学者亦通过用户调查讨论了会议口译服务中的用户质量期待(Amini et al.,2016)。在中国,朱耀华(2005)、张威(2008,2009,2011)、张凤兰(2009)等研究者也以实证调查等方式探究了口译用户与产品之间的关系。

除此之外,口译规范也是期待产品研究的另一个重要话题。该领域的研究自 20 世纪 80 年代末兴起。1989 年,施莱辛格(Shlesinger,1989)在 *Target* 第 1 期撰文《将笔译理论向口译延伸:以规范为例》,首次详细探讨了将笔译规范研究引入口译研究范畴的可行性,并提出规范在口译活动中的形成和延伸。她的提议得到了哈里斯(Harris)等学者的响应(Harris,1990;Schjoldager,1995;Garzone,2002)。肖尔达格(Schjoldager,1995)于 1995 年在 *HERMES* 撰文《笔译规范引入同声传译的探索性研究:方法论反思》。基于国外口译规范研究的成果,中国学者王斌华(2012a)以总理记者招待会交传语料为例,采用描写性研究方法,首次系统地呈现出会议口译产品"认定规范"与"实际规范"的关系,构建了以口译规范描写为手段的口译评估模式。在这些研究中,"口译规范",特别是"认定规范",在某种程度上约束着译员的行为,同时也反映了译员对自身表现的期望。

2.2.4　口译延伸产品

延伸产品与期待产品息息相关,本研究主要从口译产品与社会文化关系的角度出发,探讨口译产品的社会文化作用(如口译历史研究、口译社会文化研究等),从而得出社会对译员的职业认可(译员的社会文化地位),以及译员的自我身份认知等。如图 2.5 所示,这两者相互影响,互为因果。

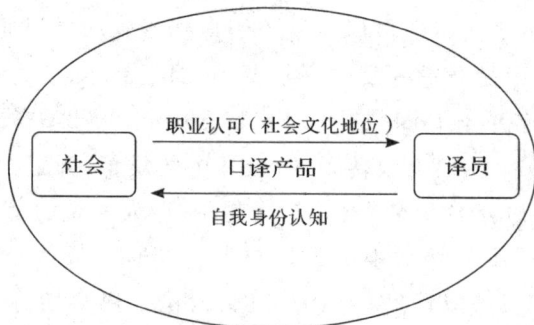

图 2.5　口译产品的社会文化作用

尽管口译较笔译历史更为久远,但由于口译活动本身的特点,流传下来的相关文献史料并不丰富。因此,针对口译历史的研究至今相对较少。与史料研究相同,大多数的口译历史研究都旨在探讨口译产品的社会文化作用。根据笔者的文献检索,关于口译历史较早期的研究有鲍恩(Bowen,1984)在 1984 年第 25 届美国翻译协会(ATA)年会上发表的论文《会议传译简史》,以及 D. 鲍恩和 M. 鲍恩(Bowen & Bowen,1985)于 1985 年在 *Meta* 第 1 期上发表的《纽伦堡审判:经由翻译的沟通》。中国学者黎难秋(2002)在其专著《中国口译史》中,则通过对文献的历时研究,系统介绍了中国历史上各领域的口译活动,探讨了口译在中国历史文化发展中所起的作用。1998 年,加伊巴(Gaiba,1998)的专著《同声传译的起源:纽伦堡审判》首次针对同声传译这一职业的发展源头进行系统研究,通过史料收集和文献梳理描述了 1945—1946 两年间纽伦堡审判上的同传活动,不仅探讨了同传作为填补纽伦堡审判关键一环的历史作用,也填补了相关研究的史学空白。次年,威尔斯出版专著《20 世纪的口笔译》(Wilss,1999),以德语翻译为例展开了一项涉及奥地利、瑞士及德国的口笔译史学调查,探究 1950 年至 1995 年间的口笔译教学、实践及研究。通过描述性研究,威尔斯指出了口笔译在不同语言及文化沟通中不可或缺的社会作用。

以上的口译产品历史研究大多证明了口译在社会文化发展中的重要作用。基于对这种作用的认同或否定,就有了人们对口译职业、口译活动或口译员的认知,从而决定了口译员的社会地位。相对地,这种社会地位的变迁和流动也在某种程度上影响了口译员对自我的身份认知和角色定位。因此,口译产品中的角色研究主要有两个视角:一是社会对译员的角色认知,二是译员对自我角色的定位。作为口译研究的热门话题之一,角色研究最早始于 1976 年。安德森(Anderson,1976)撰文《译员角色面面观》,首次从跨文化交际及社会文化语境的角度探讨译员在口译活动中的角色。作为社区口译研究和口译研究社会文化转向的代表性人物,瓦登乔(Wadensjö,1993)于 1993 年发表文章,探讨对话口译中译员所起到的双重角色作用。2004 年,安杰莱利(Angelelli,2004)出版了其博士学位论文,通过针对加拿大、墨西哥和美国从事会议传译、法庭口译、医疗口译的译员展开的调查,发现译员对自身角色的认知更具有显身性和主体性。2009 年,日本学者鸟饲(Torikai,2009)在其专著《隐形的声音:二战后日本外交译员》中,通过访谈 5 位杰出译员,记录了他们在二战后的日本担任译员时的口述历史。依据布尔迪厄的理论,作者讨论了战后日本社会文化语境下的译员角色、译员的自我身份认知及译员的(隐)显身性。在 2010 年出版的论文集《口笔译员职业群体——第二部分:角色及身份问题》中,鸟饲(Torikai, 2010)基于其上述研究撰文进一步探讨了二战后日本外交译员的文化意识。作者发现,尽管 5 位受访译员均未意识到自己作为"文化中间人"的角色,但他们都在历史上的跨文化交流中起到了关键作用。王继红(Wang,2018)以电话口译为例,调查了 465 名译员对自我职业角色的认知,探讨了译员在电话口译沟通任务中的作用。

2.2.5 服务接触与质量主要研究回顾

国外对服务营销理论的研究是随着 20 世纪 60 年代人们对服务经济的重视而蓬勃发展起来的。服务接触(service encounter)作为其中一个较新的研究领域,学者对它的关注自 20 世纪 80 年代开始,至今已有 40 余年的历史。

服务接触与服务质量及用户满意度密切相关,学者们从服务接触的外延内涵(如 Johnston,1987;Gutek,1995 等),顾客个人差异、服务预期、不良表现(如 Fisk et al., 2000;Youngdahl et al., 2003;Klaaren et al., 2011 等),服务提供者具体表现和管理(如 Donna & Johnson,2001;Kenneth & Troy,2006 等),服务环境及外在影响等各方面展开探讨(如 Oliver,1993 等),提出了多个关于服务质量的理念和模型。其中,引用率最高的模型之一是帕拉苏拉姆、蔡特哈姆尔和贝里(Parasuraman, Zeithaml & Berry,1985)于 1985 年提出的一个服务质量模型(简称 PZB 模型,如图 2.6 所示)。该模型解释了服务业者的服务质量与顾客需求之间的互动关系,同时也说明要满足顾客的需求必须弥合模型中提出的 5 个服务质量缺口:缺口 1:顾客期望与管理者感知间的缺口;缺口 2:管理者认知与服务质量规格间的缺口;缺口 3:服务质量规格与服务传递间的缺口;缺口 4:服务传递与外部沟通间的缺口;缺口 5:消费者对事前的期望与事后认知间的缺口。

随着服务接触与服务质量相关研究的不断拓展,其研究领域已延伸至网络服务、行业咨询等众多服务产业。综观前人文献,从翻译产业的角度看可以从两方面入手:

(1)口译服务,作为一种专业语言服务产品,也涉及从业者与使用者服务接触的每个环节。语言服务自身的特殊性(比如,口译服务中用户全程通过译员"传声"来与他人进行沟通)使其具有较高的服务接触程度。然而,口译服务当中存在的服务接触及相关质量影响尚未受到研究者关注[1]。因此,可以借鉴该领域的已有成果,以真实案例为起点对口译产品中涉及的服务接触场景进行描述和界定。

---

[1] 目前仅有一篇文学硕士学位论文(林义雄,2005)谈及口译服务过程与服务接触。

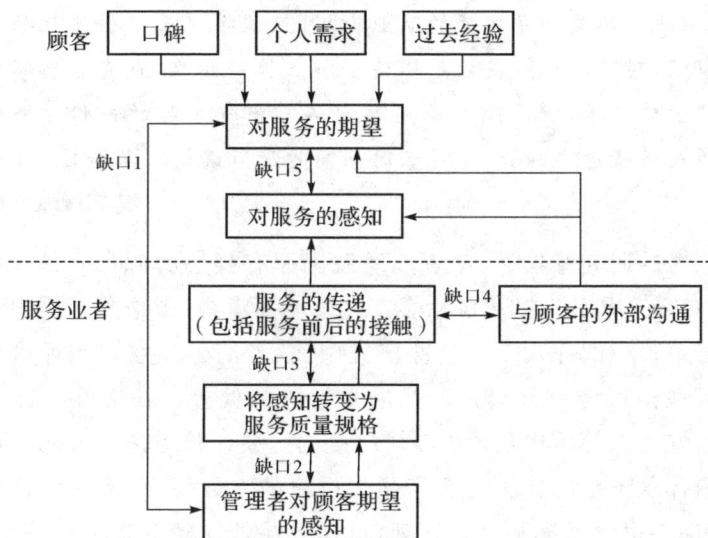

图 2.6　PZB 服务质量模式(Parasuraman, Zeithaml & Berry,1985)

（2）如前文所谈，服务接触与服务质量及用户满意度密切相关，为了达成最佳服务质量，控制好服务接触点是关键。然而，口译服务的接触时刻稍纵即逝，单从用户方面进行控制存在难度。服务接触领域的前人文献在顾客研究方面已积累了不少成果，但是从服务提供方展开研究文献的仍然不多。因此，有必要从译员和用户两个方面入手。比如，从译员的期待与感知入手，使其在保证口译质量的同时更好地管理与用户的服务接触，从而达成最佳口译服务质量。

2.3　研究假设

回顾口译产品作为一种语言服务产品在各个层次上的相关研究，不难发现产品研究总是与口译质量评估息息相关。在口译产品的各个层次当中，期待产品由于大多涉及用户期望、译员表现、口译规范及实际效果等方面的对比，因而与口译评估的关系最为密切。综观前人研究，笔者发现不少学者在研究期待产品时，会对比用户评价与口译质量（或译员表现），得出以下结论：

作为口译服务的目标，口译使用者对服务质量的反馈固然很重要,但他们毕竟不是口译的从业者,对双语系统及双语文化的差异知之有限,对口译职业技能更不甚了解。很难想象,在完全听不懂原文发言的情况下,听众能对译文做出非常中肯客观的评价。即便现场有听众听懂原文,也不可能长时间同时跟听讲话人与译员。

(蔡小红,2006:71)

在当时的研究背景下,学者们跳脱出原有静态的源语—目的语对比评估,将口译产品放在动态的社会文化语境下审视,考虑到了用户在口译产品质量评价中的作用。在这些研究中,学者们已经意识到译员和用户等的不同视角可能带来口译产品质量评价的偏差。在实际口译服务场合,听众、发言人等用户是译员口译质量的主要评价方之一。用户满意度决定着口译服务中的作为语言产品提供者的方方面面,例如译员的职场生存、翻译公司的译员及服务管理,口译产品的质量改进方向等。因此,有必要进行研究,审视论证不同视角偏差下的口译产品。

笔者认为,口译实际产品的质量不一定完全等同于用户所感知到的满意度。从译员的角度看,口译质量或许意味着职业技能、双语系统对比、双语文化差异等专业层面的评价。从用户的角度看,口译质量可能更多地意味着整体交际沟通的效果,而不是语言文化层面的细节。因此,对于译员来说,高质量的口译产品并不一定会得到同样高的用户满意度;而获得较高用户满意度的口译产品也不一定具备相当高的质量。

然而,如前文所述,口译产品与其他实体产品和服务产品相同,其用户满意度决定着用户对译员服务的忠诚度,是口译产品质量改进的依据和指标。那么,如何才能在保证口译质量的情况下,获得用户满意度呢?泷元(Takimoto,2010)运用切斯特曼(Chesterman)的规范理论描写出译员如何在商务会议交传场合感知用户的期待并不断调整“职业规范”与“其他规范”之间的关系,从而在最大限度保证口译产品质量的情况下,达到用户满意度。他提出,“个人期待规范”的存在是解决该问题的途径之一,但需要一个解释性的过程细化模型。在泷元研究的基础上,笔者尝试借鉴服务接触领域中的 PZB 模型(Parasuraman, Zeithaml & Berry, 1985),整合口译期待产品涉及的主要领域和因素,梳理其输出过程,提出了口译期待产品模型及假设(见图 2.7)。

笔者认为,口译期待产品首先分两个维度:一个是用户心目中对口译

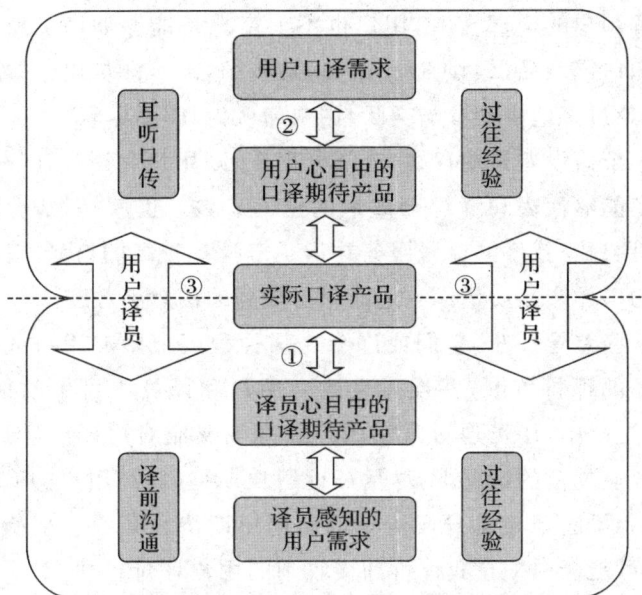

假设 1　译员期待的口译产品与其所产出的实际口译产品之间存在差异。

假设 2　用户期待的口译产品与其所感知的实际口译产品之间存在差异。

假设 3　译员和用户之间存在认知差异。

图 2.7　口译期待产品模型假设

产品的预期,另一个是译员心目中对自身口译表现的预期。从用户的角度看,口译服务需求一旦产生,用户会根据自己以往的口译服务经验及(或)在社会上耳听口传的口译印象,在脑海中形成用户口译产品期待。但是,用户期待的口译产品与其所感知的实际口译产品之间可能存在一定差异(假设 2)。比如,某些情况下,用户可能期待的是译员声音悦耳、字正腔圆,尽管口译产品的信息度并不高,用户依然给予好评。从译员的角度出发,在接到口译任务之初,译员会根据译前与用户的沟通、译前准备,以及基于以往口译学习及实践经验所产生的职业规范,形成自己对本次口译服务过程中所提供口译产品的期待。然而,译员期待的口译产品与其所产出的实际口译产品之间也可能会存在一定的差异(假设 1)。比如,在医疗口译或法庭口译的场合,译员有时可能因感情因素无法完全中立。过多加入个人情感,会在一定程度上违背其职业规范,也会影响口译实际产品的质量。另外,译员和用户之间也常常存在认知差异,即译员不能总是正确了解用户的全部需要，用户也不一定总是能够如译员所期待地去接受或感知口译产品（假设 3）。比如，某些场合下，译员出于"隐身"的目的，尽量避免过多地主动参与交际，用户却认为其"不尽职"。

如果 3 个假设差异均存在，或部分存在，则用户和译员任一方的评价都并不一定能够代表口译综合效果的全面参数。也就是说，存在一种现象，即较高用户满意度的口译服务并不一定具备较高的口译产品质量，而较高质量的口译产品质量不一定能赢得较高的用户满意度。

如果这些差异存在，它们或许会在某种程度上影响用户或译员对实际口译产品的评价判断，并反过来改变用户和译员心目中的期待产品。比如，口译过程中，译员通过观察用户的现场反应对口译产品进行调整，在不违反职业规范的情况下，尽量贴近用户期待，提高用户的满意度。因此，译员需要不断地在自身职业规范与用户期待之间寻求平衡。口译服务后，译员可能会根据自我评价和接收到的用户评价反馈，对下一次口译服务做出改进。用户可能会按照自己的心目中的期待产品对译员做出评价，决定是否下次继续使用该名译员提供的口译服务；并根据自己接收到的口译产品情况，对下一次口译服务的期待值等方面做出调整。

如果 3 个假设差异均不存在，则证明用户满意度与口译产品质量完全是一回事，即用户的反馈直接体现了口译产品质量。一旦获得较高用户满意，口译产品必定有较高的质量，反之亦然。

"口译期待产品模型"可以作为一个视角，观察及探讨在真实口译互动场景中，译员如何在职业规范与用户期待之间寻求平衡，最终达到口译产品质量与用户满意度的理想结合。笔者认为，有必要进一步验证"口译期待产品模型"，将在后续研究中以实证研究方法验证该模型的合理性，尝试通过文献梳理、数据收集和案例分析等方式概括出职业译员及特定用户群的一般期待值，并量化 3 种差异，探讨其在口译产品输出过程中所产生的影响。

2.4　研究问题

如波赫哈克（Pöchhacker，2009）所说，作为翻译学子学科，口译研究需要更多的理论模型和更新的研究方法探讨具体社会文化语境中真实的口译活动,以及其涉及的各种因素和关系。在真实英汉商务会议场合的背景下,本研究以职业交传译员的口译产品为研究对象,探讨口译用户满意度与产品质量之间的关系。主要研究问题如下:

- 问题1:会议交替传译职业译员期待产品包含哪些具体参数?
- 问题2:会议交替传译用户期待产品包含哪些具体参数?
- 问题3:会议交替传译译员及用户期待参数有何异同?
- 问题4:口译实际产品质量与用户满意度之间呈何种关系?

问题1和问题2旨在分别从译员及用户的角度探究其心目中期待的口译产品具体有哪些参数。基于前两个问题的答案,研究者通过问题3对比双方的异同。了解了双方的一般期待参数及其异同后,归纳总结用户心目中令人满意的口译产品的特征,并将其与专业规范中认定的口译产品质量参数进行对比,从而探讨用户满意度与口译产品质量的平衡点,并尝试量化差异。如此,则描述了假设当中的两个"期待产品"。前3个问题是问题4的基础,经由以上发现,笔者尝试探讨口译实际产品质量与用户满意度之间的互动关系。

2.5 研究意义

在发展专业化口译人才培养体系以适应职业化口译市场需求和现状的趋势下,本课题结合口译研究的"社会性转向",将口译产品视为一种专业语言服务,以会议交传为例,通过尝试职业描写译员及用户对口译产品的期待值,还原口译活动中用户与译员通过实际口译产品的互动。其中,"口译期待产品模型"可以作为一个视角,观察及探讨在真实口译互动场景中,译员如何在职业规范与用户期待之间寻求平衡,最终达到口译产品质量与用户满意度的理想结合。因此,笔者认为,对于该模型的证实或证伪可以在以下3方面带来启示。

第一,口译教学。

根据王恩冕(2005)、潘珺(2010)等学者的调查,我国口译职业化发展日益规范,口译市场对于职业译员在数量上的需求不断扩大,口译用户对翻译质量的要求日趋多元。当前,发展专业化口译人才培养体系以适应职业化口译市场需求和现状,已成为口译教学与研究的重要关注点之一。

口译产品是检验口译教学效果的试金石,也是衡量职业译员市场竞争力的标准之一。因此,在口译教育的过程中:一方面,可在职业规范的导引下着重培养学生的口译能力;另一方面,可在教学后期根据实际情况,适当安排真实口译活动让学生现场观摩等,使其尝试多方面考量不同参与方眼中的口译任务及需求,从而培养口译学生的用户意识等职业能力。比如,除现场口译观摩外,还可为学生提供职业译员真实工作情景下的现场视频,同时以工作流程的方式介绍口译活动中译员与用户的互动;甚至可提供更多的实习机会,让学生实际参与口译团队作业,从而学习与用户和搭档之间的沟通要领。如此,通过教学帮助学生进一步做好入职准备,在受训结束后能够更顺利地进入口译市场。

第二,资格认证考试。

如曾文中(Tseng,1992:88)所谈,口译职业化过程中的重要指标之一便是资格认证考试的建立。目前,全国翻译专业资格(水平)考试(CATTI)和多个行业规范的建立标志着职业化过程的不断深化。然而,这些测试和规范本身依然与真实口译活动存在一定差距(Chen,2009),故尚未能在翻译产业或口译专业服务中仅以认证方式来确保从业者的服务品质。

基于"口译期待产品模型"的证实或证伪,可以在一定程度上厘清在真实口译活动中用户对口译产品质量评估的影响及译员本身期待与实际产出的差距,从而为资格认证考试真实度的改善提供参考。

第三,用户教育。

在口译职业化的发展进程中,专业协会的作用不可小觑。根据国际会议口译员协会(AIIC)的相关章程,其工作职责除监督译员从业行为外,也包括同顾客协商、保护顾客权益及展开口译使用者教育等内容。

通过细化界定用户需求,帮助用户了解口译产品,建立合理期待值,有助于提高用户满意度,在确保口译质量的情况下同时保障用户及译员权益。另外,适当的用户教育是提高口译职业社会认可度和专业协会市场影响力的重要途径之一。通过媒体宣传等方式对大众展开口译产品教育,可在某种程度上加深用户对口译职业的认知,促使其对翻译职业专业性的了解,从而进一步推进行业发展。

本研究借鉴管理学中关于产品的概念及研究方法,探讨用户满意度与口译质量的关系。对于口译教学来说,有必要融入真实社会文化语境中译员与用户互动关系的视角及管理学中的市场意识,适应职业化市场需求;对于口译实践来说,在保证口译质量的前提下实现用户满意度可以为译员的职业发展提供指导;对于口译市场来说,本课题的研究成果可以为口译质量评估、译员资格认证和行业管理提供依据。

2.6 本章小结

本章首先分别界定了研究中的核心概念,即"口译产品""口译产品整体概念""用户满意度"及"口译产品质量"。在确定了核心概念的基础上,本章以"口译产品整体概念"的框架分类对口译产品研究进行了文献梳理,反思前人研究中的成果与局限。同时,笔者简要回顾了管理学中服务接触及服务质量领域的相关研究文献,并提出口译研究可借鉴其成果的缘由。基于以上两方面的文献综述,笔者确定了研究起点,并通过"口译期待产品模型假设"(见图 2.7)提出 4 个研究问题以及其潜在的研究意义。

第 3 章   研究方法及理论框架

3.1   理论框架

在本节中,笔者将介绍研究所借鉴的相关学科理论,即描写翻译学中的口译规范研究及其与口译产品质量相关研究之间的关系、管理学市场营销领域服务产品质量管理模型和顾客满意度计算模型。

3.1.1   口译产品质量与口译规范研究

如第 2 章文献综述 2.2.3 与 2.3 所谈,口译产品研究与口译质量评估息息相关,而口译规范研究是口译产品研究的重要课题。在翻译研究中,"规范"研究属于描写翻译学的范畴,是"某个社会群体共同的价值观和思想转化为适合或是用于具体场合的行动指南"(Toury,1980:51)。在社会文化语境中,翻译活动中的各种行为都在不同程度上受规范制约。研究者通过将翻译行为放在具体的社会文化语境中考量,从而对翻译规范进行描写。

根据图里(Toury,1980)的定义和阐述,翻译活动中的"规范"是"某一目的语社会里所共享的价值和观念,如什么是正确的,什么是错误的,什么是适当的,什么是不适当的,转化成在具体情况下正确的、适当的翻译行为原则"。因此,翻译是一种社会行为,受规范制约,体现着某种社会共同认可的价值观念。图里(Toury,1995:56-61)认为,翻译活动中的规范主要分为 3 大类,即预先规范、初始规范与操作规范。

在图里的阐释基础上,切斯特曼(Chesterman,1997)进一步深入探讨翻译行为受规范制约的根本因素,提出"翻译的模因"(meme)。他认为,译者的思维和翻译方式均在不同程度上受到各种翻译理论和观念的影响,而这些因素互相联系,构成庞大的"模因库"(meme pool)。当其中的某种模因占据主导地位时,就形成了翻译规范。他提出,规范分为"期待规范"(expectancy norm)和"职业规范"(professional norm)两大类。前者主要指目的语和社会对译者的期待;后者则是翻译过程中具体受认可的方法和策略,可进一步划分为责任规范、交际规范与关系规范。

作为翻译学研究的分支,口译研究沿袭前人对于翻译规范的阐述及研究,探讨具体社会文化语境中的口译规范。同笔译活动一样,口译活动也是一种社会行为,受到规范的制约,体现着某种社会共同认可的价值观念。加尔左内(Garzone,2002)提到,以往的口译产品质量研究大多以源语—目的语对应、理想的口译产品质量标准、用户期望等单一指标为准绳,评估参数过于片面。因此,应借鉴"规范理论"的框架作用,以综合指标"体现口译规范的概念,即在特定社会、文化、历史语境中具体的口译表现应当具备的内部和外部的理想特性"(Garzone,2002:110)。这样,口译产品质量研究就不再囿于静态的、单一的、普适的标准,而是考察口译活动的参与各方如何在规范的制约下共同达成口译产品质量,从描写的角度将口译活动还原到特定的社会文化语境中。

王斌华(2012b:65)在借鉴翻译规范相关理论及研究的基础上,提出口译规范的描写框架(见图 3.1)。他认为,口译规范可以从"源语—目的语关系规范""目的语交际规范""职业伦理规范"3 个方面进行描写。

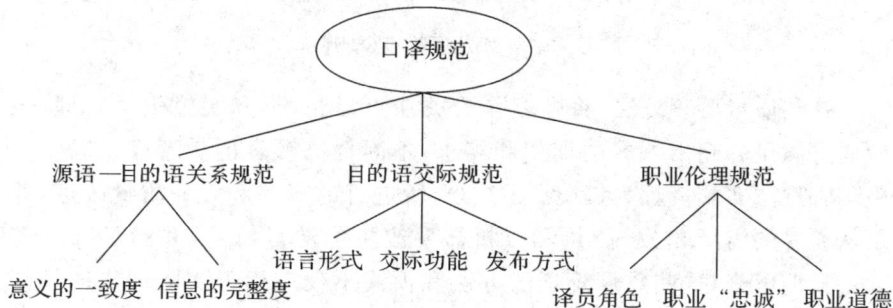

图 3.1 口译规范的描写框架(王斌华,2012b:65)

正如加尔左内(Garzone,2002)所指出的,口译规范不仅制约着译员的行为,也是用户期望的出发点。因此,笔者采用"口译规范的描写框架"(王斌华,2012b:65)作为分析路径,特别关注职业伦理规范与译员实际表现之间的关系,旨在考察口译规范制约下的译员行为。通过分析译员的有声思维记录、调查问卷、焦点小组访谈结果等,主要探究职业伦理规范对于译员的制约及其对口译产品质量的影响。

3.1.2 服务产品质量管理模型

产品质量管理属于管理学概念,自 18 世纪以来主要经历了 8 个发展阶段(见图 3.2),即:(1)质量检验(抽样检验)阶段;(2)统计质量控制(SQC)阶段;(3)可靠性阶段;(4)日本式全面质量控制(TQC)阶段;(5)质量保证(QA)阶段;(6)ISO 9000 质量保证体系;(7)全面质量管理(TQM)阶段;(8)六西格玛管理法等优秀模式。(柴邦衡,2010:97)

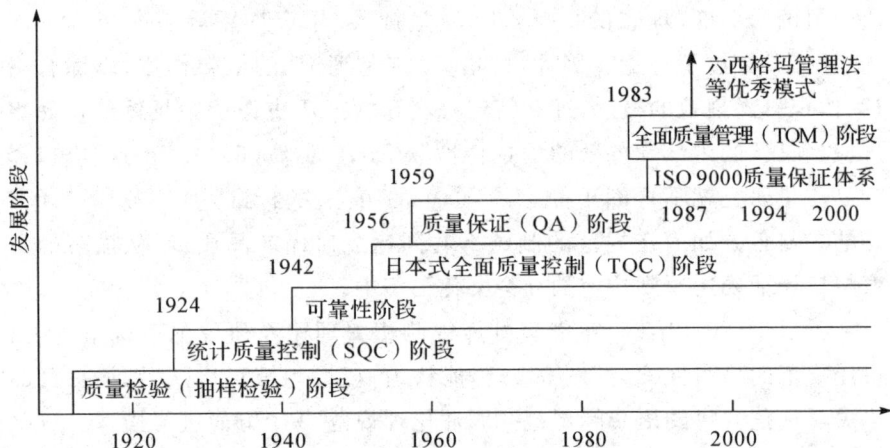

图 3.2　产品质量管理发展阶段(柴邦衡,2010:97)

这些质量管理方法,将顾客作为关注点,用数据和实施驱动管理,强调通过满足并超出顾客的期望和需求,不断提高顾客的满意度。以六西格玛管理法实施流程为例(见图 3.3),所进行的产品和服务质量改进,都是从顾客的需要出发,测量和分析需要改进的质量特性,并满足顾客需求。长期以来,这些质量管理的方法和模式不仅应用于实际现货产品领域,也应用在咨询、保险等服务性产品领域,旨在不断改进服务,提高顾客满意度。

作为一种专业语言服务,口译产品与其他服务性产品一样,在保证目的语—源语对应、信息量、跨文化交际等质量标准的同时,亟待辨别和考虑顾客需求,提高顾客满意度。在本研究中,笔者借鉴六西格玛管理法的

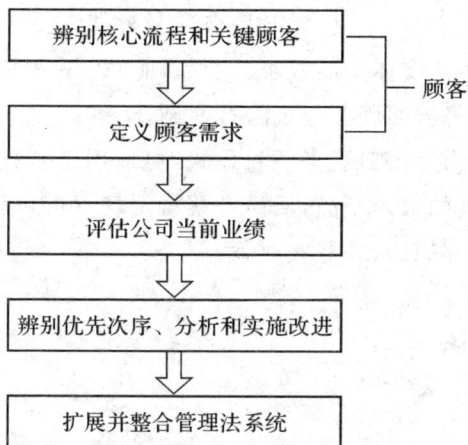

图 3.3　六西格玛管理法实施流程(潘德等,2001:121)

流程框架,旨在考察口译用户心目中期待的口译产品特征,辨别特定场合中的口译顾客需求和期望值。

3.1.3　顾客满意度研究

作为管理学市场营销领域的重要课题之一,顾客满意度(CSI)研究自20世纪60年代开始。从那时起,尽管学者们对于顾客满意度的理解观点具体内容各不相同(如 Oliver,1977;Olson & Dover,1979;Swan & Fredrick,1980 等),但学界的意见大致集中在"顾客满意是消费者的一种强度水平变化的情感反应,它与顾客期望有关,具有时效性"(霍映宝,2003)。

对 CSI 的计算研究一般认为始于 20 世纪 80 年代初期,其中最具影响力的有:(1)1985 年,帕拉苏拉姆、蔡特哈姆尔和贝里(Parasuraman,Zeithaml & Berry,1985)共同开发的 SRVQUAL 服务质量衡量体系(详见图 2.6)。该体系通过 22 个问题计算一种产品或服务的 5 项维度得分,探讨顾客期望和认知之间的差距,总的 CSI 就是对 5 项维度进行简单总平均或加权总平均。(2)1989 年,福内尔(Fornell)采用计量经济学模型提出的一个基于多方程、多隐变量的 CSI 的数量经济学模型。这个模型利用结构方程建模的数学方法来分析顾客满意的前因后果,得出 ACSI(American Customer Satisfaction Index)(Fornell et al.,1996)。

到目前为止,学者们通过运用以上两种计算方法展开各种顾客满意度研究。综观前人文献,可见"PZB 服务质量模式"更多用于某一行业,甚至行业中的具体某一实体产品或服务产品,而 ACSI 相关模型则更多地应用于在国家、地区等层面展开宏观跨行业调查。

因此,笔者认为,"PZB 服务质量模式"更适用于研究作为语言服务行业中一项专业服务的口译产品,从而考察特定场合下口译用户的满意度,帮助发现问题,探究原因,并寻找对策。

3.2 研究方法

3.2.1 文献法

文献法是本研究的预备步骤,下文中所谈及的问卷调查、焦点小组访谈等研究步骤都是从文献法的调查研究开始的。笔者通过文献梳理,考察行业规范性文件、口译资格认证考试及翻译院校毕业考试中所涉及的相关会议口译质量内容。一方面,收集口译行业相关规范性文件,如职业道德规范、行为守则、执业标准等,经过对文献内容的分析,梳理口译行业规范中共同认定的准则,从而列出可能影响译员口译质量期待的一部分相关参数集。另一方面,汇集前人针对各类口译用户所做的调查研究结果,并进行分类,从而梳理口译用户心目中对于口译产品质量期待的一部分相关参数集。

例如,尼科尔森(Nicholson,1994)曾针对美国的主要译者职业道德规范进行文献法研究,并整合其中涵盖的共同范围。研究发现,大多数的译员职业道德规范内容均包括以下两方面:(1)中立(impartial)的态度;(2)译文的完整性与译语准确度。在中立态度方面,译员必须保持不偏不倚,不得经由任何方式偏袒任何一方,不能遗漏、添加、改变、强调或忽视某些原文内容;在译文完整性与准确度方面,译文必须忠实、准确地反映原文。

虽然职业道德规范试图通过明文规定约束译员行为,但这些规范的描述通常过于笼统。比如,"中立"的定义和范围边界模糊。当译员采取完全"中立"的态度时,可能会避免使用情绪化的词语,因此导致"译文的完整性与准确度"有所偏差。正如瓦登乔(Wadensjö,1998:241)曾指出的,"中立"有可能含有正式(formal)、严谨(strict)的意义。因此,当谈判的其中一方情绪激动,另一方却正式严谨的时候,译员采用"中立"的态度可能会令前者感到译员失之偏颇。

3.2.2 关键事件法

关键事件法(Critical Incident Technique,CIT)由美国匹兹堡大学心理学教授弗拉纳根(Flanagan)于1954年提出,是研究者针对某个特定的领域或者主题搜集关键事件,并采用内容分析法对其中有效或者无效的行为进行分类处理,深入分析后得出研究结论的方法。

由于该种方法在研究人类行为方面具有独特优势,近年来被引入医学、人力资源管理、心理学、服务业等领域并得到了诸多实践。关键事件法中,"事件"是指任何可观察的人类活动,应发生在一种目标与意向非常清楚的意境中,具有足够的完整性,从而可以对人们的表现做出推断和预测。"关键"是指对整个活动目的而言,发挥了重大作用,不论是积极或者是消极。弗拉纳根(Flanagan,1954)将该方法描述为"一套通过直接观察和收集人类行为,并有效地提炼出其潜在价值,用以解决实际问题的过程"。概括地说,研究者需根据研究目的选择特定人群,采用问卷调查法、访谈法或者观察法等方式,向被调查者获取其亲身经历的若干件事情(成功或者失败、满意或者不满意的事情),并要求其阐述具体原因,然后采用内容分析法对被调查者提供的所有事件的构成行为按不同主题分类,进行统计和分析,得出影响该事件最关键的因素和最不重要的因素,从而为决策提供依据。

目前,关键事件法已有一套较完善的方法体系,实施过程分为5个基本步骤:(1)确定总体研究目的;(2)制订计划;(3)收集数据;(4)分析数据;(5)解释并得出结论。

在本研究中,笔者基于文献法的梳理,以口译译员及口译用户对商务会议交传产品质量期待参数为起点,采用焦点小组访谈的方式展开CIT调查。选择的"关键事件"分别是用户及译员所遇到的满意或不满意的事件,或达到预期及未达到预期的事件。访谈采用半开放式问题结构,例如:

(1)是否经历过口译服务不满意的事件? 如是,请描述该事件发生的过程。

(2)在什么背景情况下,或者什么原因促成了服务不令人满意情况的发生?

基于文献法所得的译员及用户心目中期待产品的可能参数集,本研究方法旨在甄别和验证双方期待产品的具体参数。

3.2.3　焦点小组访谈法

焦点小组访谈法属于定性研究的一种,是由哥伦比亚大学社会系教授默顿(Merton)和他的同事开创并运用的。到 20 世纪 80 年代,焦点小组访谈在社会科学研究中得到了极其广泛的应用。默顿和肯德尔(Merton & Kendall,1946)指出,焦点小组访谈的特性,是研究者预先设计好主要的研究问题,在访谈提要的指导下,研究者组织被访者参与讨论,让他们在访谈中表达自己的主观感受。

研究中选择焦点小组访谈法的原因在于:(1)该研究方法能迅速了解用户对口译产品的印象;揭示用户对口译产品的群体反应以便于诊断口译服务中潜在的问题;收集研究主题的一般背景信息,了解团体访谈参加人对特定现象或问题的看法和态度。(2)焦点小组访谈属于小样本定性研究,能够为分析大规模定量调查提供补充,有助于改进和完善问卷的定量研究方法。(3)进一步挖掘问卷及"有声思维法"中可能存在的问题,为后续研究做准备,并有助于三方验证,解释并阐述其他研究方法的结果。

在本研究中,笔者选取全体焦点小组访谈法,主要针对某企业机构内翻译中心的全职会议传译员,访谈时间约持续 120 分钟。

3.2.4　反省式有声思维法

"有声思维法"(Think Aloud Protocol,TAP)是心理学中收集思维过程数据的内省法(Introspective Method)或口头报告法(Verbal Report Procedure)。该方法要求受试者尽可能说出在执行特定实验任务时大脑的一切所想。同时,研究者通过录音、录像等形式记录下这些过程并稍后将其转写为"有声思维报告"。然后,研究者在这些文本数据的分析基础上,归纳出受试者的思维过程、倾向及特点。目前,TAP 主要用于笔译研究。因口译工作模式的特殊性,有声思维法口译研究无法采用笔译研究中常用的同步性的"内省法"来观测译员的思维过程,取而代之的是在时间上相对滞后的"一般反省法"(General Retrospection)或"即时反省法"(Immediate Retrospection)。前者是指译员在口译任务完全结束之后进行口头报告;而后者是指译员在口译任务过程中以句子、段落或意群为单位稍作停顿后的即时口头报告。这两种"反省法"中,后者兼具"同时性"的内省法和"追溯性"的反省法两者的特征,这与人类学研究中的"时间凝固法"(Time Freezing)相类似(Shlesinger,2000)。

本研究中,笔者在文献法、关键事件法(CIT)和焦点小组访谈法的基础上,以会议口译现场和真实口译语料实验作为两次案例分析。两次案例研究均采用即时性的反省式有声思维法(Retrospective TAP),即在译员在口译任务结束后马上接受研究员的访谈,回顾口译过程中所做的各种决策。为了确保实验的可靠性,参与实验的译员会事先接受相关培训,学习如何自如地表述脑海中的想法,以便最大程度上降低语言所带来的干扰。采用本研究方法主要为了达成以下目标:

(1)职业(认定)规范在译员口译过程中对真实口译产品所产生的影响;

(2)译员个人期待与职业(认定)规范之间是否有差距;

(3)找出职业译员口译产品输出中普遍存在的现象,观察其与译员心目中的期待产品是否一致,以备焦点小组访谈结果相互确认。

在研究中,笔者采用反省式有声思维法,选择 12 位职业译员作为受试者,逐一开展实验。为了使受试者熟悉有声思维的工作模式,研究者事先进行了相关培训,并留出了练习时间,以便让受试者自如地表达心中所想。同时,为更好地排除语言对有声思维产生的干扰,受试者可以随时任意使用中文或英文展开表达。在实验过程中,研究者进行全程录音,以便受试者能够通过倾听自己的口译表现来回想口译中的思维过程。在开展有声思维活动时,受试可以随时暂停录音,从而表达当时所想,研究者也会适当提出问题以澄清受试所述。当受试者完成有声思维报告后,研究者转写所有音频,并基于一定规则对转写语料进行标记。该研究方法的具体操作过程如下:

(1)口译任务背景介绍(全程录音);

(2)热身练习(语言方向及话题与实验材料相同);

（3）正式口译；

（4）文本结束后使用反省法（受试者听译语及源语，回忆自己当时所想，主要谈及口译过程中所使用的口译技巧及做出策略决定的过程想法）；

（5）转写所有有声数据；

（6）编码（encoding），有声数据段初步分类，再细分口译策略；

（7）分析。

3.3 研究问题与研究方法的关系

在以上理论框架和研究方法的辅助下，笔者针对第 2 章中 2.3 与 2.4 所提到的 3 个研究假设和 4 个研究问题展开分析探讨。研究假设、研究问题与研究方法的具体关系如表 3.1 所示。

表 3.1 研究假设、研究问题与研究方法的关系

研究假设	研究问题		研究方法	解决问题	备注
假设 1：译员期待的口译产品与其所产出的实际口译产品之间可能存在差异	问题 1：会议职业交传译员期待产品包含哪些具体参数？	问题 3：会议交传译员和职业交传用户期待参数有何异同？	1. 文献法 2. 焦点小组访谈 3. 反省式有声思维法实验 4. 问卷调查 5. SPSS 统计	1. 会议交传译员一般期待产品参数及权重	会议交传中译员与用户期待产品参数之间是否存在平衡点或共同认可点
假设 2：用户期待的口译产品与其所感知的实际口译产品之间可能会存在差异	问题 2：会议交传用户期待产品包含哪些具体参数？		1. 文献法 2. 问卷调查 3. SPSS 统计	2. 会议交传用户一般期待产品参数及权重	
假设 3：译员和用户之间常存在认知差异，即译员不能总是正确了解用户的全部需要，用户不一定总是能够如译员所期待地去接受或感知口译产品	问题 4：口译实际产品质量与用户满意度之间呈何种关系？		1. 归纳总结法 2. SPSS 统计	3. 口译产品质量与用户满意度关系	会议交传用户对口译产品质量要求是否存在宽容区

3.4 本章小结

通过梳理口译产品与口译规范研究的关系，依照管理学中产品质量

管理和顾客满意度研究模型,笔者结合翻译学及管理学相关理论作为分析框架。同时,在界定相关研究方法的基础上,本章说明了研究假设、研究问题和研究方法之间的关系,旨在厘清具体的研究步骤,为第4章中译员视角研究和第5章用户视角研究的相关数据收集、统计和分析奠定基础。

第 4 章　译员期待的会议口译产品①

在本章中，笔者首先采用文献法考察行业规范性文件、口译资格认证考试及翻译院校毕业考试中所涉及的相关会议口译质量内容，通过梳理分析找出三方均认可的口译质量参数集。在此基础上，通过焦点小组访谈、反省式有声思维口译实验及译员问卷展开三方验证，以描述译员心目中期待的会议口译产品质量参数，并探讨译员心目中期待的口译产品与实际口译产品是否存在差异。

4.1　译员期待的口译产品

作为"口译产品整体概念"（详见 2.1.2）的第 3 个层次，期待产品具有译员及用户两个维度。从译员角度看，其期待的口译产品意味着译员对口译产品的属性或效果等方面的预期，与口译质量评估的关系最为密切。因此可以推断，译员心目中对于口译产品的期待来自其对口译质量的认识，即译员本身的口译质量观。

在接到口译任务之初，基于以往口译学习、职业规范、实践经验 3 个主要方面的认知，译员会在译前准备阶段尽可能与用户展开事先沟通，从而形成自己对该次口译服务中所提供口译产品的期待。在上述谈到的 3 个因素当中，前两个均为可追溯的规定性规范。因此，笔者首先通过文献法，梳理国际现行口译行业组织相关规范文件、国内外口译资格认证考试评分标准，并结合国内外主要口译训练学校的口译评价标准考察口译教育及职业规范中所体现的质量参数。在收集到普遍认可的口译质量参数

①　本章部分内容改编自：王巍巍，2017. 口译教学体系中的质量评估——广外口译专业教学体系理论与实践（之五）[J]. 中国翻译(4)：45-52.

后,笔者尝试比较分析 3 个渠道涉及的口译质量参数,作为译员心目中口译产品参数的考察起点。

4.2 译员期待口译产品参数来源

4.2.1 口译行业规范质量参数

全球化背景下,随着社会分工逐步细化,各行业专业化的标志之一便是相关行业规范及标准的建立。如同法律、教育、医疗等行业一样,越来越多国家和地区的口译行业组织都已经建立并正在完善口译员"职业规范"(如行为准则、行为规范、执业规范、职业道德等)。这些行业规范的制定者包括:

- 国际性的口(笔)译行业组织,如国际会议口译员协会(AIIC)。
- 国家或地方的语言机构,如美国翻译协会(ATA);国际、国家或地方法律司法机关,如美国加州法庭与加州司法委员会等。
- 口译服务机构,如英国全国公共服务译员登记局(National Register of Public Service Interpreters)等。

综观国际、各国及地区的相关口译规范性文件,可以发现,行为准则(code of conduct)、职业道德(code of ethics)、职业标准(code of professional practice)等多种文件的内容多有重合;同时,绝大多数文件并未将"职业道德"(ethics)与具体的"行业标准"(standards of practice)进行明确区分。笔者根据班克罗夫特(Bancroft,2005)和阎昭武(1993)编译整理如下(见表 4.1)。

表 4.1 行业规范概念区分

名称	概念	备注
职业道德 (code of ethics)	译员在其特定的工作或劳动中的行为规范的总和	预防错误职业行为并推广职业道德
行为准则 (code of conduct)	译员需要遵守的从业规则和指导方针	与职业道德类似,但更多关注具体行为和纪律约束

续表

名称	概念	备注
行业标准 (standards of practice)	描述译员职业行为和服务标准的清晰指南	更为具体，关注"有效的职业行为方案"，帮助译员顺利完成口译服务，满足客户需求

　　然而，根据笔者的搜索，尚未有国家层面或国际层面的行业机构或组织在"行业标准"(standards of practice)方面达成共识。因此，从口译行业规范的角度看，与其他行业相比，口译行业关于服务质量的具体标准及监控体系尚待完善。正如国际会议口译员协会（AIIC）在其"职业道德准则"(Code of professional ethics)第一条（I. Purpose and scope）中提出的，规范性文件的存在旨在设立行业及专业标准，规范译员，促使其提供高质量的专业服务。因此，这些文件中虽在内容上存在重合之处，其目的是一致的，即：

- 规范行为，保持并促进专业服务质量；
- 保护译员与用户权益，促进双方关系，推动行业发展。

　　鉴于此，本文在关注会议口译相关行业规范的前提下，采用文献法考察涵盖现行文件中以上各方面的准则，以期收集现有口译行业规范中提及的质量参数。

　　1. 文献来源

　　通过网络文献搜索，笔者发现，在众多口译规范性文件中，占据更多份额的口译类别常常是与法律口译、医疗口译等相关的社区口译行为准则，以及比较宽泛（没有区分"社区口译"及"会议口译"）的规范性文件。除国际会议口译员协会（AIIC）外，仅有少部分规范性文件，比如澳大利亚口笔译员协会（AUSIT）及加拿大亚伯达译者协会（ATIA）针对会议口译员和社区口译员行为准则进行了明确划分（ATIA Supplemental Code of Ethics for Conference and Court Interpreters）。

　　因此，为确保考察文件的直接相关性和代表性，除国际会议口译员协会（AIIC）外，笔者主要采用涵盖欧洲、美洲、亚洲、非洲与大洋洲50多个会员的国际翻译家联盟(FIT)作为数据来源。鉴于口译服务的专业性,笔者也加入了 ASTM 国际标准组织(American Society for Testing and Materials,ASTM)①关于《语言口译服务标准》的文件(附录 1)。

在语言能力许可的范围内,笔者逐一考察各国相关口笔译机构的上百份规范性文件,找寻与会议口译直接相关的质量参数内容,并从中选取了 16 份行业规范性文件展开探讨(见表 4.2)。

表 4.2 国内外 16 份行业规范及口译质量涉及参数

国别	机构及文件名称	涉及口译质量参数
国际	AIIC(International Association of Conference Interpreters): *Code of Ethics*: *Practical Guide for Professional Conference Interpreters*	• Proper working conditions • Accuracy • Faithfulness/Fidelity • Completeness • Delivery(Clear and lively, fluent, expressive, communicative) • Loyalty to the speaker/Confidentiality • Eye contact/Body language • Dress appropriately • Sound/tone control
	ASTM(American Society for Testing and Materials): *Standard Guide for Language Interpreting Service*	• Impartiality • Accuracy • Faithfulness • Consistency • Effective communication • Dress appropriately
	FIT(International Federation of Translators): *Code of Professional Practice*	• Impartiality • Complete and effective communication

---

① ASTM 国际标准组织的前身为美国测试和材料协会,是国际自愿共识标准研发和交付行业的全球公认领袖专家。组织所研发的逾 1.2 万个 ASTM 标准,致力于提高全球产品质量、加强安全、促进市场准入和贸易及建立消费者信心。ASTM 的成员是来自世界 135 个国家的 3 万多名顶尖技术专家和商务人士代表,为世界各行业和各国政府贡献标准测试方法、规范、引导和实例。

续表

国别	机构及文件名称	涉及口译质量参数
美国	ATA（American Translators Association）： *Code of Professional Conduct and Business Practice*	• Faithfully, accurately • Impartially
	TAALS（The American Association of Language Specialists）： *Standards of Professional Practice for Conference Interpreters and Translators*	• Briefing session
英国	CIoL（Chartered Institute of Linguists）： *Code of Professional Conduct*	• Competence • Impartiality • Truly and faithfully • Disclose any difficulties encountered • Ensure that the necessary conditions for effective interpreting
	ITI（Institute of Translation and Interpreting）： *Code of Professional Conduct*	• Impartially • Fidelity of meaning and register • Complete and effective communication
爱尔兰	ITIA（Irish Translators' & Interpreters' Association）： *Code of Practice and Professional Ethics*	• Confidentiality • Client briefing
澳大利亚	AUSIT（Australian Institute of Interpreters and Translators）： *Code of Ethics for Interpreters and Translators*	• Impartiality • Accuracy • Polite and courteous, unobtrusive, firm and dignified • Explain their role to clients • Preparation
加拿大	ATIO（Association of Translators and Interpreters of Ontario）： *Code of Ethics*	• Professional competence • Faithfulness and accuracy • Non-discrimination • Confidentiality
	ATIA（Association of Translators and Interpreters of Alberta）： *Code of Ethics*	• Integrity and confidentiality • Objectivity • Faithfulness • Responsibilities to clients (mutual trust) • Provide their client with explanations

国别	机构及文件名称	涉及口译质量参数
捷克	JTP（Union of Interpreters and Translators）：*Ethical Code*	• Unmistakable means • Professional secrecy
南非	SATI（South African Translators' Institute）：*Code of Ethics for Individual Members*	• Highest possible quality • Accuracy of rendering • Terminological correctness • Language and style
以色列	ITA（Israel Translators Association）：*Code of Professional Conduct and Business Practices*	• Faithful • Satisfy the needs of the end user(s)
印度	ITAINDIA（Indian Translators Association）：*Code of Professional Conduct and Business Practices*	
中国	中华人民共和国国家标准 GB/T 19363.2—2006《翻译服务规范 第 2 部分：口译》	• 着装 • 准确将源语译成目的语 • 表达清楚 • 保密 • 尊重习俗和职业道德

2. 文献内容分析

上述 16 份文献都经由不同角度表述了专业译员应遵守的各种行业规范。然而，笔者经整理分析后发现，在口译质量方面，各文献中既存在广泛认可的参数，也存在差异。在众多参数中，受到最多认可的 5 个参数分别是忠实度（faithfulness/fidelity）、准确度（accuracy）、中立性（impartiality）、有效沟通（effective communication），以及一致性（consistency）。除此之外，完整性（completeness）、客观性（objectivity）、表达（delivery）、着装（dress），以及客户沟通（client briefing/explanation）等方面在部分文献中亦有所提及。然而，需要指出的是，除了国际会议口译员协会（AIIC）、美国翻译协会（ATA）、澳大利亚口笔译员协会（AUSIT）等机构外，大多数行业组织并未在其规范性文件（或辅助文件）中对"忠实度""准确度"这些关键词进行定义或阐释，因此有时存在内容概念上的差异。

A. 忠实度(faithfulness/fidelity/completeness)

"忠实度"是 16 份文献中被提及最多的一项质量参数,有 13 份文献直接谈及"译文应当忠实反映源语信息"。这当中,仅有 2 份文献(CIoL,ATIA)提供了详细解释,具体列出如下(笔者译):

- 皇家特许语言学家学会(CIoL)

除(用户)要求译员概括翻译的特殊情况外,译员应真实忠实地翻译源语,不得做出任何增加、省略或更改。

- 加拿大亚伯达译者协会(ATIA)

译员应当忠实翻译,精确传译源语信息——这既是译员的道德义务,也是其法律义务(然而,忠实翻译不应与直译混淆;忠实度的达成也包括为了使译文形式、情绪、意义在目的语境文化中更好接受而做出的调整)。

除以上 2 份文献外,其他的 11 份文献仅仅提到译员应真实、忠实,并未做出定义或详细解释(AIIC、ASTM、ITI、ITIA、AUSIT、ATIO、JTP、SATI、ITA、ITAINDIA、国标 GB/T 19363.2—2006)。因此,大多数文献并未具体说明当译员遇到源语错误、可能引发误解等情况下,为达到口译质量的忠实度,译员应如何处理。

B. 准确度(accuracy)

作为 16 份文献共同关注的参数之一,8 份文献直接谈及"译员应准确传译源语信息",当中 2 份文献对于"准确度"给予了详细阐述(ASTM,AUSIT)(笔者译)。

- ASTM 国际标准组织(ASTM)

准确度——译员有责任根据口译实际情况尽一切可能保持源语交际的精神和意义,不得进行修饰或删减。

- 澳大利亚口笔译员协会(AUSIT)

在该协会的《口笔译职业道德规范》中,文件从"真实完整性"(truth and completeness)、"传译及理解中的不确定因素"(uncertainties in transmission and comprehension)、"清晰传译"(clear transmission)与"资格认证"(certification)4 个方面详细描述了确保"准确度"的相关概念、各

种情况及处理方式,例如:

为确保所有与会方了解同样信息,译员应准确完整地传译所有话语。

译员应当传译完整信息,包括贬损或粗俗言论,以及非语言信息。

如存在明显说谎,译员应如实准确传译源语。

译员不得更改、增加、省略任何源语信息。

译员应当承认并即时更改翻译错误。

······

除以上 2 份文献外,其他的 6 份文献并未对"准确度"做出定义或解释(AIIC、ATA、ITIA、ATIO、SATI、国标 GB/T 19363.2—2006),仅在文献中使用了相关词语,如"accurately, accurate, accuracy"等。

C. 中立性(impartiality)

直接提及"中立性"的文献共有 7 份(ASTM、FIT、ATA、CIoL、ITI、ITIA、AUSIT),除 2 份(ATA、ITIA)仅在句中提及外,其余 5 份文献均有详细的表述,例如(笔者译):

• 国际翻译家联盟(FIT)

口笔译员应在工作中保持完全中立,不得表述任何个人观点。

• 英国口笔译协会(ITI)

译员除履行口译行为外,不得与任何一方展开讨论、给予建议、提出观点或做出反应。除口译中必要的提问或澄清,译员不得打断或介入发言人的讲话。

• 澳大利亚口笔译员协会(AUSIT)

《口笔译职业道德规范》文件从"利益冲突"(conflicts of interest)、"客观性"(objectivity)、"中立性相关责任"(responsibility related to impartiality)3 方面详细表述了"中立性"的相关内容,例如:

在所有情况下,口笔译员都应保持职业性的超脱(professional detachment)。无论是否接到请求,口笔译员都不得就关于口译任务的任何人或事表达个人观点。

- 加拿大亚伯达译者协会（ATIA）

译员应保持客观中立，严格避免因政治、宗教、道德或哲学缘由或因任何其他偏见主观因素而更改或阐释原文。

D. 有效沟通（effective communication）

直接提及"有效沟通"的文献共有 5 份（AIIC、ASTM、FIT、ITI、ITIA），大多仅在条款中使用诸如"有效"（effective）、"富有成效"（productive）等词语表述。例如（笔者译）：

- ASTM 国际标准组织（ASTM）

在任何情况下，译员都应全力保证富有成效的交际沟通，并全力确保工作条件益于其提供高质量的口译服务。

E. 一致性（consistency）及其他参数

除"一致性"参数外，16 份文献中还分别提及如"着装""表达""声音/麦克风控制""客户沟通"等内容，举例如下（笔者译）：

- 国际会议口译员协会（AIIC）

在传译的同时，译员应以清晰、生动的方式表达。会议口译员作为交际专家应当具备良好的公共演说能力，因此口译应当流畅、有表现力，且有助交际。

- 美国语言专家协会（TAALS）

为确保口译专业质量，译员可以要求与客户对口译提前进行简报。

3. 行业规范性文献中的质量参数

在文献分析的基础上，可以得知，行业规范性文献中受到最多认可的质量参数基本分两类，即在语言层面的"源语—目的语对应"以及交际层面的"中立性"和"有效沟通"（见表 4.3）。除此之外，表达、着装、身体语言等其他参数也在文献中有所谈及。

表 4.3　行业规范性文献中的质量参数举隅

受到最多认可	备注(其他参数)
忠实度(faithfulness/fidelity)	表达(delivery)
准确度(accuracy)	着装(dress)
中立性(impartiality)	身体语言(body language)
有效沟通(effective communication)	客户沟通(client briefing/explanation)
一致性(consistency)	……

4.2.2　口译资格认证考试标准

在翻译行业日趋职业化的过程中,资格认证的设立不可或缺,其主要作用在于设立行业准入标准、评量人才工作能力。回顾国内外相关口译资格认证体系,最早设立的有"加拿大口笔译员及学术语家协会"(Canadian Translators, Terminologists and Interpreters Council, CTTIC,1975 年起)的口笔译资格认证考试(CTTIC Certification Examinations),以及澳大利亚口笔译资格认证公司(National Accreditation Authority for Translators and Interpreters, Inc. ,NAATI, 1977 年起)。

从认证方式区分,各个国家及地区的口译资格认证体系主要采用考试的方式,部分认证体系中也采用资历考核评审的方式。比如在中国的全国翻译专业资格(水平)考试中,申报"资深翻译"通过考核评审取得,而一级口笔译则通过考试与评审相结合的方式取得。

从认证类别区分,各个国家及地区的口译资格认证体系所颁发的证书主要有"资格认证"(或"从业执照")和"能力认证"两种。"资格认证"不分等级,仅设门槛,即判定申请人是否具备相关从业能力,如同"医师执业证书"。采用"资格认证"的国家和地区包括德国、阿根廷、丹麦等。"能力认证"则评价申请人的能力水平,按照翻译类别区分不同水平等级的从业人员。采用"能力认证"的国家和地区包括加拿大、澳大利亚、英国、捷克、乌克兰、中国等。美国的口译资格认证体系同时采用"资格认证"和"能力认证"两种类别,如美国翻译协会(ATA)资格认证考试的报考人员需先通过学历或国际翻译家协会(FIT)会员资格审核,才能够参加认证考试,从而根据相应口译等级类别获得资格证书。

从口译类别区分,有些国家和地区,如加拿大、美国、澳大利亚、英国,根据场合不同,按照"医疗口译、法律口译、手语口译、会议口译"或"社区口译及会议口译"等方式对资格认证依次细分,分别独立考核;有些国家和地区,如中国、以色列、印度等则仅有口笔译认证之分。

为了解各个国家及地区相关口译考试的组织结构、报名条件等具体信息,笔者通过网络检索等方式展开文献分析,考察了美国、加拿大、英国、爱尔兰、德国、比利时、奥地利、荷兰、乌克兰、西班牙、葡萄牙、挪威、日本、澳大利亚、新西兰、丹麦、捷克、南非、巴西、阿根廷、芬兰、瑞典、中国等地口笔译认证考试及其具体办法。

经考察发现,大部分国家和地区已设立笔译考试或相关认证机制,然而,不到三分之一的国家和地区具有口译考试体系或资格认证。在这些口译资格认证中,大部分是针对法律口译或社区口译。因此,具有"会议口译"资格认证体系的国家和地区为数不多(见表4.4)。

表 4.4 国内外口译资格认证考试举隅

国家/地区	考试名称	考试时间	组织机构	报名条件	备注
加拿大	CTTIC Certification Exam	会议口译考试根据具体译员需求和报名情况不定期举行	加拿大口笔译员及学术语家协会(CTTIC)	提供至少 200 天口译职业工作证明或具有同等能力	CTTIC 由 12 个地方翻译协会组成,其认证委员会负责设立相关标准,具体由各个成员自行执行认证
澳大利亚	NAATI Accreditation Test	一年两次(一般情况)	澳大利亚翻译资格认证公司(NATTI)	本科以上学历或已获得 NATTI 初级口译员资格(Paraprofessional Interpreter)	可以海外测试
英国	The Diploma in Public Service Interpreting (DPSI) Examination	每年 6 月(每年 11 月加考笔译)	皇家特许语言学家学会(CIoL)	• 建议提前参加相关课程,非强制要求 • 4 个方向选择:英国法、苏格兰法、医疗卫生、地方政府 • 5 年内必须完成 5 组测试:交传及耳语同传、双向视译、双向笔译	
德国	国家口笔译考试	一年两次	各个联邦州区域考试委员会	仅德国公民或拥有永久居留权的外国人可申请	各个联邦州的要求有细微差异
乌克兰	Accreditation Examination	—	乌克兰翻译协会(UTA)	• 国家或国际级口笔译职业协会会员 • 两位乌协成员签名,确认申请人能力 • 两位雇主签名,确认申请人能力	

续表

捷克	Accreditation Examination	—	捷克口笔译委员会（Czech Council for Translation and Interpreting，CERAPT）	• 本科及以上学历 • 国家或其他语言考试证书（如托福） • 国外生活证明 • 外国语言学位或长期使用高水平外语工作证明（至少符合一项）	必须参加笔译考试，通过之后才可参加口译考试
挪威	Om Translatøreksamen	考生报名后6个月内	挪威经济与商业管理学院（NHH）	3年以上高等教育学历证明或具有同等能力	必须通过所有笔译考试后才可参加口译考试
南非	SATI Examinations	申请人达到一定数目则举行口译考试	南非翻译学会考试委员会（SATI Examinations Committee）	—	—
中国	内地／大陆 全国翻译专业资格（水平）考试（CATTI）①	一年两次	中国外文出版发行事业局	凡遵守中华人民共和国宪法和法律，恪守职业道德，具有一定外语水平的人员，均可报名参加相应语种、级别的考试	
	台湾 中英文翻译能力鉴定考试	一年一次	台湾教育主管部门	年满18岁始得报考	考试分两阶段，第一阶段通过才可进行第二阶段

1. 文献来源

　　基于以上考量，笔者进一步梳理目前可检索到的国内外口译资格认证体系文献，筛选出在考试大纲或相关文件中明确提到"会议口译"（conference interpreting）、"交替传译"（consecutive interpreting）或"同声传译"（simultaneous interpreting）的4个口译资格认证考试（见表4.5），考察其评分方式，并尝试收集这些口译资格认证考试中涉及的口译质量评量参数（附录2）。

---

① 中国内地与口译相关的资格认证考试还有教育部和北外组织的全国外语翻译证书考试、上海市相关部门和上外组织的上海市英语中高级口译资格证书考试及厦门大学组织的厦门大学口笔译资格证书考试等。由于全国翻译专业资格（水平）考试已纳入国家职业资格认证体系，因此本研究选择该项考试相关文献作为考察对象。

表 4.5 　国内外 4 个会议口译资格认证考试口译质量评量涉及参数

国家/地区		考试名称	评分方式	口译质量参数	备注
澳大利亚		NAATI Accreditation Test	单项不少于 70% 或 50%①	• Accuracy • Delivery (structured) • Language use • Completeness	Professional Interpreter Testing
英国		The Diploma in Public Service Interpreting (DPSI) Examination	按得分区分 A—D 等级,总分不小于 36 分或单项不少于 4 分	• Accuracy • Delivery • Language use	Interpret Consecutively and Simultaneously (Whispered) in the Public Services
中国	内地/大陆	全国翻译专业资格(水平)考试(CATTI)	满分为 100 分,60 分及格	• 发音正确,吐字清晰 • 语言规范、语流顺畅、语速适中 • 熟练运用口译技巧,完整、准确地译出原话内容,无错译、漏译	英语口译二级(交替传译)
				• 熟练运用口译技巧,准确、完整地译出原话内容,无错译、漏译 • 发音正确,吐字清晰 • 语言规范,语流流畅,语速适中,表达自然	英语口译一级(交替传译)
	台湾	中英文翻译能力鉴定考试	满分为 100 分,80 分及格	• 讯息准确 • 表达能力 以上两项为评分要项 • 通顺、合乎语言规范 • 准确完整、忠实	短逐步口译 长逐步口译(中英双向)

2. 文献内容分析

笔者经整理分析后发现,在口译质量方面,上述 4 个会议口译资格认证考试文献中涉及的口译质量参数存在多处重合,仅有少数参数差异。在统计到的 5 项主要参数中,准确度(accuracy)、表达(delivery)和语言规范(language use)得到全部文献认可。除此之外,完整性(completeness)、口译技巧(interpreting skills)、笔记(note-taking)、迟疑(hesitation)、停顿

---

① NATTI 该项考试的交替传译部分共分 6 项分值,除社会文化及职业道德 2 项需达到 50% 以上分数之外,其他 4 项均需达到 70% 以上分数(详见附录 2)。

(pause)等口译质量参数在部分文献中有所提及。然而,与上节 4.2.1 中所谈的规范性文件(或其辅助文件)不同,在笔者能够搜索到的范围内,发现除中国全国翻译专业资格(水平)考试(CATTI)外,其余 3 个会议口译资格认证考试在其相关文献中均对"准确度""表达"这些关键词做出了定义或阐释。同时,澳大利亚口笔译资格认证(NAATI)考试、英国公共服务口译证书(DPSI)考试,以及中国中英文翻译能力鉴定考试都在其相关文献中提及了针对考试评分员的培训。

A. 准确度(accuracy)

与口译行业规范性文件相同,"准确度"也是 4 个考试共同关注的参数之一。当中,澳大利亚口笔译资格认证(NAATI)考试、英国公共服务口译证书(DPSI)考试均给出较中国(内地/大陆和台湾)更清晰的阐释界定。具体列出如下(笔者译):

• 澳大利亚口笔译资格认证(NAATI)考试

听到源语录音后,考生应迅速将源语译成结构清晰,并且准确的目的语。

• 英国公共服务口译证书(DPSI)考试

口译准确度:

考生(此处表述均指最佳口译表现,即 A 级口译表现):

➢ 精确表达源语信息
➢ 传递所有信息,不删减、增加或扭曲原意
➢ 在口头表达内容和主题熟悉度方面展现完整能力

B. 表达(delivery)

"表达"是 4 个考试均关注的另一参数,与其相关的内容(如发音"pronunciation")在文献中多次出现。然而,除英国公共服务口译证书(DPSI)考试外,其他 3 个考试都仅在句中提及(笔者译)。

• 英国公共服务口译证书(DPSI)考试

表达:

考生(此处表述均指最佳口译表现,即 A 级口译表现):

➢ 展示出完整的语言能力
➢ 在不同语言间自如转换

➢ 清晰顺畅地口译

➢ 使用适合具体情形的语调、情感和非语言行为

➢ 展现自信礼貌的态度

➢ 保持谦逊中立

➢ 恰当处理跨文化事宜

➢ 展现优秀的管理策略能力，适时介入以要求必要的澄清、重复或保持沟通顺畅

- 中国中英文翻译能力鉴定考试

采用量表评分，10 级为满分，并以"讯息准确"与"表达能力"为评分要项。

C. 语言使用(language use)

作为口译考试评分量化的重要因素之一，语言使用也受到 4 个考试一致关注。当中，英国公共服务口译证书(DPSI)考试对该参数的解释最为详尽(笔者译)：

- 中国全国翻译专业资格(水平)考试(CATTI)(一级/二级交替传译)

语言规范，语流流畅，语速适中，表达自然。

- 中国中英文翻译能力鉴定考试

本考试旨在检测应试者在从事会议口译等较常使用长逐步口译技能之工作类型时，能否以通顺、合乎语言规范之译语，准确且完整地传达源语讯息。

- 英国公共服务口译证书(DPSI)考试

语言使用：

考生(此处表述均指最佳口译表现，即 A 级口译表现)：

➢ 用最少的阐释语言展现语法、句法、词汇、专业术语的优秀水平

➢ 选择适合具体情形的语言和文体

➢ 发音明确、清晰

➢ 口音完全不影响(听众)理解

D. 忠实度(completeness)与口译技巧(interpreting skills)

在行业规范性文件中提及最多的"忠实度"这一参数在口译资格考试中也得到较多关注,3个考试文件(中国内地/大陆与台湾,以及英国)直接提及了"忠实""完整"等词语,例如:

- 中国全国翻译专业资格(水平)考试(CATTI)(二级交替传译)

  熟练运用口译技巧,完整、准确地译出原话内容,无错译、漏译。

- 中国中英文翻译能力鉴定考试

  长逐步口译系指译者于源语发言告一段落后,以译语表达发言内容;每段源语发言长度不等,一般是译者需要依靠笔记,才可忠实传达源语发言之讯息。

E. 其他参数

在文献整理的过程中,笔者在前人对口译资格认证考试出题及评分人士的访谈中也发现,这些口译资格认证考试,如澳大利亚口笔译资格认证(NAATI)考试在评分过程中也会考量迟疑、停顿、笔记、重复等其他参数(刘敏华,2008)。

3.口译资格认证考试评量中的质量参数

在文献分析的基础上,可以得知,4个口译资格认证考试相关文献中受到全部认可的质量参数几乎都聚焦在语言层面的"源语—目的语对应"(见表4.6),关注"准确度""表达""语言使用"等这些可以量化的参数。除此之外,文献中所谈及的其他参数如"忠实度""迟疑""停顿""重复"等,也注重语言层面质量评价。

表4.6 口译资格考试评量中的参数举隅

受到全部认可	备注(其他参数)
• 准确度(accuracy)	• 忠实度(completeness)
• 表达(delivery)	• 口译技巧(interpreting skills)
• 语言使用(language use)	• 迟疑、停顿、重复……

相比行业规范性文件中所谈及的质量参数,口译资格认证考试由于其量化考试的特性和功用,在质量方面强调译员对原文正确理解,对译文通顺产出,而具体"交际效果"等方面着墨较少。

4.2.3　口译教学机构评量标准

随着口译职业化的发展,以职业译员为导向的专业化口译人才培养发轫于 20 世纪 40 年代的欧洲。在中国内地/大陆,2006 年,教育部批准了广东外语外贸大学等 3 所高校试办翻译本科专业。2007 年 1 月,国务院学位委员会第 23 次会议全票通过设立翻译硕士专业学位,成为衔接中国口译职业化道路与专业化口译人才培养的重要里程碑。至此,中国内地/大陆完整的专业化口译人才培养体系业已形成。在中国台湾,以辅仁大学、台湾师范大学为主的多所院校自 20 世纪 80 年代起成立翻译研究所等机构,在硕士层面培养口译人才。

在职业译员的培养过程中,翻译教育院校的口译质量评量标准在译员口译职业化的过程中起着至关重要的作用,既决定着译员自身口译质量观的初始定位,又影响着其在口译专业服务市场中的自我评价与改善提升。因而,翻译教育院校的相关考试是众多口译从业者口译质量认知的起点之一。

国内外翻译教育院校的各种考试,依不同阶段具有不同的测试目的(见图 4.1)。如果将口译教育比作职业译员的生产线,从学生遴选到职业译员养成的过程中,需要经过潜能测试(入学、分流)、诊断测试(各阶段各课程)、成绩测试(进阶)、水平测试(毕业)等多种考试。水平测试针对已经完成口译教育的学生,检验学生口译综合能力,是教育过程中鉴定口译学生是否具备步入口译行业水平的最后一道关卡。比如,美国蒙特雷国际研究学院及中国的上海外国语大学的口译课程均在所有课程结束后单独设立专业水平考试,而北京外国语大学、广东外语外贸大学、厦门大学等高校则设立期末考试。因此,笔者在本节主要关注国内外翻译教育院校中会议传译项目中针对学生结业(毕业)前的会议交传水平测试。

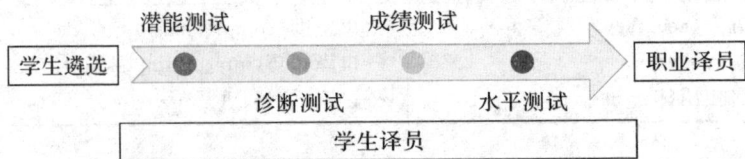

图 4.1　口译教育过程中的各种测试

1. 文献来源

基于以上考量,笔者在索耶(Sawyer,2004)、彭(Peng,2006)、刘敏华(2008)的研究基础上,进一步展开文献调查,通过检索国内外相关翻译院校的课程设置、项目介绍等方式,整理收集了来自 5 个国家和地区的 7 所翻译教育院校会议传译项目的结业(毕业)会议交传口译水平考试的资料(见表 4.7),探讨这些考试中涉及的口译质量评量参数。

表 4.7　翻译院校口译水平考试中口译质量涉及参数

国家/地区	学校名称	口译质量评量参数
法国	巴黎高等翻译学校(ESIT)(Seleskovitch & Lederer,2002)	• 语言知识(对语言的掌握程度) • 口译技巧 • 特定错误
瑞士	日内瓦高级翻译学院(ETI)(Peng,2006)	• 内容(准确、忠实、完整、术语、达意) • 用词(适宜、自然、正确、多元、语域正确) • 声音(音高、音质、口音、语调生动) • 表达(顺畅、稳定、清晰) • 麦克风使用方式(距离、麦克风噪音)
美国	蒙特雷国际研究学院(MIIS)(Sawyer,2004.)	• 意义与清晰度(meaning and clarity) • 风格(style) • 表达(presentation)
英国	利兹大学(Peng,2006)	• 意义准确(reliability in relaying meaning) • 语言连贯(coherent) • 译语措辞合宜(appropriate TL expression) • 表达语速合宜(keeping pace) • 公众演说(addressing an audience)
英国	纽卡斯尔大学(刘敏华,2008)	• 忠实和完整(fidelity and completeness) • 语言能力和演说能力(target language usage & public speaking skills)
中国台湾	辅仁大学	• 准确度(忠实、连贯、完整) • 口语表达能力与仪态(语域、流畅度、台风)
中国台湾	台湾师范大学	• 语言能力(文法、灵活度、纯正度)

2. 文献内容分析

总体来说,国内外翻译教育院校在口译水平考试评量标准内容方面大致趋同,即"准确""忠实""表达""语言使用"等。然而,与 4.2.1 和 4.2.2 中情况类似的是,虽然表面上存在共同标准,但各院校对标准的解释或描述不一,有的列出具体说明,有的只列出大纲,并未多做解释,因此在定义上存在一定差异。比如,在巴黎高等翻译学校的考试说明中,仅提到"语言知识、口译技巧、特定错误"3 项评量指标,主要关注学生对语言的理解和掌握程度、口译技巧使用的成熟度等。然而,塞莱丝柯维奇(Seleskovitch,2002)也提到,巴黎高等翻译学校在考察学生是否符合要求时,也会看其是否表达清楚连贯、传达思想是否准确。因此可见,在翻译院校展开会议交传水平考试的过程中,实际评分并非完全依靠评分标准。尽管如此,依然可以在现有的文献中发现翻译院校在口译考试中对特定参数的一致关注。

A. 准确度、忠实度

综观各翻译院校会议交传水平考试的各项口译质量评量标准,不难发现,几乎所有院校都将"准确度""忠实度"放在所有评分项目的最先。这两项都属于"内容"方面的考察参数,可在译文中直观量化。比如,日内瓦高级翻译学院就在其评分表的第一项中提及"内容"包括"准确、忠实、完整、术语、达意"5 个子项。为了明确指出并量化考生在口译过程中出现的正误,纽卡斯尔大学还在评分表上附上原文讲稿,以供评分员具体标记。因此,可见"源语—目的语对应"的程度高低是口译质量考察的重中之重。

B. 译语表达与语言使用

"译语表达"与"语言使用"属于"形式"方面的考察参数,也得到所有院校的重视。比如,蒙特雷国际研究学院和日内瓦高级翻译学院在考试评量中,均特别注重学生是否能够在理解源语的基础上,合宜使用译语,清晰地表达。巴黎高等翻译学校则关注考生在用母语表达时是否会受到外语的负迁移影响,译语是否使用灵活。辅仁大学及台湾师范大学的联合考试中,也明确提出"语言能力"包括"文法、灵活度、纯正度"3 个子项。利兹大学着重考察学生在措辞、语域方面是否合宜。除此之外,译语表达过程中的整体效果,如连贯性、流畅度、公共演说技巧等也是翻译院校会议交传水平考试中普遍关注的参数。

C. 其他

语言交际效果方面，日内瓦高级翻译学院在其评分标准中详细列出"声音"的4个评量子项，即"音高、音质、口音、语调生动"，同时考察"麦克风使用方式"（距离、麦克风噪音），可见其对译语产出效果的关注。利兹大学也在其评分表中列出"表达语速合宜"一项。辅仁大学及台湾师范大学的联合考试则提出"仪态""台风"的评分项，以示其对会议交传交际效果的考察。

3. 口译学校质量评量参数

在文献分析的基础上，可以得知，7所翻译院校会议交传水平考试相关文献中受到全部认可的质量参数主要分布在"内容"和"形式"层面，即"准确度""忠实度""译语表达""语言使用"等这些可以量化的参数。除此之外，文献中所谈及的其他参数有"口译技巧""声音、麦克风使用方式、语速""仪态"等（见表4.8）。

与口译资格认证考试相似，由于翻译院校会议交传水平考试的特性和功用，在质量方面强调译员对原文正确理解，对译文准确合宜产出，限于考试人数、环境等实际情况，对具体"交际效果"等方面的关注相对较少。

表4.8　翻译院校会议交传水平考试质量评量参数举隅

受到全部认可	备注（其他参数）
• 准确度	• 口译技巧
• 忠实度	• 声音、麦克风使用方式、语速
• 译语表达	• 仪态
• 语言使用	• ……

综合以上三方分析，可以看到，行业规范性文件、口译资格认证考试、翻译院校会议交传水平考试都有各自的口译质量标准，除了少数差异外（如麦克风使用方式、仪表仪容），当中大多标准参数趋同。然而，不可忽视的是，尽管三方口译质量评量参数表面上趋同（例如准确度、忠实度、流畅度等），实际上却存在一定的差异（例如各自标准不尽相同、各项权重尚不清晰、评价方式不一等）。

尽管如此，笔者尝试整合以上3个文献来源中所涉及的相关参数，选取三方普遍认可的口译质量参数。如 4.1 中所谈,译员心目中对于口译产品的期待来自其对口译质量的认识,即译员本身的口译质量观。而译员口译质量观的形成大多来自行业规范性文件、口译资格认证考试、翻译院校口译水平考试等可追溯的规定性规范及与客户的译前沟通。因此,笔者将 3 个渠道涉及的口译质量参数整理如下(见表 4.9),作为译员心目中期待的口译产品参数的考察起点。

表 4.9　译员期待产品参数举隅

受到最多认可	备注(其他参数)
• 准确度 • 忠实度 • 译语表达 • 语言使用 • 中立性 • 有效沟通	• 口译技巧 • 仪态举止 • 客户沟通 • ……

其中,综合三方相关的定义和阐释文献,可以将受到最多认可的参数内容做如下理解:第一,"准确度""忠实度"属于内容层面的"源语—目的语"对应,即两者比较后能够观察且量化的参数;第二,"译语表达"与"语言使用"主要关注"目的语"产出形式层面的语言质量参数(比如语法正确、语域合宜、语义连贯等方面);第三,"中立性"和"有效沟通"则属于交际层面参数,同时其他参数也大多属于这一范围。

4.3　译员期待口译产品参数验证

在分析梳理行业规范性文件、口译资格认证考试、翻译院校毕业考试三方普遍认可的口译质量参数集的基础上,笔者在本节通过译员焦点小组访谈、反省式有声思维口译实验及译员问卷 3 个途径尝试描述译员心目中期待的会议口译产品质量参数,探讨译员心目中期待的口译产品与实际口译产品是否存在差异,并展开三方验证。

4.3.1　焦点小组访谈

为更直接地了解译员心目中期待的会议口译产品包含哪些质量参

数,笔者通过个人通信的方式联系某跨国企业 A 集团的翻译中心,并于 2011 年 8 月 20 日赴该翻译中心所在地,与 12 名会议口译译员展开了两小时的焦点小组访谈。

4.3.1.1 背景信息

A 集团作为全球信息与通信解决方案供应商,在国际市场上覆盖 100 多个国家和地区,涉及多种语言服务类型,因此集团机构设立翻译中心。该翻译中心服务语言逾 50 种,目前有近 300 名口笔译员。为协助译员口笔译工作,该翻译中心自行设计了多项翻译辅助产品,如语言检查工具包、语料库、风格手册、术语管理系统等。口译服务部分,口译团队隶属于该翻译中心的公共支持部,专职兼职译员有 50 人左右。

- 译员任职要求:语言规范(style guide)、通信基础、产品技能(比通信基础更具体的专业知识)、周边领域、工具流程。
- 口译服务类型:高端会议、高层会谈、政府团体来访、媒体团体来访、项目接洽会议、技术交流会议、耳语同传、出差陪同口译等。
- 工作流程:客户激活电子流—口译部根据客户需要指派译员—译员事先与客户进行沟通—译员执行口译任务—客户填写需求反馈意见。
- 翻译内容:涉及产品本地化(界面、文档)、公司运作国际化(顾问项目)、市场拓展(展会/客户来访)等。

根据以上背景信息,A 集团翻译中心的口译团队属于职业口译员群体,长期稳定提供专业口译服务,具备明确的工作管理流程及口译质量反馈渠道,符合本研究所探究的口译作为一项专业服务范畴。鉴于与本研究的相关性,笔者邀请参加访谈的人员主要为负责会议口译服务类型的口译员(见表 4.10)。

表 4.10　焦点小组访谈信息

时间	参与机构/个人	人数	口译服务类型	工作年限
2011 年 8 月 1 日 15:00—17:00	某跨国企业翻译中心口译团队译员 (编号 3.1-3.12)	12①	会议交传为主,少数人同时负责会议同传	平均 2.5 年 (最长:65 年,最短:2 年)

---

① 由于部分译员在外进行口译任务,邀请了 21 人,实到 16 人,中间离场外出工作 4 人。

续表

译员编号	性别		从业年限	备注
	女	男		
3.1	•		6	经理，成员
3.2	•		3.5	成员
3.3	•		3.5	成员
3.4	•		3	成员
3.5	•		3	成员
3.6	•		4	成员
3.7		•	4	成员
3.8	•		3	成员
3.9	•		2	成员
3.10	•		3	成员
3.11	•		2	成员
3.12	•		4	成员
统计	11	1	平均 3.4 年	

4.3.1.2 访谈问题设计

根据 4.2 中的文献分析，笔者以表 4.9 为起点，以探究译员心目中期待的口译质量参数为目的展开焦点小组访谈问题设计，主要分 5 个部分（见表 4.11）。

表 4.11 焦点小组访谈问题设计（详见附录 4）

访谈目的	问题内容	备注
定义/概念	(1) 如何看待口译作为一项专业服务？	引入话题
期待参数	(2) 成功的口译服务具备哪些要素？ (3) 在会议口译过程中希望达到怎样的效果？	重点讨论
实际状况	(4) 请描述一次最理想的口译经历。 (5) 请描述一次不理想的口译经历。	
评价方式	(6) 如何收集客户反馈？ (7) 对自己的口译表现如何评价？	访谈总结
其 他	(8) 是否有需要补充的内容？	

在焦点小组访谈的全程中，笔者尝试用开放式的问题展开探讨，避免

使用是非疑问句、选择疑问句或给予"很好""很对"等类似的导向性回答，特别强调访谈旨在收集不同意见，而非寻求一致结论。在定义部分，问题(1)一方面希望引入话题，一方面希望了解译员对于口译作为一项专业服务的看法。问题(2)到(5)属于访谈的重点内容，笔者在这部分通过"能否举个例子""能否进一步解释"等方式挖掘参与者心目中期待的口译质量具体要素和其实际工作中遇到的具体情况。问题(6)到(8)则旨在从质量评价等角度进一步确认译员心目中的各口译质量参数，重述并总结各方意见，得到确认后结束访谈。

4.3.1.3　访谈结果与讨论

以下是对部分译员的访谈及讨论。

1.定义/概念

在访谈中，大多数译员的观点显示，由于所在翻译中心属于集团内部服务部门之一，对于口译作为一项专业服务的概念自入职起即得到相关企业培训和继续教育。中心在承接和开展相关口译业务时，不仅仅关注语言和内容层面的口译服务质量，也关注交际层面的口译服务质量，重视客户体验及客户满意度的达成。然而，鉴于口译作为一项专业服务的特殊性，单从客户或译员角度考察均难以展开相关质控和评估。正如译员(编号 3.3)所谈："我们的相关职责说明也指出，翻译中心口译工作的定位属于专业服务领域，我们注重了解并达成客户需求。但这种专业服务本身具有多元性和不定性，根据每场次会议的主题和目的不同，客户需求以及口译类别的差异，集团翻译中心尚待建立相关专业服务标准。"译员(编号 3.2)则说："某种程度上说，我们目前所提供的口译服务现在其实还不能真正成为专业服务，因为有较多不成熟的地方，比如我个人认为，在质量控制方面，客户满意度回馈表结果可信度存疑，比如客户如果听不懂双语，无法评量我们的口译质量。而有的客户自己并不填写表格，有时请助手或其他没有直接使用口译服务的同事填写，有时甚至直接问我们希望他/她填写什么内容。"

2.期待参数

在访谈中，12 名译员列出的口译成功要素主要有：表达流畅度、流利程度、语言清晰、完整性、准确性、语音语调、沟通能力、着装礼仪、语言规范、工作态度(自信、热情、负责等)、设备使用和辅助(麦克风使用、音质管理、电子词典和网络)、职业道德、心理素质(抗压能力、情绪管理)等。谈到理想状况下希望达到的口译效果时,译员们进一步阐释了心目中口译质量要素。例如,译员(编号3.1、3.2、3.3、3.4、3.9)提到,一名成功的译员或成功完成口译任务,需要具备口译能力,比如掌握交替传译和同声传译的技能,能够同时完成多项任务,比如讲话清晰流畅、语言组织能力强、了解双方的社会文化习惯、了解A集团相关行业及上下游产业链、知识面广。译员(编号3.3、3.5、3.7、3.9、3.10、3.12)也指出,在口译的时候,要有较高的准确度,完整表达发言人想说的内容;节奏掌握得好,要能够快速反应;声音悦耳,口译的时候节奏平稳;具有良好的职业道德,每次口译任务都做充分的准备。译员(编号3.6)特别提出,如果有不能胜任的口译任务,可以向团队说明。译员(编号3.8、3.11)补充说,合作精神非常重要,加班的时候,依然需要坚持高质量完成口译任务。要擅于倾听,乐于沟通,具有亲和力;能够在压力下镇定自若地工作,即使临时出现错误,也要勇于即时改正并保持稳定心态,继续翻译下去。

3.实际情况

在描述口译经历的过程中,通过谈及译员最理想或最不理想的情况,笔者希望听到一些具体案例,即与译员心目中期待不一致(意料之外)的口译经历。这一部分的讨论耗时最长,类似的经历在译员之间引发了关于译员与客户需求差异的探讨。正如译员们在问题1的意见中所谈,由于口译作为专业服务仍存在不成熟之处,实际任务中的口译表现及客户反馈不一定能够与译员所期待的一致。译员(编号3.11)提出:"我自己做会议交传的时候也碰到过这样的情况,我自己那次任务状态不佳,觉得对口译质量非常不满意。比如有的词处理得不好,可以译得更好;有的表达逻辑模糊,可以更清晰等。但客户说很好,我就觉得很奇怪。我觉得客户可能真的关注要很流畅,只要错的不太多不太明显,就OK。"译员(编号3.3)提到自己也曾经遇到类似情形,并说:"很多客户只要你翻得很流畅很镇定就OK。当然,不能译得都不对。"这两个案例引起在场许多译员的共鸣,译员(编号3.7)提出:"团队有一位新员工,口译质量一般,但她性格开朗,提前与顾问畅谈,客户因此对她评价很高,这个例子中客户可能更看重破冰、气氛调解等要素。而我们作为译员,其实更看重准确度、完整度这类硬指标。"谈及译员实践经历中遇到的客户期待案例时,译员(编号3.2)谈道:"音量问题是我刚入行时没有特别注意到的。搭档同传时,我的客户曾提及要注意控制衔接音量,就是两人交接时的音量差异不要太大。所以我发现 voice projection(笔者:音量控制)这些细节很关键,关系到客户的收听体验。"译员(编号3.10)接着说道:"除了声音外,我们更关注信息的接续性,在接替搭档时,要先保证对上句和上文的理解。另外,不能太啰唆,有时仅作总结就行,因为有的客户非常讨厌延长会议时间。"译员(编号3.1)分享了被投诉的经历:"会议译员被批无逻辑,但实际上是发言人讲话无逻辑,这时的状况是译员常要背黑锅。说话人不停转变观点,客户也可能对译员造成误解。"其他译员(编号3.6、3.7)则认为,这种情况可以过后解释。在 A 集团,很多口译是由团队承接的,团队成员可以相互澄清。如果译员的逻辑不清只是偶尔性的,即可判断问题可能出在特定的发言人身上。因此,译员不会永远背黑锅。

4. 评价方式

12 名译员一致认为,鉴于工作模式的不同,口译相对笔译更难以进行静态的对比和评估。因此,业界的做法多是对客户发放满意度调查问卷。译员(编号 3.1)在介绍 A 集团客户口译质量评价方式时说:"客户有口译需求便可触发电子流,而后相关负责人会综合考虑译员擅长的领域与以往的成功经验,指派相对适合的译员。译员接到任务后,也需要与客户提前沟通,确定客户的需求,避免误差。在任务结束后,客户将填写用户反馈表(见表 4.12),译员也可能直接询问客户的感受。"

然而,正如译员(编号 3.2)先前所说,其他译员(编号 3.4、3.7、3.12)也提出:"客户不一定会有时间和精力认真填写。这导致了客户评估可信度在某种程度上降低。为了进一步提高客户评估的可信度,既可以通过正式的渠道向客户收集数据,又可以通过私人交谈对译员表现进行跟进了解。有时收到的客户反馈是由未参加会议的人员填写的,有时填写人的态度比较随意,这类反馈意见的可信度存在问题。"译员(编号 3.1)补充说:"我们的评估要素还有待优化。因为如果客户只懂一种语言,他无法评断口译产品的完整性和准确性。我认为,评估至少有两个维度:第一,客户的评价;第二,专业人士的评价(能力评估)。这两个可能完全不一样,公司可能没有太多站在译员角度,更多是站在客户的角度。"

表 4.12　A 集团口译质量客户意见反馈

译员填写部分

工作记录	译员姓名	日期	口译开始时间	休息时间	口译结束时间	口译时长	加班时长
	合计工作量						
	备注						

客户（A 集团需求人填写部分）

	评价项	Excellent（优秀）	Good（良好）	Fair（一般）	Poor（差）	改进意见
客户意见反馈	准确度（Accuracy）					
	完整度（Completeness）					
	流畅度（Fluency）					
	语音语调（Pronunciation and intonation）					
	抗压能力（Mental strength）					
	责任（Sense of responsibility）					
	着装礼仪（Dress code and etiquette）					
	沟通能力（Communication ability）					
	其他（Others）					

说明：客户填写反馈情况时在相应情况中打"√"即可，如有意见请在"改进意见"栏填写

在译员自我评价方面,译员(编号 3.5)提到,出于集团严格保密制度等原因,并不是每场会议都能够自我录音;同时,由于平时工作量大,即使录了音也无暇回听和反省。因此,常常是在口译任务进行的同时,凭工作经验和个人感觉自我评价。这一观点引起了大多数译员的共鸣。译员(编号 3.12)提到,除了客户评价和自我评价,有时关系比较好的两个搭档也会基于共同进步的出发点,互相评价并指出可取之处。但鉴于口译质量属于比较敏感的话题,大多数情况译员之间不会过多当面指出或评价。

5. 其他

在以上各方面的焦点小组访谈接近尾声时,译员(编号 3.1)谈到了目前 A 集团在提供和改善口译服务方面遇到的问题,比如客户教育的缺失和重要性、口译服务质量控制、个人译员和译员团队的在职教育等。译员(编号 3.6)提到自己曾经是自由职业者,"进入 A 集团担任'in-house interpreter'(笔者:机构内译员)的原因主要由于会议传译的市场竞争激烈且不稳定,如果做'free lancer'(笔者:自由职业者)会没有安全感"。译员(编号 3.8)指出:"现在市场上仅有顶级资深的口译员才有机会自由选择会议,而大多数口译员则是面临'买方市场',尽管符合资质也不得不参与低价竞争。"其他译员(编号 3.1、3.3、3.5、3.10)也认为,当前的会议口译的主题趋向越来越专业化、技术化。如果没有对特定领域的深入了解,难以胜任。当前在口译市场上的客户教育缺失严重,行业并未得到社会足够的重视和认知。译员(编号 3.6)补充道:"在特殊情况下,有的客户会在现场临时要求会议交替传译员担任口译员兼英语主持。由于没有质量监控,有的时候,某口译员表达方面流畅自如、声音悦耳,哪怕内容准确度不够,客户也不会注意。有的时候,客户具有一定双语能力,会严苛要求译员字对字完全对应,不断打断口译员的工作。我们常常有受到忽视或不被尊重的感觉。大多数客户依然不了解如何与译员合作,译员常常无法在会议前得到相关稿件或资料,更是很少客户会发言开始前与译员沟通。"

4.3.2 反省式有声思维法

在焦点小组访谈中,笔者初步了解并验证了表 4.9 中的内容符合译员心目中期待的口译质量参数。由于 A 集团翻译中心口译团队成员工作时间等实际情况,全程参与焦点小组访谈的 12 名译员中仅有 3 名可以参与反省式有声思维口译实验。因此,笔者通过个人通信等方式,联系了其他 9 名职业译员(具体背景信息见表 4.13)展开实验,进一步探讨译员心目中期待的口译质量参数,重点论证译员心目中的期待口译产品与实际口译表现是否存在差异。

4.3.2.1 实验设计

以下是具体实验设计。

1. 受试者

根据国际会议口译员协会(AIIC)的会议传译词汇表(AIIC's Conference Interpretation Glossary),职业译员具有专业性(professionalism)。因此,职业译员是受过专门训练,具有从业资历能够提供专业口译服务的专业人士。为了进一步明晰职业译员的选择标准,本研究在以上概念的基础上,将研究中所提的"职业译员"定义为(以下两种情况二选一):

- 全职在某机构或企业担任口译任务的从业者。
- 为国际会议等大型口译任务担任交传或同传译员超过 100 场次。

基于以上定义,笔者邀请并选取了 12 名职业译员参与实验。到实验展开的时间为止,所有受试的职业译员均接受过 2 年或以上专业国际会议口译训练,具有 2~5 年的从业经验。其中,一部分译员任职于政府机构或跨国企业,担任专职口译员;另一部分则在高校担任口译课老师,均为过百场次的国际会议担任交传或同传译员。所有职业译员母语均为汉语,第二语言为英语,其口译活动范围均主要分布在华南及港澳台地区。笔者将参与实验的职业译员一一编号,记录详细信息(见表 4.13)。

表 4.13 职业译员编号及背景信息

译员编号	性别		从业年限	从事机构及职业
	女	男		
3.3	•		3.5	A 集团口译团队专职译员
3.6	•		4	A 集团口译团队专职译员
3.11	•		2	A 集团口译团队专职译员
3.13			5	高校口译教师

续表

译员编号	性别		从业年限	从事机构及职业
	女	男		
3.14	•		10	口译自由职业者
3.15	•		5	高校口译教师
3.16	•		5	高校口译教师
3.17		•	10	高校口译教师
3.18		•	3	政府外事部门专职译员
3.19	•		2	政府外事部门专职译员
3.20		•	3	跨国银行专职译员
3.21	•		5	高校口译教师
统计	9	3	平均 5 年	高校、政府、外企、自由职业

2. 实验材料

A. 选材标准

根据吉尔等学者的研究（Gile,1995;Liu,2001,2009;Sawyer,2004），为了更大程度上提高口译实验的可靠性,选用材料应当具有以下特征：

- 真实会议原音
- 英汉可比性
- 词汇难度适中
- 内容一致以适合实验
- 口语表达文本
- 语速一致性

本研究基于上述标准选择口译材料,并事先与 1 名 10 年以上职业口译员及 3 名高校口译教师就材料难度、题材熟悉度、音质语速等问题咨询商议,得到认可。

B. 材料特点

- 材料来源及内容

实验所用口译材料为教育类新闻发布会真实原音语料,具体信息见表 4.14。

表 4. 14　口译材料具体信息

编号	总字数	总时长	语速（wpm）	每段字数
材料 1	1250	6 分 49 秒	183	91. 41

由于语料本身属于发布会记者问答环节并真实存在口译员传译，因此不但具有明显的口语表达特征、语速适中，也具备真实会议现场自然断句特征。同时，本次的教育类题材语料不含特殊技术词汇或生僻概念，能够保证材料难度适中。

4.3.2.2　实验过程

实验对 12 位受试者逐一开展。由于口译活动的即时性特点，译员无法在翻译的同时进行有声思维。因此，实验采用有声思维法中的"一般反省法"（反省式有声思维），即译员在口译任务完全结束之后马上进行口头报告，描述口译中的思考过程，评价自己的口译表现。为了使受试者熟悉有声思维的工作模式，研究者事先对其进行了相关培训，并留出了练习时间，以便让受试者自如地表达心中所想。同时，为更好地排除语言对有声思维产生的干扰，受试者可以随时任意使用中文或英文展开表达，具体操作步骤如下：

（1）实验及口译任务背景介绍（全程录音）；

（2）热身练习（语言方向及话题与实验材料相同）；

（3）正式口译；

（4）文本结束后使用反省法（受试者听译语及源语，回忆自己当时所想，主要谈及口译过程中的思考，如策略选择和口译技巧使用的原因，对口译质量的评价或想法等）；

（5）转写所有有声数据；

（6）编码（encoding），有声数据段初步分类，再剥离与口译期待参数相关内容；

（7）分析有声数据，归纳总结。

在实验过程中，研究者会进行全程录音，以便受试者能够通过倾听自己的口译表现来回想口译中的思维过程。在开展有声思维活动时，受试可以随时暂停录音，从而表达当时所想，研究者也会适当提出问题以澄清受试所述。当受试者完成有声思维报告后，研究者转写所有音频（共

107681字)①,并基于一定规则对转写语料进行标记。由于受试者均为职业译员,研究者依据各人实际情况协调时间地点,逐一展开实验,于2011年8月至2012年3月之间完成。

4.3.2.3　数据分析及讨论

实验数据的分析及讨论如下。

1.有声思维数据统计

本次有声思维实验共得到652条有声思维语段,当中,去除无直接关联的语段,共得到531条有效语段。笔者将这些有声思维语段分项统计,得到结果如下(见表4.15)。

表 4.15　基于有声思维语段的职业译员期待产品参数

期待参数	语段统计	有效语段数量
准确度	41%	217
忠实度	23%	122
译语表达	17%	91
语言使用	16%	84
中立性	0%	1
有效沟通	2%	11
其他	1%	5

基于以上的统计结果,可以发现译员在反省式有声思维法的自我评价过程中,提到最多的前4项分别为"准确度"(41%)、"忠实度"(23%)、"译语表达"(17%)和"语言使用"(16%)。对于"中立性"和"有效沟通"两项参数,相关语料仅12条,在本次实验中译员提及相对较少。然而,不可否认的是,实验所使用的口译材料本身存在局限性,会在一定程度上对后两项参数产生影响。首先,实验所选择的教育类话题材料内容较少涉及争议性话题,也基本没有涉及对立的双方,因此译员在口译过程中较少面临"中立性"的问题。其次,虽然使用的材料为真实文本,但实验中的这场口译任务本身并不是真实的现场,没有发言人或听众,也在一定程度上导

---

① 由于转写语料字数较多,本文仅以附录样例展示部分内容。

致了译员较少关注"有效沟通"方面的口译质量。尽管如此,统计结果至少证明了译员在"准确度"和"忠实度"方面较高的重视程度。同时,为了补充验证译员对于其他参数的关注度,笔者在焦点小组访谈和反省式有声思维法的基础上展开问卷调查,尝试探讨译员心目中期待的口译产品相关参数的权重(详见 4.3.3)。

2. 有声思维数据分析

A. "准确度"和"忠实度"

如上述数据显示,"准确度"和"忠实度"是译员通过反省式有声思维法对自己的口译表现进行评价时最常提及的参数。12 名译员在自我评价时,常常会表达希望译文与原文信息意义没有偏差的愿望,因而在听自己的译语时,首先注意内容层面的信息点是否一一对应,相关意义是否忠实传达。比如,在以下两个例子中,译员(编号 3.13.3.1)指出,自己在译"大概有 20 万"及"支援"时,虽然翻出大意,却未能够更准确地传达原文细节。而译员(编号 3.18.3.1)则在译"很高的要求"这一源语内容时,通过修正的方式,将原本也正确的"greater"改为"higher",并解释意在选取自己认为更忠实的词语。

同时,笔者将译文与原文的信息语料进行评行对比发现,参与实验的职业译员在口译过程,策略技巧中多采用对原文"增加重复"(52%),较少对原文进行"省略删减"(13%)。这表明译员在翻译的过程中希望最大程度传递原文意义,宁可增加也不删减,证明了译员希望确保信息尽可能完整、避免错漏的初衷。

今年我们,今年啊,我们有大概有 20 万[名]大学毕业生到农村去担任教师,同时我们还动员了大批的城镇教师去到农村支援,还有师范生到农村实习支教,这样我们就组织了大批优秀的师资到农村去从事教学工作。	This year we have up to 200 thousand university graduates to go to the rural area to be teachers. And we also have lots of urban teachers serving as backup teachers in the rural area. And third initiative is to have lots of teachers-to-be students to do their internship in the rural area.

编号 3.13.3.1

　　"大概有 20 万"，我翻成了精确的"达到 20 万"，这里有偏差。"动员了大批的城镇教师去到农村支援"，我用了"serving as back-up teachers"，实际上这两处都有一点点偏差。因为"back-up teachers"的意思就是"你可以不去，你是作为一个储备"，然后他其实这里的意思是"真的要到这个地方帮他去教书"。

经过 60 年的努力，我们已经建立起一支有 1600 万人的一支教师队伍［我们已经建立起一支 1600 万人的教师队伍］，这是一支很好的队伍，是一支能战斗、能奉献的队伍。但是面对着新的形势，其实对我们的教师队伍建设提出了很高的要求，新的要求［但是新形势对我们的教师队伍建设提出了很高的要求，新的要求］。	After 60 years of development, we have developed a teaching troop with a number of 60 million, <uh> this is a teaching group of high level and with great determination. But, we know that in the new stage, we are also faced with greater, < uh > higher challenge and new requirements.

编号 3.18.3.1

　　"奉献"的那一块没有记清楚，所以用了"determination"，现在听起来如果用"dedication"可能更贴近原文。在"很高的要求，新的要求"这里，我本来顺口就说出"greater"，因为平时自己用这个词更多一些。然而原文是"更高"，我已经更改了一个"要求"成"challenge"，所以回过来修正"greater"为"higher"。其实自己希望尽量追求更忠实的效果，所以就加了更忠实的词。

　　B."译语表达"和"语言使用"

　　在保证"准确度"及"忠实度"的基础上，12 名译员在自我评价中也关注"译语表达"和"语言使用"，即是否合宜地使用译语，清晰地表达原文意义。比如，译员会就语法、句法、用词、语域等问题评价自己的口译表现。以下的例子中，译员（编号 3.11.3.1）提出，如果保留中文的原文顺序及句式，就无法地道地表达源语意义。因此，出于目的语使用习惯差异考虑，调整了句子结构。译员（编号 3.16.3.1）在评论自己的译文时，则明确指出,自己所用的语言措辞不合宜。在平行语料分析中,笔者也找到译文中"句子重构"(8%)和"信息重述"(7%)现象的出现,从而验证了译员在处理信息时对于"译语表达"和"语言使用"的考量。

从有学上到上好学,从大到强,最关键的问题是什么?是质量。而提高教育质量的最核心的问题是什么?最关键的问题是什么?是教师,是教师队伍建设。所以大家都知道,百年大计,教育为本;教育大计,教师为本。	So you see the change from having access to schooling to having access to good schooling and also the change from a big nation to a strong nation. We think that the quality of education is very important. And that is why we rely on the building of our faculty team. And we hope that in the next hundred years' endeavor, we will stress the importance of education and the quality of education.

编号 3.11.3.1

　　原文有一句,他是用问题来表达,比如说"最关键的问题是什么？是教师"之类的,然后我就没有用问题,直接就用陈述句把它的意思带出来了。因为我觉得如果我用疑问句表达,这不是英文中常见的表达方式,中文可能会用自问自答的方法来强调某个信息,但是我觉得英文表示强调的时候很少用这种自问自答的方式,所以我没有用这种方式。

刘延东同志在表彰大会上发表了一篇重要讲话,它的题目是"国家发展,希望在教育;办好教育,希望在教师"。	The member of the State Council Liu Yandong gave an important speech at the awarding ceremony. And her speech was something like that… the national development of China relies on the education, and the development of the Chinese education relies on the teacher faculty's quality.

编号 3.16.3.1

　　说到"题目是什么"的时候,我用的是"something like this",我觉得这样听回去的话,这不是一个正规的场合的表达,不合适。这样就会显得把它的"register"降低到很随意的程度。在一个"dialogue"里面的话，我说"the title of his speech is something like this"，我觉得大概是没问题的。但是因为这个是一个记者招待会，就是比较正规的，我就觉得这样听回去就不能用"something like this"。发生这个问题主要的原因是我看自己的笔记，没有一下子能够组织得了那个语段怎么翻，所以我就争取了一点点时间，用了"something like this"，然后就把它翻出来。

C."中立性"

如上文所谈，受所选口译材料本身的局限性影响，"中立性"这一参数在 12 名译员的自我评价中仅出现 1 次。译员（编号 3.17.3.1）在翻译的过程中，根据自己当下的理解加入了"indeed"一词以示强调。然而，在听译文的时候，发现自己过多加入自我观点，不够中立，否定了自己的做法。虽然在实验中关于"中立性"的评论很少，但这一例子在某程度上体现出译员对于角色定位的思考。

所以这几年来，党和政府特别重视农村教师队伍建设，但是还存在着很多问题，我们正在继续努力。	In recent years, the Party and the government have attached great importance to the development of the faculties in rural areas. But there is, indeed a lot of problems and we will continue to make effort in this respect.

编号 3.17.3.1

这里加入了"indeed"是我自己的观点，听的时候我觉得把更多的强调放在了"问题"方面，就是"确实存在问题"这样的意思。的确，现在教育上存在的问题很多啊。所以我就加了强调。可是，现在听回来，有点过了。觉得如果是新闻发布会的话，显得不中立，不应该这么做。

D."有效沟通"

从统计结果看，有关"有效沟通"参数的评论语段共 11 条。译员主要从听众的角度考量，评价译文在流畅度、逻辑连贯等方面是否能够易于理解和接受。比如译员（编号 3.21.3.1）提出："如果译文信息点太多，句子太长的话，会影响到听众的理解，我自己说得也有困难。所以选择将中文的长句子切分重组。"在如下例子中，译员（编号 3.19.3.1）则在自我评价时指出，自己处理译文时由于"农村"和"基层"两个词的卡壳，导致表达累赘。虽然传达了全部的信息,却不能令听众顺畅理解。而译员(编号3.14.3.1)则为了听众效果不受影响,在自我衡量口误的严重程度后,决定将错就错,不做修改:"我知道这里错了,但是我很不允许自己回头更正,说出来了,舍去部分信息,说下去。当然比较严重错误也不会很多。"同时,在选择词语的时候,译员也希望避免重复用词。

我们的一个基本思想就是要吸引社会上优秀的人才来当老师,要吸引优秀人才到农村,到基层,去长期从教,终身从教。	Our basic mindset is to attract excellent teachers to go to the countryside or to go to the rural area to devote themselves in the educational endeavors, and also to the grass-root level to devote themselves for relatively long period of time or even for their life time.

编号 3.19.3.1

我当时是记了"农村"和"基层"的,但是我翻的时候先把"农村"翻了,其实他应该是把"农村"和"基层"一起当成是一个地点,但是我会发现我当时很怪又"to the grass-root level to"什么什么,因为我发现我翻完了"农村"以后,又漏了"基层",所以我又把"基层"补上去。结果就造成这个非常累赘的表达。听众大概会被绕进去吧。其实只用一句,简洁说就好了,太啰唆了。

如果说现在城乡之间教育还存在着比较大的差距的话,硬件差距还有,但是不是最重要的,最重要的差距就是教师队伍,教师的质量。	We realize that there are still a huge gap between the education in rural and urban areas, especially in the facilities and equipments. However, these are not the most important discrepancies. What is alarming is the quality of teaching staff in rural and urban areas.

编号 3.14.3.1

我用"especially"在这里是犯了逻辑错误,和原文不符。但有时翻译的时候,一旦出口就不愿意去改,改了可能对听众的效果不好。这里觉得也没有差太远,就算了。另外,"差距"想到了"gap"和"discrepancy",我不想重复,所以就两个都用了。"What is alarming is"这里我就不想再说"the most important"。

E. 其他

除了以上提到的参数外,12 名译员还就自己的应变能力、时间控制、笔记等提出了自我评价意见。比如以下例子中,译员(编号 3.15.3.1)提到翻译过程中遇到未能灵活处理译文等情况下情绪调节的重要性。

因为我们经过 60 年的奋斗,我们已经基本解决了让孩子们有学上的问题,下一个阶段我们就是要想办法让孩子们能够上好学。我们已经从一个人口大国建设成为一个人力资源大国,但我们现在要向人力资源强国进军。	After 60 years' of endeavors, I'm sure that now the children in China have access to schooling. But in the next stage, we hope that we will provide the children with good quality schooling. China has changed from a nation with big population to a nation with huge human resources. In the near future, we hope that China will become a nation with good human resources.

编号 3.15.3.1

这里的"有学上""上好学""人力资源大国""人力资源强国"一连串的中文很有意思,译的时候就也很想传达出这样的意境,可是无法灵活处理,就有点急了,更译不好。有时候中翻英的时候,就怕自己把自己绕进去。

3. 反省式有声思维数据讨论

在以上的各项参数的有声语段佐证及分析中,笔者发现,虽然在后期进行源语与译语的对比后,12 名译员的译文在"准确度""忠实度""译语表达""语言使用"等方面普遍表现良好,译员们却对自身的口译表现不甚满意。在汉译英的过程中,过半译员认为自己的译文不够精确、不够简练(编号 3.3、3.6、3.13、3.15、3.17、3.18、3.21)。如译员(编号 TAP 3.17.3.1)谈道:"我总觉得自己的译文还是不够简练,这篇觉得难度不大,意思很容易抓住,但表达方面还是有一点不是那么简洁。"而译员(编号 TAP 3.18.3.1)则提出:"总的来说,中翻英比英翻中要容易一些。但我觉得还是没有翻到位,翻得不精确,啰唆了。"

正如上文提到的,笔者在平行语料对比中发现,12 名译员在译文中出现了较高频率(52%)的"增加重复"现象。根据以上的反省式有声思维语段分析,可以推测,一方面,译员期待最大程度的传达源语信息,优先保证译文的"准确度"和"忠实度",所以采用"增加重复"的口译策略技巧;另一方面,这一策略也影响了译文的精炼程度,产生了"译文不够简洁"的结果。因此可见,译员的实际表现与心目中理想的期待表现始终存在一些差距,两者无限接近。

综上所述,从反省式有声思维数据分析和讨论两方面,都找到相关证据,验证了这样一种现象的确存在:译员期待的口译产品与实际产品不一定一致。如此,则证明了假设 1:"译员期待的口译产品与其所产出的实际口译产品之间存在差异。"

4.3.3　问卷调查

为了进一步了解并描述译员期待口译产品的参数,笔者采用 4.2 中所获得的参数集展开问卷调查,调查对象包含上述参与焦点小组访谈的 16 名 A 集团翻译中心口译团队成员,参与反省式有声思维口译实验的 9 名职业译员和其他 70 名职业译员,共计发放问卷 95 份,回收问卷 64 份,有效问卷 63 份,回收率 66.3%。

4.3.3.1　问卷设计

问卷内容包括两部分,第一部分为译员口译期待产品问卷及量表,第二部分为译员个人基本资料。

(1)译员口译期待产品问卷:内容分为译员在提供服务过程中最注重的口译产品特质、译员口译服务自我评估频率、考量方重要性、自我评估参数和会议交替传译经验。

(2)译员个人基本资料:性别、年龄、教育水平、工作性质、会议交替传译工作经验、口译培训背景、行业组织和工作语言。

为了数据的可统计性及省却译员完成问卷的时间,笔者将所有口译期待产品参数纳入同一题干下,采用 3 页排版,不选择独立开放问题。问卷填写及计分方面,第一部分采用 5 分李克特量表,即"非常不重要"1 分、"不重要"2 分、"一般"3 分、"重要"4 分、"非常重要"5 分。第二部分为选择填空,不计分(见表 4.16)。

表 4.16　问卷调查内容概要（详见附录 5）

问题编号	问题内容	问题目的	备注
Q1	译员在提供交传服务过程中最注重的特质及重要性	调查及统计重点：译员期待产品参数	与 Q4 相互验证
Q2	评估频率	译员期待产品参数细项形成动机及原因	为 Q1 提供补充信息
Q3	评估方考量		
Q4	译员进行交传服务自我评估时的质量参数	调查及统计重点：译员期待产品参数	与 Q1 相互验证
Q5	译员会议交传类型比例	译员期待产品参数细项形成动机及原因	为 Q2、Q3 提供补充信息

4.3.3.2　问卷效度分析

由于笔者主客观人力、物力与时间原因，可直接联系的职业译员总数有限，未能进行问卷预试，因此问卷回收后，以 SPSS 17.0 进行项目分析及信度分析。

1. 项目分析

项目分析主要针对问卷两个主要量表（Q1、Q4）中的每一个题目进行逐题分析，通过原始数据求出量表中题项的临界比率值（CR 值）来做出判断，目的是找出未达显著水准的题项并把它删除。当 CR 值大于 3，表示量表题项具有辨识度。

经过验证，本问卷中量表 Q1、Q4 中的项目系数大多为 3.0 以上，量表具有可靠效度（见表 4.17、表 4.18）。

表 4.17　问卷 Q1 量表项目检验结果

问卷 Q1 量表题项	CR 值	备注
a. 地道发音	4.482	保留
b. 声音悦耳	4.875	保留
c. 表达流畅	3.538	保留
d. 逻辑连贯	2.613	保留
e. 眼神接触	3.690	保留
f. 语法正确	4.368	保留

续表

问卷 Q1 量表题项	CR 值	备注
g. 术语正确	3.750	保留
h. 完整性	3.123	保留
i. 意义与原文一致	3.667	保留
j. 与听众及讲者沟通	4.170	保留
k. 语速	4.338	保留
l. 其他身体动作	7.009	保留
m. 着装	6.725	保留

表 4.18 问卷 Q4 量表项目检验结果

Q4 题项	CR 值	备注
a. 准确度	3.656	保留
b. 忠实度	2.538	保留
c. 译语表达	2.519	保留
d. 语言使用	3.821	保留
e. 中立性	4.251	保留
f. 有效沟通	4.093	保留
g. 口译技巧	7.658	保留
h. 仪态举止	6.676	保留
i. 与直接用户沟通(包括讲者及听众)	4.162	保留
j. 与雇主沟通(包括会议主办方等)	5.914	保留

2. 信度分析

信度分析,目的是对量表的可靠性与有效性进行检验。量表的信度愈高,代表量表愈稳定,也就表示受试者在不同时间测量得分的一致性,因而量表的信度系数又称"稳定系数"。量表的信度系数 α 如果在 0.9 以上,表示量表的信度甚佳。如在 0.6 以下,则量表需重新编制。本研究中,问卷 Q1、Q4 量表经检验 α 系数皆高于 0.9,表示量表具有高度可靠性(见表 4.19)。

表 4.19　问卷 Q1、Q4 量表信度系数 α 结果

信度统计(Reliability Statistics)		
问卷项目	Cronbach's Alpha	N of Items
Q1	0.984	13
Q4	0.979	10

4.3.3.3　问卷数据结果

基于以上信效度验证,笔者使用 SPSS 17.0 及 Excel 2007 将所得数据进一步统计量化,根据问卷中的两部分内容,以各题项为单位,探讨译员心中的口译期待产品具体参数。

1. 译员信息

63 名译员中,男女人数分别为 19 人及 44 人,女性占样本总数比例较大。其中,超过 90% 的译员年龄在 28 岁至 39 岁之间,仅 4 名译员年龄在 40 岁至 49 岁之间,1 名译员为 60 岁以上(见图 4.2)。因此,可见参与调查的 63 个样本中,以中青年译员为主,女性居多。

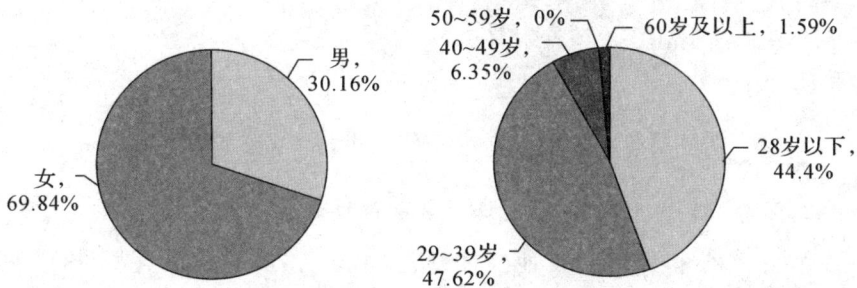

图 4.2　译员样本性别及年龄情况分布

学历方面,将近 80% 的译员拥有硕士以上学位,63 人中仅 9 人持有本科学士学位。从译员的工作性质和所处机构来看,"教师兼自由译员"与"自由译员"人数相当,均为 23 人,"机构内译员"则为 14 人。可见,调查涉及的译员群体学历较高,且分布较为多元,不仅仅局限于高校教师(见图 4.3)。

参与调查的译员群体中,近半数口译工作经历为 5 年以上(30 人),其中 6 至 10 年经历占 31.75%;而 5 年以内工作经历的译员占 52.38%(见

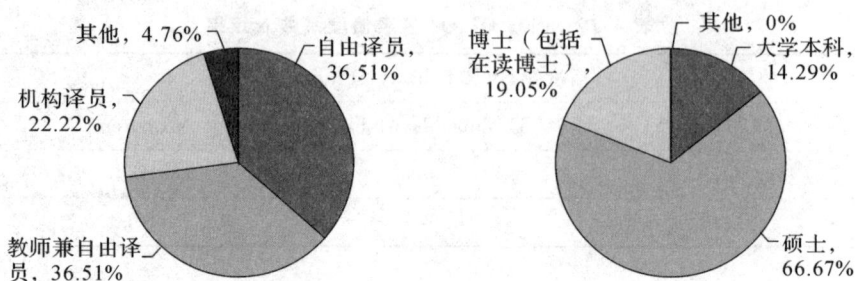

图4.3 译员样本学历及工作性质情况分布

图4.4）。这一情形与译员年龄分布基本一致。同时,所有人母语均为汉语。除58人（92.06%）使用英语作为第一外语进行口译工作外,其余5人分别使用俄语、泰语、意大利语、日语与法语作为第一外语。

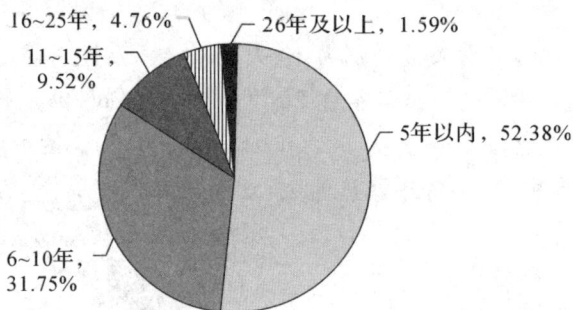

图4.4 译员样本口译工作经历情况分布

2.问卷 Q1 量表题项分析:译员最重视口译服务特质

由表4.20得知,除"其他身体动作（$M=2.7656,SD=1.0038$）"外,Q1量表其他题项参数平均数（M值）均在3.2500以上。其中,"逻辑连贯（$M=4.7344,SD=0.7610$）""意义与原文一致（$M=4.5625,SD=0.8522$）""完整性（$M=4.3906,SD=0.9018$）""表达流畅（$M=4.3906,SD=0.9018$）""术语正确（$M=4.2188,SD=0.8814$）"5项分数 M 值均达到4.2188以上,在5分李克特量表中介于"重要"到"非常重要"之间。可见,译员在提供口译服务的过程中对这5项的重视度最高。

表 4.20 译员提供会议交传口译服务中最注重特质分布

问卷 Q1 量表题项	平均数 （M）	标准差 （SD）	重要性排序 （按均值由大到小）
a. 地道发音	3.5625	0.9063	8
b. 声音悦耳	3.2500	0.9759	12
c. 表达流畅	4.3906	0.9018	4
d. 逻辑连贯	4.7344	0.7610	1
e. 眼神接触	3.2500	1.0235	11
f. 语法正确	3.8281	0.8647	7
g. 术语正确	4.2188	0.8814	5
h. 完整性	4.3906	0.9018	3
i. 意义与原文一致	4.5625	0.8522	2
j. 与听众及讲者沟通	3.9375	0.9739	6
k. 语速合适	3.5313	0.8723	9
l. 其他身体动作	2.7656	1.0038	13
m. 着装得体	3.4375	1.0370	10

3. 译员口译评估频率及评估方考量

在参与调查的 63 名译员中，约 41% 在完成会议交传任务后会进行频率为"每次"或"很多"的口译服务评估。反之，过半译员（58% 以上）的评估频率为"有时""很少"或"从不"。在口译服务评估方考量方面，按重要性排序，译员最重视来自直接用户（"讲者及听众"）的评估（60.32% 的译员认为该项"最重要"）。其次，过半译员（53.97%）也认为来自雇主（如"翻译中介公司""会展公司""会议主办方"等直接雇用方）的口译服务评估"最重要"。同时，仅次于"雇主"评估，41.27% 的译员也选择了"自我评估"为"最重要"。除此之外，半数（50.79%）译员也认为来自"同行"的口译服务评估"比较重要"。

结合两者数据可知（见表 4.21），虽然大多数译员非常重视来自"直接用户"和"雇主"的评价，然而这两方的主动评价频率较少。因而，译员在提供口译服务过程中，主要靠"自我评估"和"同行评议"等自律方式来实现口译服务质量评估。

表 4. 21　译员口译服务评估频率及评估方考量

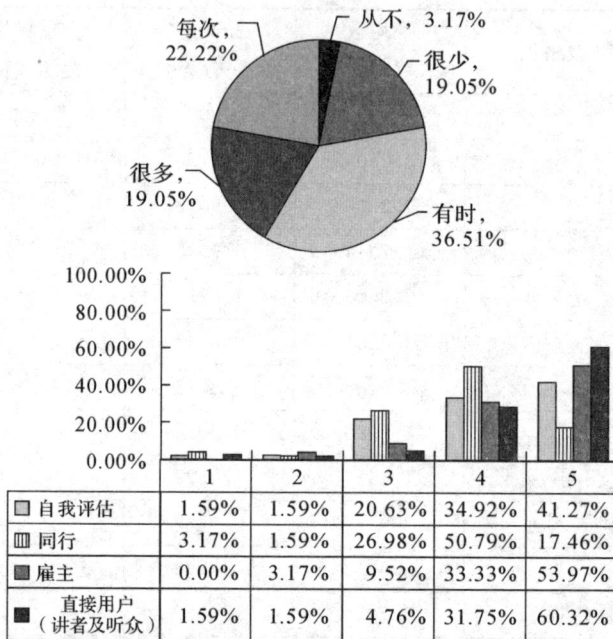

	1	2	3	4	5
自我评估	1.59%	1.59%	20.63%	34.92%	41.27%
同行	3.17%	1.59%	26.98%	50.79%	17.46%
雇主	0.00%	3.17%	9.52%	33.33%	53.97%
直接用户（讲者及听众）	1.59%	1.59%	4.76%	31.75%	60.32%

4. 问卷 Q4 量表题项分析：译员自我评估最重视口译质量参数

由表 4.22 可见，译员在会议交替传译口译服务自我评估时，最为重视"准确度（$M=4.6563$，$SD=0.6951$）""有效沟通（$M=4.5000$，$SD=0.8357$）""忠实度（$M=4.4375$，$SD=0.7741$）""译语表达（$M=4.2500$，$SD=0.8165$）"4 项，其分数 M 值均达到 4.2500 以上，在 5 分李克特量表中介于"重要"到"非常重要"之间。

表 4. 22　译员口译服务自我评估质量参数考量

问卷 Q4 量表题项	平均数（M）	标准差（SD）	重要性排序（按均值由大到小）
a. 准确度	4.6563	0.6951	1
b. 忠实度	4.4375	0.7741	3
c. 译语表达	4.2500	0.8165	4
d. 语言使用	3.9844	0.8636	6
e. 中立性	3.5469	0.8532	10
f. 有效沟通	4.5000	0.8357	2

问卷 Q4 量表题项	平均数 （M）	标准差 （SD）	重要性排序 （按均值由大到小）
g. 口译技巧	3.6875	0.9574	8
h. 仪态举止	3.5781	0.9395	9
i. 与直接用户沟通（包括讲者及听众）	3.9844	0.8636	5
j. 与雇主沟通（包括会议主办方等）	3.9375	0.8706	7

5. 问卷 Q1 量表与 Q4 量表题项结果相互验证：译员口译期待产品参数

对比表 4.21 及表 4.22 中译员对于 Q1 及 Q4 量表相关题项的选择，可见问卷结果呈现相互印证、数据较一致的结果。两个量表中，M 值均达到 4 以上，在 5 分李克特量表中介于"重要"到"非常重要"之间的选项中，大多为"准确度、完整度、忠实度""逻辑连贯、有效沟通、表达流畅"等项。仅次于此，译员们也非常重视与直接用户（即讲者和听众）的沟通。除此之外，"地道发言""声音悦耳""眼神接触""仪态举止"等这些外在显性参数的 M 值均为 3.2500 至 3.5600（"其他身体动作"M 值仅为 2.7656），重要性更接近"一般"。可见，63 名译员的口译期待产品参数更关注口译产品"交际效果"与"信息准确完整性"类的参数（见表 4.23）。

表 4.23　译员口译服务期待产品问卷 Q1 及 Q4 量表参数对比验证

问卷 Q1 量表		问卷 Q4 量表		备注
排序	题项（M 值）	排序	题项（M 值）	
1	逻辑连贯 （M=4.7344）	1	准确度 （M=4.6563）	
2	意义与原文一致 （M=4.5625）	2	有效沟通 （M=4.5000）	
3	完整性 （M=4.3906）	3	忠实度 （M=4.4375）	M 值 4 以上，等级为 "重要"到"非常重要"
4	表达流畅 （M=4.3906）	4	译语表达 （M=4.2500）	
5	术语正确 （M=4.2188）			

续表

问卷 Q1 量表		问卷 Q4 量表		备注
排序	题项(M值)	排序	题项(M值)	
6	与听众及讲者沟通 (M=3.9375)	5	与直接用户沟通 (M=3.9844)	
7	语法正确 (M=3.8281)	6	语言使用 (M=3.9844)	
8	地道发音 (M=3.5625)	7	与雇主沟通 (M=3.9375)	
9	语速合适 (M=3.5313)	8	口译技巧 (M=3.6875)	M 值 3 以上,等级为 "一般"到"重要"
10	着装得体 (M=3.4375)	9	仪态举止 (M=3.5781)	
11	眼神接触 (M=3.2500)	10	中立性 (M=3.5469)	
12	声音悦耳 (M=3.2500)			
13	其他身体动作 (M=2.7656)	—	—	M 值 2 以上,等级为 "不重要"到"一般"

4.3.3.4 统计数据分析及讨论

在本节中,笔者尝试探讨译员会议交替传译口译期待产品参数是否会因性别、年龄、口译经历(年限)、工作性质等原因而有所差异。然而,由于译员数据样本量比较少(63 人),笔者按照年龄、年限、工作性质等类别细分之后,发现除性别、年龄 2 项类别外,其他细项的人数都过少,无统计意义。因此,只针对性别,年龄做了差异性分析。

通过 SPSS 17.0 中 T 检验的方法,笔者分别比较不同性别、不同年龄的译员对口译产品的期待参数,得出 t 值和 p 值($Sig.$)。当 p 值小于 0.05 时,表示在 95% 置信水平下有显著差异;当 p 值小于 0.1,表示在 90% 置信水平下有显著差异。

经统计比较,笔者发现,在问卷 Q1 和 Q4 量表共 23 项参数中,译员年龄变量并未产生任何统计学显著差异。因此可以推断,年龄差异不会对译员口译期待产品参数带来影响(由于译员年龄变量统计数据较多,此处未列出原始 T 检验图表)。

如表 4.24 所示,性别变量方面,在问卷 Q1 和 Q4 量表共有 7 项结果出现显著差异(由于译员性别变量统计数据较多,此处仅列出存在显著差异的统计结果)。在存在显著差异的 7 项中,男性译员在各项中的平均数都大于女性译员,特别是在"意义与原文一致($p=0.050$)""表达流畅($p=0.042$)""地道发音($p=0.044$)"3 项参数中,男性译员的期待显著高于女性译员。同时,其他 4 项参数 p 值均在 0.057 至 0.900 之间,表示在 90% 置信水平下,不同性别译员对于相应参数的期待存在显著差异。

表 4.24　译员口译服务期待产品问卷 **Q1** 及 **Q4** 量表参数性别差异性分析

问卷 Q1 量表题项	性别	人数	平均数 (M)	t 值	p 值	备注
b. 意义与原文一致	男	19	3.6111	2.024	0.050	95%
	女	44	3.1087			
d. 表达流畅	男	19	4.9444	2.081	0.042	95%
	女	44	4.6522			
f. 与听众及讲者沟通	男	19	4.1111	1.889	0.066	90%
	女	44	3.7174			
h. 地道发音	男	19	4.6667	2.054	0.044	95%
	女	44	4.2826			
i. 语速合适	男	19	4.7778	1.723	0.090	90%
	女	44	4.4783			
问卷 Q4 量表题项	性别	人数	平均数 (M)	t 值	p 值	备注
b. 有效沟通	男	19	4.6111	1.689	0.090	90%
	女	44	4.3696			
d. 译语表达	男	19	4.1667	1.942	0.057	90%
	女	44	3.9130			

4.4 译员期待会议口译产品参数及权重

通过 4.3 中焦点小组访谈、反省式有声思维及问卷调查的三方验证，可以得知，本章 4.2 一节所提出的参数假设在一定程度上得到证实，并通过问卷各项数据统计得以细分量化。

基于此，合并 4.2 及 4.3 中各项参数内容重合的项目，去掉三方验证中重要性均较低的项目，可以推断译员心目中期待的会议交传口译产品主要参数为 15 项。同时，根据 15 项参数特征及内涵，笔者尝试将其进一步归纳，共分"交际""内容""形式"3 个品质构面（见表 4.25）。各品质构面内参数排序参考 4.3 中三方验证结果，平均数参考 4.3.3 问卷调查统计结果。

考量问卷调查数据中各具体参数的平均数（M_{iPn}），笔者尝试计算每一构面中的具体参数权重，即单一参数在所属品质构面平均数总和（S_{iDn}）中的比重（W_{iPn}）。因此，提出以下计算公式：

$$W_{iPn} = \frac{M_{iPn}}{S_{iDn}} \times 100\%$$

以"交际"构面的"逻辑连贯"参数为例，其权重（W_{iP1}）可以计算为：

$$逻辑连贯权重（W_{i1}）= \frac{P_{i1}平均数（M_{iP1}）}{交际构面各项平均数总和（S_{iDcm}）^*} \times 100\%$$

* 交际构面各项平均数总和（S_{iDcm}）= 逻辑连贯平均数（M_{iP1}）+ 有效沟通平均数（M_{iP2}）+ 与直接用户沟通平均数（M_{iP3}）+ 中立性平均数（M_{iP4}）

依表 4.25，已知 $M_{iP1} = 4.7344, M_{iP2} = 4.5000, M_{iP3} = 3.9844, M_{iP4} = 3.5469$，因此：

$$W_{i1} = \frac{4.7344}{4.7344 + 4.5000 + 3.9844 + 3.5469} \times 100\%$$

$$= \frac{4.7344}{16.7657} \times 100\% = 28.24\%$$

经由上述公式，可以求得"逻辑连贯"权重（W_{i1}）为 28.24%。同理，可以得到各构面（D_{in}）中每一参数（P_{in}）的权重（见表 4.25）。

表 4.25 译员会议交替传译服务期待产品参数及其在各构面中的权重

品质构面 （D_{in}）	具体参数（P_{in}）	平均数（M_{iPn}）	参数权重（W_{iPn}）
交际 （D_{iCM}）	1. 逻辑连贯（P_{i1}）	4.7344	28.24%
	2. 有效沟通（P_{i2}）	4.5000	26.84%
	3. 与直接用户沟通（P_{i3}）	3.9844	23.77%
	4. 中立性（P_{i4}）	3.5469	21.16%
	$D_{CM}=28.24\% \ P_{i1}+26.84\% P_{i2}+23.77\% P_{i3}+21.16\% P_{i4}$		
内容 （D_{iCN}）	5. 忠实度（P_{i5}）	4.4375	20.61%
	6. 准确度（P_{i6}）	4.6563	21.63%
	7. 完整性（P_{i7}）	4.3906	20.39%
	8. 术语正确（P_{i8}）	4.2188	19.59%
	9. 语法正确（P_{i9}）	3.8281	17.78%
	$D_{CN}=20.61\% \ P_{i5}+21.63\% P_{i6}+20.39\% P_{i7}+19.59\% P_{i8}+$ $17.78\% P_{i9}$		
形式 （D_{iFM}）	10. 表达流畅（P_{i10}）	4.3906	20.36%
	11. 仪态举止（P_{i11}）	3.5781	16.60%
	12. 地道发音（P_{i12}）	3.5625	16.52%
	13. 语速合适（P_{i13}）	3.5313	16.38%
	14. 眼神接触（P_{i14}）	3.2500	15.07%
	15. 声音悦耳（P_{i15}）	3.2500	15.07%
	$D_{FM}=20.36\% \ P_{i10}+16.60\% P_{i11}+16.52\% P_{i12}+16.38\% P_{i13}+$ $15.07\% P_{i14}+15.07\% P_{i15}$		

　　为进一步探究译员会议交替传译服务期待产品参数，笔者通过计算各构面中具体参数项原始数据的总和，求得各品质构面的平均数（M_{iDn}）。然后，计算每一品质构面在译员会议交替传译服务期待产品（S_{iDn}）中所占比重（W_{iDn}）。同理，考量问卷调查数据中各构面平均数（M_{iDn}），计算每一构面中的在全体品质构面平均数总和（S_{iDn}）中的比重（W_{iDn}）。因此，提出以下计算公式：

$$W_{iDn} = \frac{M_{iDn}}{S_{iDn}} \times 100\%$$

举例,"交际"构面的权重(W_{iCM})可以计算为:

$$W_{iCM} = \frac{4.1914}{4.1914 + 4.3063 + 3.6432} \times 100\%$$

$$= \frac{4.1914}{12.1409} \times 100\% = 34.52\%$$

经由上述公式,可以求得"交际"构面的权重(W_{i1})为 34.52%。同理,可以得到每一构面(D_{in})在译员会议交替传译服务期待产品中所占权重(见表 4.26)。

表 4.26 译员会议交替传译服务期待产品参数构面及权重

品质构面 (D_i)	平均数(M_{iDn})	排序 (按均值由大到小)	构面权重(W_{iDn})
交际(D_{iCM})	4.1914	2	34.52%
内容(D_{iCT})	4.3063	1	35.47%
形式(D_{iFM})	3.6432	3	29.35%

基于上述计算结果,可知译员会议交替传译服务的期待产品(E_i)中,内容(D_{iCT})构面最为重要(约占 36%权重),交际构面(D_{iCM})为其次(约占 35%权重),最后为形式层面(D_{iFM},约占 29%权重)。因此,译员会议交替传译服务的期待产品(E_i)可表达为:

$$E_i = 36\% \ D_{iCT} + 35\% \ D_{iCM} + 29\% D_{iFM}$$

至此,笔者回答了研究问题 1"会议交替传译职业译员期待产品包含哪些具体参数?"并尝试予以量化。

4.5 本章小结

在本章中,笔者在梳理 3 个文献来源(行业规范性文件、口译资格认证考试及翻译院校毕业考试)中所涉及的相关会议口译质量文献内容的基础上,找出三方均认可的口译质量参数集并提出会议交传职业译员心目中期待的会议口译产品质量参数假设。

在验证这一参数假设的过程中,笔者采用了焦点小组访谈、反省式有声思维口译实验及译员问卷调查的方式,展开三方验证。首先,通过与某跨国企业 A 集团的翻译中心 12 名会议口译译员两小时的焦点小组访谈,笔者初步了解并验证了参数假设内容符合译员心目中期待的口译质量参数。其次,针对 A 集团的翻译中心部分译员及其他 9 名职业译员展开反省式有声思维口译实验,进一步验证并探讨了译员心目中期待的口译质量参数,重点证实译员心目中的期待口译产品与实际口译表现存在差异。最后,为了进一步了解并描述译员期待口译产品的参数,笔者采用所提出并经过焦点小组访谈及反省式有声思维口译实验验证的会议交传职业译员心目中期待的会议口译产品质量参数集,展开问卷调查,调查对象包含上述参与焦点小组访谈的 16 名 A 集团翻译中心口译团队成员、参与反省式有声思维口译实验的 9 名职业译员和其他 70 名职业译员。

在此基础上,笔者描述了会议交传译员心目中期待的会议口译产品质量参数,归纳了各项参数所属品质构面,分别量化了每一参数及其所属构面的权重,并验证了译员心目中期待的口译产品与实际口译产品存在差异。

如此,则回答了研究问题 1"会议交替传译职业译员期待产品包含哪些具体参数?"并为研究问题 3"会议交替传译职业译员及用户的期待产品参数是否存在差异?"奠定了研究基础。

第 5 章　用户期待的会议口译产品

在本章中,笔者在前人研究基础上,梳理出当前国内外学界所提出的口译产品用户期待参数。从口译作为一种专业服务产品的视角出发,借鉴管理学中的 PZB 模型,将 SERVQUAL 量表应用于口译服务产品质量评估,提出口译服务产品的品质构面,并尝试测量用户期待的口译产品质量参数及其权重,以描述用户心目中期待的会议口译产品质量参数。

5.1　用户期待的口译产品

口译期待产品,作为"口译产品整体概念"(详见 2.1.2)的第 3 个层次,具有译员及用户两个维度。从用户的视角看,其期待的口译产品意味着用户对口译产品的质量或效果等方面的预期,是用户在使用口译服务时进行品质判断的基础,与用户满意度的关系最为密切。

如蔡特哈姆尔、伦纳德和贝里(Zeithaml, Leonard & Berry,1993)所谈,"用户期待"通常包含多重含义,比如"期待的服务(expected service)""想要的服务(desirable service)""能满足基本要求的服务(adequate service)""预期的服务(predicted service)";或"可能达到的服务水平(can be)""应当达到的服务水平(should be)""将要达到的服务水平(will be)"等层面。

在管理学的相关研究文献中,研究者大多将"用户期待"定义为用户基于先前服务经历所设定的对于服务品质的预期。基于以上观点,笔者认为,口译用户对于口译服务的期待是其在接受服务之前所预设的价值标准,并且用户在接受服务的过程中不断将其与所感知的服务状况进行衡量比较。

作为专业服务产品的一种,口译服务产品本身具有无形性的特征。因此,用户要明确感受、评估并量化服务的品质非常困难。通常情况下,用户往往会基于先前同类服务产品的使用经验,以往针对该类服务产品的相关沟通或社会口碑所得的印象,形成自己对于服务产品的期待。对于口译用户来说,口译服务产品期待主要来自其过往经验、个人需求、对于口译服务的认知了解、与译员的沟通等方面,在某种程度上体现了用户心目中的口译服务品质构面。借鉴管理学中对于服务品质构面的研究成果,一般来说,服务品质构面包括"有形性(tangibles)""可靠性(reliability)""响应性(responsiveness)""保证性(assurance)""关怀性(empathy)"5个方面(Parasuraman, Zeithaml & Berry,1988)。

在此基础上,为收集用户期待参数,笔者以前人研究中针对口译用户的问卷调查结果作为起点,梳理适用于口译服务的品质构面具体内涵,并尝试借鉴管理学中关于用户期待的相关研究成果考察口译用户的期待参数。

5.2 用户期待口译产品参数来源

5.2.1 用户期待相关口译研究涉及参数

正如库尔兹(Kurz,2001)所谈,口译服务产品的"品质始于用户需求,止于用户感受"(Quality must begin with customer needs and end with customer perception)。回顾口译质量研究的相关文献,不难发现,有许多研究者以实证研究的方式,考察了会议口译中听众(部分研究包括发言人)对于口译服务的期待与感知(Kurz,1989,1993a,1993b,2001,2003; Gile, 1990; Meak, 1990; Marrone, 1993; Vuorikoski, 1993, 1998; Kopczynski,1994;Mack & Cattaruzza,1995;Moser,1996;汝明丽,1996;何慧玲,2002;张威,2008,2011;Christensen,2011)。

这些研究多以问卷调查(部分辅以跟踪访问或个人访谈)的形式展开,所涉及的听众所在行业族群包含医疗卫生、商业管理、科研机构、政治机构(如欧盟、联合国、各国政府)等,涉及语言包含英语、西班牙语、德语、意大利语、日语、波兰语等(详见表5.1)。其中,以莫泽(Moser,1996)调查中涉及的研究对象最广,在国际会议口译员协会(AIIC)的项目支持下,研究中共有 94 名 AIIC 译员在 84 场国际会议(分为大型技术会议、小型技术会议、大型一般会议及小型一般会议 4 类)中展开了 201 项标准化个人访谈(包含调查问卷内容、开放式问题及其他具体问题)。

表 5.1　用户期待相关口译研究涉及方法及参数

作者及年份	研究对象	研究方法	考察参数
Kurz(1989,1993a, 1993b,1994,1996, 2001)	听众(医学会议、质量控制会议、欧洲议会,分别展开调查)	问卷调查 (4 分量表)	Bühler(1986)前 8 项
Gile(1990)	听众(医学会议)	问卷调查 (5 分量表,开放式问题考察听众反应)	总体质量、译语质量、术语使用、准确性、声音质量、表达
Meak(1990)	听众(曾使用过国际会议口译服务的不同科室医生)	问卷调查 (1 道选择题＋7 个开放式问题)	听众最困扰的项目、术语使用、译员角色等
Ng(1992)	听众(日语母语)	开放问题 个人访谈 (1 周后)	整体印象、译员具体表现评价、敬语使用等
Marrone(1993)	听众(交传会议)	问卷调查 (量表)	信息完整度、语体、术语使用、语音、表达及听众困扰项
Vuorikoski(1993, 1998)	听众(5 场研讨会)	问卷调查 (重要性排序) 电话跟踪访谈	信息完整、连贯、表达流畅、准确度、术语使用、讲话节奏
Kopczynski(1994)	讲者及听众(曾参与过国际会议或国际谈判的 3 种行业人员)	问卷调查	语言层面评价参数,如内容准确、术语使用、语法、语体、流畅度等;译员角色
Mack & Cattaruzza (1995)	听众(5 场会议)	问卷调查 (量表) 电话跟踪访谈	译员表现整体评价、术语使用、完整性、准确度、流畅等
Moser(1996)	讲者及听众(84 场国际会议)	标准化个人访谈(包含调查问卷内容、开放式问题及其他具体问题)	内容和形式方面的评估:忠实度、完整性、术语使用、声音悦耳等;听众困扰项选择、设备评价等

续表

作者及年份	研究对象	研究方法	考察参数
汝明丽(1996)	听众(工程、商业、宗教)及译员	问卷调查	发音、流畅度、一致性、速度适中、忠实度、专业语汇、悦耳声音
Andres(2000)，引自 Kurz(2001)	听众(包含潜在用户)	—	完整性、术语使用、表达清晰、语体、声音悦耳、仪态、语法等
何慧玲(2002)	雇主、听众、讲者及译员	问卷调查	流畅度、正确度、完整度、逻辑连贯、专业术语、准备程度、说话速度、音色等
张凤兰(2009)	听众(学生)	问卷调查(7 分量表)	译员发音咬字对听众的影响
张威(2008,2009,2011)	听众(分别是 4、7、18 次国际研讨会的与会代表)	问卷调查(5 分量表)部分个人访谈	Bühler(1986)前 8 项
Christensen(2011)	听众、发言人及译员(法庭口译)	语料库分析 问卷调查(开放式问题＋5 分量表) 现场观察法 文献分析	除语言、形式类参数外，根据法庭口译相关语料库及当地法庭口译行为准则设立译员角色等相关参数

值得一提的是，这些相关问卷的内容大多援引或修改自比勒（Bühler，1986）针对国际会议口译员协会（AIIC）及 AIIC 会员准入及语言分类（CACL）成员的调查中的 16 项参数中的前 8 项，即"native accent（地道发音）""pleasant voice（声音悦耳）""fluency of delivery（译语流畅）""logical cohesion of utterance（表达逻辑连贯）""sense consistency with original message（意义与原文一致）""completeness of interpretation（完整性）""correct grammatical usage（语法使用正确）""use of correct terminology（术语使用正确）"。除此之外，还包含"speed of delivery（语速）""clarity（清晰度）""pronunciation and intonation（语音语调）""faithfulness（忠实性）""gestures（身体动作）""style（语体）""rhetorical skills（修辞技巧）""self-correction（自我更正）"等其他参数。

虽然上述研究均在不同方面针对不同群体归纳出口译品质的用户期待，却不可避免地存在参数重叠、缺乏可比性等问题。同时，需要指出的是,上述研究中的参数来源,除克里斯滕森(Christensen,2011)的法庭口译用户期待调查外,大多来自译员对于口译产品的期待。因此,研究中所涉及的参数多关注内容及形式两个层面,较少从用户视角或服务提供方视角收集并建立参数内容。

在统计方法上,除张威(2008,2009,2011)外,其他学者均采用百分比的形式进行分析比较。然而,百分比数据仅适用于参与调查的受试人群内描述,一方面较为缺乏统计学意义,另一方面缺乏可复制性。因此,其数据结论缺乏适用性及预测性。

基于此,笔者尝试梳理上述研究中所提参数,并根据其在原研究中的定义合并同类项,按照其在前人研究中的出现频率,选取最为常见的口译用户期待参数列举如下,并尝试借鉴管理学量表(详见 5.2.2)及统计学分析方法展开探讨。

- 信息完整性(completeness,faithfulness)
- 表达流畅(fluency,pleasant delivery,speech rhythm)
- 术语正确(correct terminology)
- 发音地道(native accent,pronunciation)
- 声音悦耳(pleasant voice,quality of voice)
- 语法正确(correct usage of grammar)
- 译文逻辑连贯(logical cohesion)
- 语速合适(speed of delivery)
- 意义与原文一致(sense consistency with original message)
- 译文能够抓住重点(focusing on essentials)
- 自我更正(self-correction)
- 仪态举止得体(gesture)

5.2.2 SERVQUAL 量表应用于口译服务用户期待参数

如 2.1.1 所谈,口译服务产品,有别于实体产品。如施麦纳(Schmenner,1986)指出,服务业虽然包含的范围广泛,其所面临的管理问题却有共通性。因此,借鉴管理学服务管理的相关概念,有必要将口译服务在服务行业中进行定位。根据施麦纳(Schmenner,1986),可依服务过程中的"劳力密集程度"(Degree of Labor Intensity)及"顾客互动程度"

(Customer Contact and Service Customization)进行矩阵区分(见表5.2)。其中,劳力密集程度是指"劳动力成本与厂房资本的比率"(劳力密集程度＝劳动力成本/厂房资本),顾客互动程度是指顾客在服务的过程中的影响程度高低。

表 5.2　服务过程分类矩阵(Schmenner,1986)

		顾客互动程度	
		低	高
劳力密集程度	低	服务工厂 • 航空 • 货运 • 酒店 • 度假村和娱乐业	服务工坊 • 医院 • 汽车维修店 • 其他维修店
	高	大众服务 • 零售业 • 批发业 • 学校 • 商业银行零售服务	专业服务 • 医生 • 律师 • 会计师 • 建筑师

表中各项目具有以下特性:

"服务工厂"(service factory)属于劳力密集程度相对低、顾客互动程度相对低的类别,如航空公司、货运服务、酒店、度假村等在厂房设备等方面投资需求较大,提供标准化服务的行业。

"服务工坊"(service shop),又称"服务商店",属于劳力密集程度相对低、顾客互动程度相对高的类别,如医院、汽车维修店等需要顾客亲身参与服务的行业。

"大众服务"(mass service),属于劳力密集程度相对高、顾客互动程度相对低的类别,如零售业、批发业、学校等这些对设备投资要求相对少,需要大量人力,并提供标准化服务的行业。

"专业服务"(professional service),属于劳力密集程度相对高、顾客互动程度相对高的类别,如律师事务所、会计师事务所、医疗诊所等这些需要投入大量人力且顾客互动程度较高的行业。

根据以上的定义及分类,回顾 2.1.1 中所述可见,口译服务的提供过程中通常为译员(同声传译还包括相关设备)全程工作,对于厂房设备投资的要求较少,因此劳力密集程度较高;同时,需要用户直接参与口译服务过程,比如在交替传译中发言人与译员、听众之间通过多方沟通实现信息传递,因此与用户互动程度较高。基于上述原因,笔者认为,口译服务属于"服务过程分类矩阵"中的"专业服务"领域,其领域特点主要为:服务本身具有较高重要性、要求具备相关专业知识及技能、无法轻易由外行人进行质量评判、"他人举荐"在顾客选择供应商方面起到重要作用等(Thakor & Kuma,2000)。

在以上分类及定位的基础上可以得知,口译服务作为劳力密集程度较高、用户互动程度较高的专业服务,需通过用户与译员之间彼此互动以完成口译服务传递,而在这些过程当中所产生的相关事件,均可作为用户评价整个服务品质的依据。因此,可以进一步借鉴管理学中"服务接触"研究的相关概念(Parasuraman, Zeithaml & Berry,1985),以考察口译服务品质的构面。

1985年,帕拉苏拉姆、蔡特哈姆尔和贝里(Parasuraman, Zeithaml & Berry,1985)在服务产品有别于实体产品的"无形性""异质性""不可分割性"等特征的情况下,提出服务品质在从业人员传递给顾客的过程中存在认知差距,并建构了服务品质缺口模式,即 PZB 模型(见图 2.6)。在此基础上,他们通过深度访谈、焦点小组访谈等方式收集数据,以期寻找服务品质的决定要素(determinants of perceived service quality)。他们因而以银行、证券、信用卡公司、产品维修 4 种服务行业为研究对象,收集影响服务品质的主要因素,提出了服务品质的 10 个构面(可靠性、反应性、胜任性、接近性、礼貌、沟通性、信用性、安全性、了解客户及有形性)以及 97 项问题。1988 年,他们进一步以电器维修、银行、电话公司、证券、信用卡公司 5 种服务行业为研究对象展开数据收集,筛选并修正原有 10 个构面为5 个 构 面,即" 有 形 性(tangibles)、可 靠 性(reliability)、响 应 性(responsiveness)、保证性(assurance)和关怀性(empathy,又称移情性)";同时相应缩减至 22 项问题,用以衡量服务品质,称之为 SERVQUAL量表。

(1)有形性:代表实体设施、设备及服务提供方的外貌仪态等。除了服务提供方所营造的外部形象,这一构面也涉及服务提供过程中其他顾客所产生的影响。

　　(2)可靠性:代表遵守承诺可靠并正确地执行服务的能力。这一构面意味着顾客希望每一次服务均能准时、准确、一致。

　　(3)响应性:代表随时协助顾客,提供及时服务的意愿。在服务失败发生时,这一构面也意味着顾客期待服务提供方迅速更正且恢复服务,并通过合理沟通正确处理潜在的不满意经验。

　　(4)保证性:代表服务提供方的知识、礼貌及传达信任与信心的能力。这一构面中,顾客期待服务提供方能够从顾客最佳利益出发,及时考量。

　　(5)关怀性:关心顾客,提供个性化服务。这一构面中,顾客期待服务提供方最大程度了解个性化的服务需求。

　　根据以上 SERVQUAL 量表中涉及的服务品质衡量标准,顾客通常从上述 5 个构面比较期待的服务与实际感知的服务的差距来判断服务品质。值得注意的是,在上述 5 个构面中,除"可靠性"直接涉及服务结果外,其他 4 项均涉及服务过程。因此,可以得知,服务过程与服务结果同样重要,且服务过程是服务品质考量的关键。

　　目前,SERVQUAL 量表已应用于教育、医疗、酒店等多种服务行业的品质评估(Wong et al.,1999;Markovic, S.,2006;Soares et al.,2017;李雪等,2021),用于观察并追踪某一服务产品的品质特性及变化趋向,发现不良构面,从而尝试修正负面认知来源。

5.3　用户期待口译服务产品参数假设

　　鉴于上文论证,口译服务属于"服务过程分类矩阵"中的"专业服务"领域,适用于管理学中"服务接触"领域相关质量评估范畴。因此,笔者尝试将 SERVQUAL 量表引入口译服务质量评估领域。根据服务产品质量的 5 个构面及 5.2.1 中选取的最为常见的口译用户期待参数,对 SERVQUAL 量表中的 22 项问题及参数做出调整,提出用于会议口译用户的期待参数考察的以下几个方面。

　　1.有形性

　　有形性包括实体设施、设备以及服务人员的外貌仪态等。除了服务提供方所营造的外部形象,这一构面也涉及服务提供过程中其他顾客所产生的影响。在量表中,此构面的组成项目有:(一)有现代化的服务设施;(二)服务设施具有吸引力;(三)员工有整洁的服装和外套;(四)公司的设施与所提供的服务相匹配。

在口译服务(特别是交替传译服务)的提供过程中,除麦克风等音响设施外,主要由译员通过口头翻译提供服务。因此,服务产品的有形性主要体现在译员的口译语言产出、外在形象等层面。参考这一构面中的内容并结合 5.2.1 的收集项,设置具体细项为:(1)发音地道;(2)语速合适;(3)声音悦耳;(4)表达流畅;(5)着装得体;(6)仪态举止得体;(7)为用户提供口译服务介绍手册或资料。

2. 可靠性

可靠性代表服务提供方遵守承诺可靠并正确地执行服务的能力。这一构面意味着顾客希望每一次服务均能准时、准确、一致。在量表中,此构面的组成项目有:(五)公司向顾客承诺的事情都能及时完成;(六)顾客遇到困难时,能表现出关心并帮助;(七)公司是可靠的;(八)能准时地提供所承诺的服务;(九)正确记录相关的记录。

根据口译服务特征,参考这一构面中的内容并结合 5.2.1 的收集项,设置具体细项为:(8)译员能够准时到达会议现场;(9)口译过程中术语使用正确;(10)译文语法正确;(11)译文信息完整性;(12)译文意义与原文一致。

3. 响应性

响应性指帮助顾客并迅速提高服务水平的意愿。这一构面也意味着顾客期待服务提供方在服务失败发生时能够迅速恢复服务,并通过合理沟通正确处理潜在的不满意经验。其组成项目有:(十)告诉顾客提供服务的准时时间;(十一)提供及时的服务;(十二)员工总是愿意帮助顾客;(十三)立即提供服务,满足顾客的需求。

口译服务,作为一种即时口头语言服务,符合响应性的特征。因此,结合 5.2.1 的收集项,设置具体细项为:(13)出现失误时译员能够及时自我更正;(14)译员主动与用户沟通(例如告知用户提供口译服务的时间和方式);(15)译员能够提供及时的口译服务(例如发言人讲话完毕后即时开始口译);(16)译员愿意适时帮助用户(例如存在文化沟通障碍时进行适当的解释)。

4. 保证性

保证性代表服务提供方的知识、礼貌和传达信任与信心的能力。在这一构面中,顾客期待服务提供方能够从顾客最佳利益出发,及时考量。其组成项目有:(十四)员工是值得信赖的;(十五)在从事交易时,顾客会感到放心;(十六)员工是礼貌的;(十七)员工可以从公司得到适当的支持,以提供更好的服务。

在口译服务领域,参考这一构面中的内容并结合 5.2.1 的收集项,设置具体细项为:(17)译员态度礼貌友好;(18)译员背景知识丰富;(19)口译过程中有眼神接触;(20)译文逻辑连贯;(21)译员能够从雇主处得到适当的支持以提供更好的服务(例如提前给予会议材料等);(22)译员值得信赖。

5. 关怀性

关怀性指关心顾客并为其提供个性化服务。在这一构面中,顾客期待服务提供方最大限度地了解个性化的服务需求。其组成项目有:(十八)公司针对顾客提供个别的服务;(十九)员工给予顾客个别的关心;(二十)员工了解顾客的需求;(二十一)优先考虑顾客的利益;(二十二)公司提供的服务时间符合所有顾客的需求。

口译服务,作为劳力密集程度相对高、顾客互动程度相对高的专业服务领域,同样需要考量"关怀性"特征。因此,参考这一构面中的内容并结合 5.2.1 的收集项,设置具体细项为:(23)译员优先考虑用户的利益;(24)译员了解用户的需求;(25)译员能够抓住重点;(26)译员能够保持中立性;(27)译员需要针对个别用户需求相应调整口译服务方式(见表 5.3)。

表 5.3　口译服务 SERVQUAL 量表用户期待产品说明

品质构面	问卷选项编码名称	操作定义
有形性	(1)发音地道 (2)语速合适 (3)声音悦耳 (4)表达流畅 (5)着装得体 (6)仪态举止得体 (7)为用户提供口译服务介绍手册或资料	有形性包括实体设施、设备以及服务人员的外貌仪态等。除了服务提供方所营造的外部形象,这一构面也涉及服务提供过程中其他顾客所产生的影响

续表

品质构面	问卷选项编码名称	操作定义
可靠性	(8)译员能够准时到达会议现场 (9)口译过程中术语使用正确 (10)译文语法正确 (11)译文信息完整性 (12)译文意义与原文一致	可靠性代表服务提供方遵守承诺可靠并正确地执行服务的能力。这一构面意味着顾客希望每一次服务均能准时、准确、一致
响应性	(13)出现失误时译员能够及时自我更正 (14)译员主动与用户沟通（例如告知用户提供口译服务的时间和方式） (15)译员能够提供及时的口译服务（例如发言人讲话完毕后即时开始口译） (16)译员愿意适时帮助用户（例如存在文化沟通障碍时进行适当的解释）	响应性指帮助顾客并迅速提高服务水平的意愿。这一构面也意味着顾客期待服务提供方在服务失败发生时能够迅速恢复服务，并通过合理沟通正确处理潜在的不满意经验
保证性	(17)译员态度礼貌友好 (18)译员背景知识丰富 (19)口译过程中有眼神接触 (20)译文逻辑连贯 (21)译员能够从雇主处得到适当的支持以提供更好的服务（例如提前给予会议材料等） (22)译员值得信赖	保证性代表服务提供方的知识、礼貌和传达信任与信心的能力。在这一构面中，顾客期待服务提供方能够从顾客最佳利益出发，及时考量
关怀性	(23)译员优先考虑用户的利益 (24)译员了解用户的需求 (25)译文能够抓住重点 (26)译文能够保持中立性 (27)译员需要针对个别用户需求相应调整口译服务方式	关怀性指关心顾客并为其提供个性化服务。在这一构面中，顾客期待服务提供方最大限度地了解个性化的服务需求

5.4　用户期待口译产品参数验证

5.4.1　调查问卷设计

　　基于以上考量，笔者借鉴管理学中的相关概念，尝试将 SERVQUAL 量表引入口译服务质量评估领域，同时借鉴 5.2.1 的收集项及莫泽

(Moser,1996)关于用户不满意项目的部分,进行相互验证。问卷内容设计包括两部分:第一部分为用户口译期待产品问卷及量表,第二部分为用户个人基本资料。

(1)用户口译期待产品问卷:内容分为 5.2.3 中提出的口译服务 SERVQUAL 量表项目及用户在使用口译服务过程中最无法忍受的口译产品特质。

(2)用户个人基本资料:性别、年龄、教育水平、工作性质、口译服务使用经历、口译服务使用情况和语言背景。

为了数据的可统计性及省却用户完成问卷的时间,笔者将所有 SERVQUAL 量表项目纳入同一题干下。问卷填写及计分方面,第一部分两个量表均采用 5 分李克特量表,即"非常不重要"1 分、"不重要"2 分、"一般"3 分、"重要"4 分、"非常重要"5 分。第二部分为用户信息,采用选择填空形式,不计分(见表 5.4)。

表 5.4　问卷调查内容概要(详见附录 6)

问题编号	问题内容	问题目的	备注
Q1	用户在使用口译服务过程中最注重的特质及重要性	调查及统计重点:译员期待产品参数	• 借鉴 SERVQUAL 量表 5 个构面及细项 • 与 Q2 相互验证
Q2	用户在使用口译服务过程中最无法忍受的现象		• 与 Q1 相互验证
Q3	除上述内容外,用户可以补充说明具体期待	为 Q1、Q2 提供补充信息	

5.4.2　问卷效度分析

由于笔者主客观人力、物力与时间原因,可直接联系的口译用户总数有限,未能进行问卷预试,因此问卷回收后,以 SPSS 17.0 进行项目分析、因素分析及信度分析。

• 项目分析

项目分析主要针对问卷两个主要量表(Q1、Q2)中的每一个题项进行分析,通过原始数据求出量表中题项的临界比率值(*CR* 值)来做出判断,目的是找出未达显著水准的题项并把它删除。当 *CR* 值大于 3,表示量表题项具有辨识度。

经过验证,本问卷中量表 Q1、Q2 中的所有项目系数皆为 3.0 以上,量表具有可靠效度(见表 5.5、表 5.6)。

表 5.5　问卷 Q1 量表项目检验结果

问卷 Q1 量表题项	CR 值	备注
(1)发音地道	5.249	保留
(2)语速合适	4.798	保留
(3)声音悦耳	5.231	保留
(4)表达流畅	4.899	保留
(5)着装得体	5.208	保留
(6)仪态举止得体	6.292	保留
(7)口译服务介绍手册或资料	7.276	保留
(8)准时到场	6.545	保留
(9)术语正确	3.781	保留
(10)语法正确	6.063	保留
(11)信息完整性	4.302	保留
(12)意义与原文一致	3.916	保留
(13)自我更正	4.915	保留
(14)与用户沟通	5.669	保留
(15)提供及时的口译服务	5.914	保留
(16)愿意帮助用户	5.281	保留
(17)译员态度礼貌友好	6.422	保留
(18)译员知识丰富	3.238	保留
(19)眼神接触	6.881	保留
(20)译文逻辑连贯	6.983	保留
(21)译员能够从雇主处得到适当的支持,以提供更好的服务	7.664	保留
(22)译员值得信赖	11.201	保留
(23)优先考虑用户的利益	8.042	保留

续表

问卷 Q1 量表题项	*CR* 值	备注
(24)译员了解用户的需求	6.067	保留
(25)译文能够抓住重点	6.951	保留
(26)译员具有中立性	2.725	保留
(27)能够针对个别用户需求相应调整口译服务方式	5.526	保留

表 5.6　问卷 Q2 量表项目检验结果

问卷 Q2 量表题项	*CR* 值	备注
(1)停顿、沉默	7.713	保留
(2)语调沉闷	8.244	保留
(3)犹豫不决	6.078	保留
(4)表达断续、不流畅	5.936	保留
(5)无眼神交流	7.863	保留
(6)句子不完整	9.316	保留
(7)术语错误	4.969	保留
(8)缺乏中立性	7.639	保留
(9)夸张语调	7.644	保留
(10)填充词(例如:呃、嗯、啊之类)	7.966	保留
(11)发音不地道	10.140	保留
(12)吐字不清	6.755	保留
(13)译文生硬,不自然	7.574	保留
(14)误译	4.370	保留

• 因素分析

因素分析,目的是在多变量系统中,把多个难以解释但彼此有关的变量,转化成少数有概念化意义而彼此独立性大的因素,从而分析多个因素的关系。本文中,首先采用 KMO(Kaiser-Meyer-Olkin Measure of Sampling Adequacy)统计值检验问卷量表 Q1 及 Q2 题项间是否适合进行因素分析,当 *KMO* 值统计结果在 0.8 以上,则为合适。据统计,本问卷中量表 Q1、Q2 中的所有项目 *KMO* 值皆为 0.8 以上,因此量表适合进行因素分析(见表 5.7、表 5.8)。

基于此,进一步分析各量表细项(见表 5.9、表 5.10),可见问卷量表 Q1 及 Q2 各题细项因素分析值分别为 0.969 至 0.912 及 0.968 至 0.812,成分矩阵数值接近,表示所有题项皆可保留。

表 5.7　问卷 Q1 量表各构面 *KMO* 统计值

KMO and Bartlett's Test		
问卷量表 1　品质构面	*KMO* 值	备注
有形性	0.900	适合
可靠性	0.878	适合
响应性	0.854	适合
保证性	0.894	适合
关怀性	0.862	适合

表 5.8　问卷 Q2 量表总题项 *KMO* 统计值

KMO and Bartlett's Test		
问卷量表 2　总题项	*KMO* 值	备注
	0.938	适合

表 5.9　问卷 Q1 量表成分矩阵

问卷 Q1 量表题项	因素分析	备注
(1)发音地道	0.944	保留
(2)语速合适	0.935	保留
(3)声音悦耳	0.968	保留
(4)表达流畅	0.932	保留
(5)着装得体	0.956	保留
(6)仪态举止得体	0.962	保留
(7)口译服务介绍手册或资料	0.926	保留
(8)准时到场	0.954	保留

续表

问卷 Q1 量表题项	因素分析	备注
(9)术语正确	0.947	保留
(10)语法正确	0.941	保留
(11)信息完整性	0.929	保留
(12)意义与原文一致	0.903	保留
(13)自我更正	0.931	保留
(14)与用户沟通	0.957	保留
(15)提供及时的口译服务	0.963	保留
(16)愿意帮助用户	0.969	保留
(17)译员态度礼貌友好	0.975	保留
(18)译员知识丰富	0.980	保留
(19)眼神接触	0.926	保留
(20)译文逻辑连贯	0.979	保留
(21)译员能够从雇主处得到适当的支持,以提供更好的服务	0.912	保留
(22)译员值得信赖	0.968	保留
(23)优先考虑用户的利益	0.964	保留
(24)译员了解用户的需求	0.948	保留
(25)译文能够抓住重点	0.923	保留
(26)译员具有中立性	0.964	保留
(27)能够针对个别用户需求相应调整口译服务方式	0.933	保留

表 5.10　问卷 Q2 量表成分矩阵

问卷 Q1 量表题项	因素分析	备注
(1)停顿、沉默	0.962	保留
(2)语调沉闷	0.968	保留
(3)犹豫不决	0.939	保留
(4)表达断续、不流畅	0.952	保留

续表

问卷 Q1 量表题项	因素分析	备注
(5)无眼神交流	0.945	保留
(6)句子不完整	0.964	保留
(7)术语错误	0.950	保留
(8)缺乏中立性	0.964	保留
(9)夸张语调	0.969	保留
(10)填充词(例如:呃、嗯、啊之类)	0.946	保留
(11)发音不地道	0.965	保留
(12)吐字不清	0.947	保留
(13)译文生硬,不自然	0.964	保留
(14)误译	0.812	保留

• 信度分析

信度分析,目的是对量表的可靠性与有效性进行检验。量表的信度愈高,代表量表愈稳定。也就表示受试者在不同时间测量得分的一致性,因而又称"稳定系数"。量表的信度系数 α 如果在 0.9 以上,表示量表的信度甚佳。如在 0.6 以下,则量表需重新编制。本研究中,问卷 Q1、Q2 量表经检验信度系数 α 皆高于 0.9,表示量表具有高度可靠性(见表 5.11)。

表 5.11 问卷 Q1、Q2 量表信度系数 α 结果

信度统计(Reliability Statistics)			
问卷项目		Cronbach's Alpha	N of Items
Q1 量表	有形性	0.978	7
	可靠性	0.955	5
	响应性	0.964	4
	保证性	0.980	6
	关怀性	0.966	5
Q2 量表		0.991	14

(Q1 量表 N of Items 合计 27)

5.4.3 问卷发放情况

笔者于 2011 年 12 月至 2012 年 12 月期间,面向 3 个行业(化工、IT、教育)中定期使用口译服务的企业和政府机构共发放了 200 份问卷。回收 141 份问卷,其中有效问卷 139 份,回收率 70.5%。

基于 5.3.2 中的问卷信效度验证,笔者使用 Excel 2007 将所得数据进一步统计量化,分析用户样本群体在性别、年龄、教育背景、行业及会议交替传译服务过往使用次数及情况等方面的特征。

(1)性别及年龄。139 名用户中,男女人数分别为 78 人及 61 人,男性占样本总数比例较大。其中,超过 85% 的用户年龄为 28 岁至 39 岁之间,14 名用户年龄为 40 岁至 49 岁之间,3 名用户为 50 至 59 岁之间(见图 5.1)。因此,可见参与调查的 139 个样本中,以中青年用户为主,男性居多。

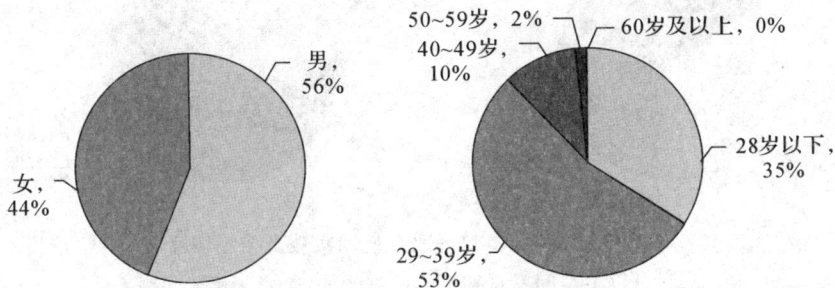

图 5.1 用户样本性别及年龄情况分布

(2)教育背景及行业。教育背景方面,97% 的用户拥有学士或硕士学位,其中 60 人持有本科学士学位,75 人(54%)持有硕士学位。从用户所在的行业和机构来看,回收问卷近半(49%)来自"化工"行业,其余 3 个行业问卷回收数目相当,分别是"教育 16%""政府 17%""IT18%"。可见,调查涉及的用户群体学历较高,且分布较为多元,不仅仅局限于单一行业(见图 5.2)。

(3)口译服务使用次数及使用情况。从口译服务使用经历来看,从问卷填写日期算起的过去 12 个月中,有过半参与调查的用户(53%)使用过 2 次及以上会议交替传译服务,25% 的用户仅使用过 1 次会议交替传译服务(35 人),完全没有使用口译服务的人数为 30 人(22%)。在使用口译服

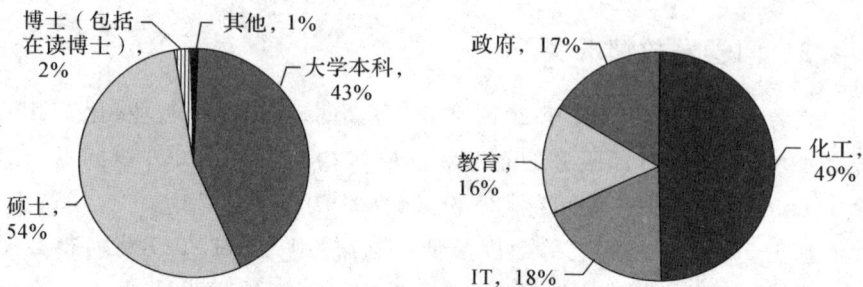

图 5.2　用户样本学历及所在行业情况分布

务的过程中,11％的用户认为自己"需要完全依赖口译理解"、65％的用户可以"部分听口译理解,部分自己听原文理解"、24％的用户认为自己"完全不需要依赖口译"(见图 5.3)。

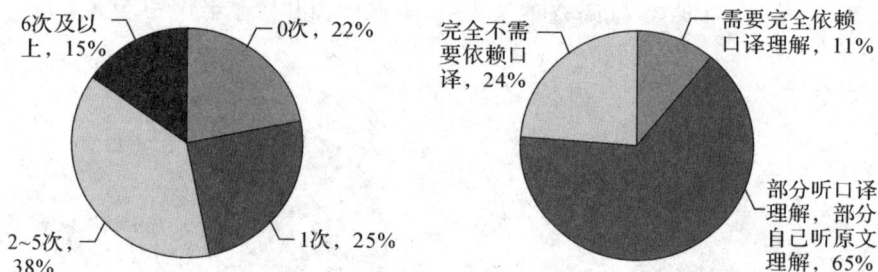

图 5.3　用户样本口译服务使用次数及使用情况

(以填写问卷日期算起的过去 12 个月为准)

5.4.4　问卷数据统计

在以上用户信息的基础上,笔者使用 SPSS 17.0 将所得数据进一步统计量化,根据问卷中的两部分内容,主要以两个量表中的各个题项为单位,做了描述性统计分析,以探讨用户心中的口译期待产品具体参数。

5.4.4.1　问卷 Q1 量表 SERVQUAL 用户期待

(1)总体描述。如 5.4.1 问卷设计部分所谈,本研究认为会议交替传译服务品质内涵包括有形性、可靠性、响应性、保证性及关怀性 5 个构面。因此,针对用户在问卷 Q1 量表中的各项分数,以平均数(M)、标准差(SD)及其排序的统计方法,分析用户对会议交传服务品质的期待情形,旨在探讨用户心目期待的会议交传口译产品具体参数。

由表 5.12 可见,在问卷 Q1 量表的 5 个构面中,用户最重视"可靠性($M=4.4000,SD=0.5447$)""响应性($M=4.2500,SD=0.9574$)""保证性($M=4.0000,SD=0.6325$)"3 项,其 M 值均达到 4 以上,在 5 分李克特量表中介于"重要"到"非常重要"之间。同时,"关怀性($M=3.8000,SD=0.4472$)""有形性($M=3.5714,SD=1.5119$)"排序为最后两位,在 5 分李克特量表中介于"一般"到"重要"之间。

表 5.12　用户对会议交替传译服务质量构面期待情形

问卷 Q1 量表构面	平均数 （M）	标准差 （SD）	排序 （按均值由大到小）
有形性	3.5714	1.5119	5
可靠性	4.4000	0.5477	1
响应性	4.2500	0.9574	2
保证性	4.0000	0.6325	3
关怀性	3.8000	0.4472	4

注:上表中平均数为每个项目中所有分数的平均数,标准差为项目中所有数据算出的标准差。

(2)问卷 Q1 量表逐项描述。通过分析表 5.13 中问卷 Q1 量表各题项,可发现用户在"有形性"构面中,以"表达流畅($M=4.4245,SD=0.7706$)"题项得分最高,"口译服务介绍手册或资料($M=3.0360,SD=1.0385$)"题项得分最低。"可靠性"构面中,以"信息完整性($M=4.6043,SD=0.6661$)"题项得分最高,"意义与原文一致($M=3.4820,SD=0.9953$)"题项得分最低。"响应性"构面中,以"愿意帮助用户($M=4.2950,SD=0.6858$)"题项得分最高,"自我更正($M=3.6978,SD=0.9141$)"题项得分最低。"保证性"构面中,以"译员值得信赖($M=4.1942,SD=0.8154$)"题项得分最高,"译员能够从雇主处得到适当的支持,以提供更好的服务($M=3.9353,SD=0.8359$)"题项得分最低。"关怀性"构面中,以"译文能够抓住重点($M=4.5180,SD=0.6296$)"题项得分最高,"能够针对个别用户需求相应调整口译服务方式($M=3.9353,SD=0.8272$)"题项得分最低。

表 5.13 用户对会议交替传译服务质量构面分项期待情形

问卷 Q1 量表题项	平均数 (M)	标准差 (SD)	排序 (按均值由大到小)
"有形性"构面题项指标			
(1)发音地道	4.0504	0.9035	3
(2)语速合适	4.3813	0.7746	2
(3)声音悦耳	3.5108	1.0241	5
(4)表达流畅	4.4245	0.7706	1
(5)着装得体	3.3669	1.0154	6
(6)仪态举止得体	3.5612	0.9334	4
(7)口译服务介绍手册或资料	3.0360	1.0385	7
"可靠性"构面题项指标			
(8)准时到场	4.4173	0.9239	3
(9)术语正确	4.4892	0.7359	2
(10)语法正确	3.9353	0.9185	4
(11)信息完整性	4.6043	0.6661	1
(12)意义与原文一致	3.4820	0.9953	5
"响应性"构面题项指标			
(13)自我更正	3.6978	0.9141	4
(14)与用户沟通	4.1079	0.8821	3
(15)提供及时的口译服务	4.2086	0.8553	2
(16)愿意帮助用户	4.2950	0.6858	1
"保证性"构面题项指标			
(17)译员态度礼貌友好	4.1727	0.8247	2
(18)译员知识丰富	4.1007	0.8706	4
(19)眼神接触	3.3669	0.9791	6
(20)译文逻辑连贯	4.1511	0.8757	3
(21)译员能够从雇主处得到适当的支持,以提供更好的服务	3.9353	0.8359	5

续表

问卷 Q1 量表题项	平均数 (M)	标准差 (SD)	排序 (按均值由大到小)
(22)译员值得信赖	4.1942	0.8154	1
"关怀性"构面题项指标			
(23)优先考虑用户的利益	4.0360	0.9201	4
(24)译员了解用户的需求	4.2950	0.7367	2
(25)译文能够抓住重点	4.5180	0.6296	1
(26)译员具有中立性	4.2014	0.8861	3
(27)能够针对个别用户需求相应调整口译服务方式	3.9353	0.8272	5

整体而言,用户对会议交传服务品质期待情形,在表 5.14 问卷 Q1 量表中,以"可靠性"构面中"信息完整性($M=4.6043,SD=0.6661$)"题项得分最高,"有形性"构面中,"口译服务介绍手册或资料($M=3.0360,SD=1.0385$)"题项得分最低。其中,M 值均达到 4 以上,在 5 分李克特量表中介于"重要"到"非常重要"之间的题项达 17 项(见表 5.13)。其中,得分最高的前 5 项中,有 3 项属于"可靠性"构面,即"信息完整性($M=4.6043,SD=0.6661$)""术语正确($M=4.4892,SD=0.7359$)""准时到场($M=4.4173,SD=0.9239$)";其余 2 项分别属于"有形性"构面("表达流畅":$M=4.4245,SD=0.7706$)及"关怀性"构面("译文能够抓住重点":$M=4.5180,SD=0.6296$)。可见在 5 个构面中,用户最关注会议交传服务品质的"可靠性"构面,即希望译员"遵守承诺可靠并正确地执行服务的能力",这一构面意味着用户"希望每一次服务均能准时、准确、一致。"

表 5.14 用户对会议交传服务品质期待"重要"到"非常重要"参数

品质构面	问卷 Q1 量表题项	平均数 (M)	标准差 (SD)	百分比	排序
有形性	表达流畅	4.4245	0.7706	18%	4
	语速合适	4.3813	0.7746		6
	发音地道	4.0504	0.9035		16

续表

品质构面	问卷 Q1 量表题项	平均数（M）	标准差（SD）	百分比	排序
可靠性	信息完整性	4.6043	0.6661	18%	1
	术语正确	4.4892	0.7359		3
	准时到场	4.4173	0.9239		5
响应性	愿意帮助用户	4.2950	0.6858	18%	7
	提供及时的口译服务	4.2086	0.8553		9
	与用户沟通	4.1079	0.8821		14
保证性	译员值得信赖	4.1942	0.8154	23%	11
	译员态度礼貌友好	4.1727	0.8247		12
	译文逻辑连贯	4.1511	0.8757		13
	译员知识丰富	4.1007	0.8706		15
关怀性	译文能够抓住重点	4.5180	0.6296	23%	2
	译员了解用户的需求	4.2950	0.7367		8
	译员具有中立性	4.2014	0.8860		10
	优先考虑用户的利益	4.0360	0.9201		17

5.4.4.2 问卷 Q2 量表用户不满意情况描述

在调查用户不满意情况的问卷 Q2 量表统计数据结果中可以看出（见表 5.15），用户最无法忍受的情况为"误译（$M=4.5612, SD=0.8175$）""吐字不清（$M=4.1295, SD=0.9618$）""术语错误（$M=4.0288, SD=1.0352$）"3 项，其 M 值均达到 4 以上，在 5 分李克特量表中介于"重要"到"非常重要"之间。

同时，"无眼神交流（$M=2.6331, SD=1.0642$）"及"填充词（$M=2.8201, SD=1.1309$）"2 项的 M 值均为 3.0 以下，在 5 分李克特量表中介于"不重要"到"一般"之间。除此之外，其他外在因素如"发音不地道（$M=3.2086, SD=1.1451$）""停顿、沉默（$M=3.2158, SD=1.0684$）""语调沉闷（$M=3.2662, SD=1.0396$）""夸张语调（$M=3.4317, SD=1.0636$）""句子不完整（$M=3.4388, SD=1.0503$）"5 项 M 值均为 3.0 至

3.5 之间,在 5 分李克特量表中偏向"一般"。

由此可见,用户在使用译员的会议交替传译服务时,在一定程度上可以忍受译员的外在表现不足,格外重视口译产品的"准确性"。

表 5.15　用户对会议交替传译服务质量不满意情况分项考量

问卷 Q2 量表题项	平均数 （M）	标准差 （SD）	排序 （按均值由大到小）
(1)停顿、沉默	3.2158	1.0684	11
(2)语调沉闷	3.2662	1.0396	10
(3)犹豫不决	3.9209	0.8687	4
(4)表达断续、不流畅	3.7554	0.9768	5
(5)无眼神交流	2.6331	1.0642	14
(6)句子不完整	3.4388	1.0503	8
(7)术语错误	4.0288	1.0352	3
(8)缺乏中立性	3.7050	1.1258	6
(9)夸张语调	3.4317	1.0636	9
(10)填充词	2.8201	1.1309	13
(11)发音不地道	3.2086	1.1451	12
(12)吐字不清	4.1295	0.9618	2
(13)译文生硬,不自然	3.5683	1.0429	7
(14)误译	4.5612	0.8175	1

5.4.4.3　问卷 Q1 量表与 Q2 量表题项结果相互验证:用户口译期待产品参数

对比表 5.16 中用户对于 Q1 及 Q2 量表相关题项的选择,可见问卷结果大部分能够相互印证。比如,在两个量表中,M 值达到 4.0 以上,在 5 分李克特量表中介于"重要"到"非常重要"之间的选项中,且排序前 5 位的,大多是与"准确度、完整度""逻辑连贯、有效沟通、表达流畅"等内容相关的题项。

然而,对比两个量表,不难发现,用户的选择存在一定的差异。比如,在问卷 Q1 量表中,用户将"表达流畅(M＝4.4245)"列为重要性排序前 5

的参数指标,且 M 值大于 4。然而,在问卷 Q2 量表中,除"吐字不清($M=$ 4.1295)"被用户列为"重要"至"非常重要"外,"犹豫不决($M=3.9209$)" "表达断续、不流畅($M=3.7554$)"2 项虽然位居前半段,但 M 值均为 4 以下,即"一般"至"重要"。

值得一提的是,进一步探究用户的选择,可以发现存在自相矛盾之处。比如,虽然 139 名用户在问卷 Q1 和 Q2 量表选择了"信息完整性 ($M=4.6043$)"及"误译($M=4.5612$)"为首要题项,却在 Q1 量表中将"意义与原文一致($M=3.482$)"列为倒数第 4 项,重要性为"一般"。

同时,"译员具有中立性($M=4.2014$)"及"发音地道($M=4.0504$)"题项在问卷 Q1 量表中等级为"重要"到"非常重要"。问卷 Q2 量表中,"(译员)缺乏中立性($M=3.7050$)"及"发音不地道($M=3.2086$)"2 项的 M 值等级均降为 4 以下,即"一般"至"重要"。

总体而言,对比问卷 Q1 及 Q2 量表可见,139 名用户对于会议交传服务品质的重视参数过半(17 项,63%)M 值为 4 以上;而对于不满意情况过半(11 项,79%)M 值为 4 以下。

由此,可以得知,虽然用户对于会议交传服务品质的期待较高,但也较为宽容。同时,从题项选择自相矛盾的现象可以推论,用户也许对于会议交传服务品质尚未有足够的认知了解,该因素或许会导致用户期待参数存在模糊之处。同时,该现象的存在,意味着用户不一定能够正确感知或客观评价实际口译产品。

表 5.16　用户口译服务期待产品问卷 Q1 及 Q2 量表参数对比验证

排序	问卷 Q1 量表题项(M 值)	排序	问卷 Q2 量表题项(M 值)	备注
1	信息完整性($M=4.6043$)	1	误译($M=4.5612$)	
2	译文能够抓住重点($M=4.5180$)	—	—	
3	术语正确($M=4.4890$)	2	吐字不清($M=4.1295$)	
4	表达流畅($M=4.4245$)	3	术语错误($M=4.0288$)	$M\geqslant4.0$ 等级为"重要"到"非常重要"。
5	准时到场($M=4.4173$)			
6	语速合适($M=4.3813$)			
7	愿意帮助用户($M=4.2950$)	—	—	
8	译员了解用户的需求($M=4.2950$)			

续表

排序	问卷 Q1 量表题项(M 值)	排序	问卷 Q2 量表题项(M 值)	备注
9	提供及时的口译服务(M＝4.2086)			
10	译员具有中立性(M＝4.2014)			
11	译员值得信赖(M＝4.1942)			
12	译员态度礼貌友好(M＝4.1720)			
13	译文逻辑连贯(M＝4.1511)			
14	与用户沟通(M＝4.1079)			
15	译员知识丰富(M＝4.1007)			
16	发音地道(M＝4.0504)			
17	优先考虑用户的利益(M＝4.0360)			
18	语法正确(M＝3.9353)	4	犹豫不决(M＝3.9209)	
19	译员能够从雇主处得到适当的支持,以提供更好的服务(M＝3.9353)	5	表达断续、不流畅(M＝3.7554)	
20	能够针对个别用户需求相应调整口译服务方式(M＝3.9353)	6	缺乏中立性(M＝3.7050)	
21	自我更正(M＝3.6978)	7	译文生硬不自然(M＝3.5683)	M≥3.0,等级为"一般"到"重要"
22	仪态举止得体(M＝3.5612)	8	句子不完整(M＝3.4388)	
23	声音悦耳(M＝3.5108)	9	夸张语调(M＝3.4317)	
24	意义与原文一致(M＝3.482)	10	语调沉闷(M＝3.2662)	
25	着装得体(M＝3.3669)	11	停顿沉默(M＝3.2158)	
26	眼神接触(M＝3.3669)	12	发音不地道(M＝3.2086)	
27	口译服务介绍手册或资料(M＝3.0360)	—	—	
备注	M≥2.0,等级为"不重要"到"一般"	13	填充词(M＝2.8201)	
		14	无眼神交流(M＝2.6331)	

5.4.5 问卷数据差异性分析

在本节中,笔者尝试探讨用户心目中的会议交替传译口译期待产品参数是否会因性别、年龄、教育背景、过往使用经历(过去 12 个月中使用会议服务交传次数)及所在行业等原因而有所差异。然而,由于用户样本量较少(139 人),将各个类别加以细分之后,发现仅"性别"一类可以全员统计。笔者将其他类别分成细项后,某些细项人数过少(例如"年龄"类别中 40 岁及以上人士仅 17 人,不够 30 人,无统计意义;故只取 28 岁以下的 48 人及 29 岁至 39 岁的 74 人进行统计)。因此,本节中的各类别差异性分析,除"性别"一类外,其他各类均为选择性数据统计。

通过 SPSS 17.0 中 T 检验的方法,笔者分别比较不同类别用户对口译产品的期待参数,得出 t 值和 p 值($Sig.$)。p 值小于 0.05,表示在 95% 置信水平下显著有差异;p 值小于 0.1,表示在 90% 置信水平下有显著差异。由于数据较多,本节仅列出置信水平在 90% 以上有显著差异的题项。

5.4.5.1 问卷 Q1 及 Q2 量表用户性别差异性描述

在性别差异方面,从表 5.17 及表 5.18 可以看到,在问卷 Q1 及 Q2 量表共 41 个题项中,男性及女性用户在 9 个题项中存在显著差异。具体而言,在问卷 Q1 量表的 "准时到场,$p=0.001$""信息完整性,$p=0.007$""译员具有中立性,$p=0.032$"3 项,及问卷 Q2 量表的"术语错误,$p=0.038$"及"缺乏中立性,$p=0.022$"2 项中,女性用户的期待显著高于男性用户,5 项置信水平均达 95%。而在其余的 4 项中,男性用户的期待显著高于女性用户。

从品质构面来看,不同性别用户在"保证性"构面的 T 检验值皆未达到显著性统计差异,这表示不同性别用户对会议交传服务品质"保证性"的期待无明显差异。另一方面,在"有形性""可靠性""响应性""关怀性"构面上,存在显著的性别差异。比如,男性用户较女性用户相比,更期待会议交传译员"声音悦耳,$p=0.080$"。

对比两个问卷量表,可以看到女性用户在两项"中立性"相关题项方面都显著呈现出更高的期待值("译员具有中立性,$p=0.032$""缺乏中立性,$p=0.022$"),体现了量表之间的一致性。

表 5.17　不同性别用户对会议交替传译服务质量期待情况差异分析

品质构面	问卷 Q1 量表题项	性别	人数	平均数（M）	t 值	p 值	备注
有形性	(3)声音悦耳	男	78	3.6456	1.795	0.080	90%
		女	61	3.3333			
可靠性	(8)准时到场	男	78	4.1899	−3.680	0.001	95%
		女	61	4.7167			
	(11)信息完整性	男	78	4.4810	−2.752	0.007	95%
		女	61	4.7667			
	(12)意义与原文一致	男	78	3.6076	1.693	0.093	90%
		女	61	3.3167			
响应性	(13)自我更正	男	78	3.8481	2.196	0.030	95%
		女	61	3.5000			
保证性	无显著差异						
关怀性	(26)译员具有中立性	男	78	4.0633	−2.165	0.032	95%
		女	61	4.3833			
	(27)能够针对个别用户需求相应调整口译服务方式	男	78	4.1266	3.143	0.002	95%
		女	61	3.6833			

表 5.18　不同性别用户对会议交替传译服务质量不满意情况差异分析

问卷 Q2 量表题项	性别	人数	平均数（M）	t 值	p 值	备注
(7)术语错误	男	78	3.8734	−2.100	0.038	95%
	女	61	4.2333			
(8)缺乏中立性	男	78	3.5190	−2.323	0.022	95%
	女	61	3.9500			

5.4.5.2　问卷 Q1 及 Q2 量表用户年龄差异性描述

如 5.4.5 所谈，由于年龄在 40 岁及以上的人数不足 30 人，无统计意义，本节仅选取了 28 岁以下及 29 岁至 39 岁的用户共 122 人。由表 5.19

可知,在问卷 Q1 及 Q2 量表共 41 个题项中,28 岁以下及 29 岁至 39 岁用户在 Q2 量表中各项数据均无显著差异。在 Q1 量表中,10 个题项中存在显著差异,并一致显示 28 岁以下用户期待高于 29 岁至 39 岁用户。

从品质构面来看,"可靠性"及"保证性"方面存在显著差异的题项占了半数以上(6 项)。与此同时,除"语法正确,$p=0.074$""信息完整性,$p=0.059$""译员态度礼貌友好,$p=0.086$"3 项的置信水平为 90% 外,其余 7 项置信水平均为 95%。

表 5.19　不同年龄用户对会议交替传译服务质量期待情况差异分析

品质构面	问卷 Q1 量表题项	年龄	人数	平均数 (M)	t 值	p 值	备注
有形性	(1)发音地道	≤28	48	4.2800	2.263	0.026	95%
		29～39	74	3.9178			
可靠性	(8)准时到场	≤28	48	4.6600	2.847	0.005	95%
		29～39	74	4.2192			
	(10)语法正确	≤28	48	4.1000	1.802	0.074	90%
		29～39	74	3.7945			
	(11)信息完整性	≤28	48	4.7400	1.905	0.059	90%
		29～39	74	4.5205			
响应性	(15)提供及时的口译服务	≤28	48	4.3800	2.313	0.023	95%
		29～39	74	4.0274			
	(16)愿意帮助用户(例如,存在文化沟通障碍时进行适当的解释)	≤28	48	4.4600	2.558	0.012	95%
		29～39	74	4.1507			
保证性	(17)译员态度礼貌友好	≤28	48	4.3000	1.729	0.086	90%
		29～39	74	4.0548			
	(21)译员能够从雇主处得到适当的支持,以提供更好的服务	≤28	48	4.1400	2.233	0.028	95%
		29～39	74	3.8082			
	(22)译员值得信赖	≤28	48	4.4600	3.450	0.001	95%
		29～39	74	3.9863			

续表

品质构面	问卷 Q1 量表题项	年龄	人数	平均数 (M)	t 值	p 值	备注
关怀性	(27)能够针对个别用户需求相应调整口译服务方式	≤28	48	4.1400	2.652	0.009	95%
		29~39	74	3.7534			

5.4.5.3　问卷 Q1 及 Q2 量表用户教育背景差异性描述

在教育背景方面,具有博士学位及其他学历的用户仅为 4 人,不具统计意义。因此,仅选取了具有学士学位(60 人)及硕士学位(75 人)的用户加以统计。从表 5.20 和表 5.21 可以看出,问卷 Q1 及 Q2 量表中共 5 个题项存在显著差异。同时,5 个题项中,除 Q2 量表中"语调沉闷,$p=0.025$"题项外,Q1 量表各项一致显示,拥有学士学位的用户期待显著高于硕士学位背景的用户。

从品质构面看,用户教育背景差异在会议交传口译品质期待方面的影响主要体现在"有形性"(3 项)和"关怀性"(1 项)方面。其中,问卷 Q1 量表中的"口译服务介绍手册或资料,$p=0.014$""能够针对个别用户需求相应调整口译服务方式,$p=0.009$"和 Q2 量表中的"语调沉闷,$p=0.025$"3 个题项置信水平最高(95%)。

基于此,可以推测,或许存在一种趋势,即教育背景越低的用户在这 5 个题项方面的期待越高。

表 5.20　不同教育背景用户对会议交替传译服务质量期待情况差异分析

品质构面	问卷 Q1 量表题项	教育背景	人数	平均数 (M)	t 值	p 值	备注
有形性	(1)发音地道	学士	60	3.8983	1.723	0.087	90%
		硕士	75	4.1733			
	(5)着装得体	学士	60	3.2203	1.686	0.094	90%
		硕士	75	3.5200			
	(7)口译服务介绍手册或资料	学士	60	2.8136	2.486	0.014	95%
		硕士	75	3.2400			
可靠性	无显著差异	—	—	—	—	—	—

续表

品质构面	问卷 Q1 量表题项	教育背景	人数	平均数 (M)	t 值	p 值	备注
响应性	无显著差异	—	—	—			
保证性	无显著差异	—	—	—			
关怀性	(27)能够针对个别用户需求相应调整口译服务方式	学士	60	4.1400	2.652	0.009	95%
		硕士	75	3.7534			

表 5.21　不同教育背景用户对会议交替传译服务质量不满意情况差异分析

问卷 Q2 量表题项	教育背景	人数	平均数(M)	t 值	p 值	备注
(2)语调沉闷	学士	60	3.0847	−2.272	0.025	95%
	硕士	75	3.4800			

5.4.5.4　问卷 Q1 及 Q2 量表用户过往会议交传服务使用经历差异性描述

在过往经历方面,在填写问卷日期起过去 12 个月当中完全没有使用会议交传服务的用共 29 人,使用超过 6 次及以上的仅 21 人,均无统计意义。因此,仅选取了自填写问卷日期起过去 12 个月当中使用会议交传服务次数为 1 次(36 人)及 2 至 5 次(53 人)的用户进行数据统计。

根据表 5.22 及表 5.23 可知,两个问卷量表 41 个题项中,仅"能够针对个别用户需求相应调整口译服务方式,$p=0.021$"及"误译,$p=0.078$"2 项存在显著差异。2 项数据一致显示,自填写问卷日期起过去 12 个月当中使用会议交传服务次数为 1 次的用户对口译服务的期待显著高于使用 2 至 5 次的用户。

无论从品质构面,还是从两个问卷量表的整体数据统计情况看(除上述 2 项外,在剩余 39 项中),过往使用经历差异并未对参与调查的 139 名用户心目中的期待产品产生显著影响。

表 5.22 用户使用会议交替传译服务经历对质量期待影响差异分析

品质构面	问卷 Q1 量表题项	过往经历	人数	平均数(M)	t 值	p 值	备注
有形性	无显著差异	—	—	—	—	—	—
可靠性	无显著差异	—	—	—	—	—	—
响应性	无显著差异	—	—	—	—	—	—
保证性	无显著差异	—	—	—	—	—	—
关怀性	(27)能够针对个别用户需求相应调整口译服务方式	1	36	4.1017	3.354	0.021	95%
		2~5	53	3.8267			

表 5.23 用户会议交替传译服务使用经历对质量不满意情况影响差异分析

问卷 Q2 量表题项	过往经历	人数	平均数(M)	t 值	p 值	备注
(14)误译	1	36	4.6102	2.325	0.078	90%
	2~5	53	4.4933			

5.4.5.5 问卷 Q1 及 Q2 量表用户行业差异性描述

在行业差异方面,回收的用户类别中,除化工行业(68 人)外,其他 3 个行业(政府 23 人、教育 23 人、IT 25 人)均未达到最低统计标准。因此,笔者仅将化工行业用户与其他行业用户做统计对比。

通过表 5.24 及表 5.25 可以看出,不同行业背景的用户在"声音悦耳,$p=0.031$""准时到场,$p=0.026$""语调沉闷,$p=0.031$""吐字不清,$p=0.071$"4 个题项中存在显著差异,且其置信水平均为 95%。同时,统计数据一直显示,化工行业的用户在这 4 个题项中对会议交传服务品质的期待显著高于其他行业用户。

从品质构面看,仅"有形性"和"可靠性"两项存在显著行业差异。同时,两个问卷量表中的其他 37 项均未呈现显著差异。

表 5.24 不同行业用户对会议交替传译服务质量期待情况差异分析

品质构面	问卷 Q1 量表题项	行业	人数	t 值	p 值	备注
有形性	(1)声音悦耳	化工	68	2.177	0.031	95%
		其他	71			

续表

品质构面	问卷 Q1 量表题项	行业	人数	t 值	p 值	备注
可靠性	(8)准时到场	化工	68	2.247	0.026	95％
		其他	71			
响应性	无显著差异	—	—	—	—	—
保证性	无显著差异	—	—	—	—	—
关怀性	无显著差异	—	—	—	—	—

表 5.25　不同行业用户对会议交替传译服务质量不满意情况差异分析

问卷 Q2 量表题项	行业	人数	t 值	p 值	备注
(1)语调沉闷	化工	68	2.177	0.031	95％
	其他	71			
(12)吐字不清	化工	68	1.820	0.071	95％
	其他	71			

5.4.6　问卷统计结果讨论

综观上述问卷各层面的数据统计、情形描述及差异性分析可见,在参与调查的 139 名用户中,不同类别变项下,存在显著性差异的题项均为 30％以下,即最高不超过 10 个(占总题项 24.39％),最低为 2 个(占总题项 0.49％)(见表 5.26)。

因此,可以推断,在问卷主体部分的 2 份量表各项中,用户对会议交替传译服务质量期待基本一致,总体不受性别、年龄、教育背景、过往使用会议交传服务经历及行业背景影响产生显著差异。

表 5.26　不同类别变项用户对会议交替传译服务质量期待差异性分析

问卷总题项	存在显著差异题项％				
	性别	年龄	教育背景	过往经历	行业背景
41	9	10	5	2	4
	21.95％	24.39％	12.20％	0.49％	0.98％

　　进一步观察各变项类别中存在显著差异的题项,统计出在两类以上变项中均存在显著差异的题项,以探究数据关系(见表5.27)。笔者发现,数据结果存在如下趋势:

* "发音地道"方面,用户的年龄越长、教育背景越低,期待越高。
* "声音悦耳"方面,男性及化工行业用户期待显著较高。(当然,化工行业68名用户中女性较少,再次验证性别对"声音悦耳"项目的影响,同时体现了数据的一致性。)
* "准时到场"方面,女性、年龄长者、化工行业背景的用户期待显著较高。
* "信息完整性"方面,女性、年龄小者(≤28岁)的用户期待显著较高。
* "能够针对个别用户需求相应调整口译服务方式"方面,男性、年龄越长、教育背景越低、过往使用会议交传经历越多,期待越高。
* "语调沉闷"方面,学历越高、化工行业背景,期待越高。

表 5.27　用户对会议交替传译服务质量期待情况之类别差异的相互影响

量表	问卷题项	t 值				
		性别	年龄	教育背景	过往经历	行业背景
Q1 量表	(1)发音地道	——	2.263	1.723	——	——
	(3)声音悦耳	1.795	——	——	——	2.177
	(8)准时到场	−3.680	2.847	——	——	2.247
	(11)信息完整性	−2.752	1.905	——	——	——
	(27)能够针对个别用户需求相应调整口译服务方式	3.143	2.652	2.652	3.354	——
Q2 量表	(2)语调沉闷	——	——	−2.272	——	2.177

　　尽管本研究中所选取的样本人数、性别、教育背景、行业背景等方面与前人不同,但由于所有数据均采用SPSS统计分析衡量,结果具有一定的可靠性。因此,笔者将部分数据统计结果与前人研究文献对比,可发现既存在一致印证,也存在与其他相关研究的不同之处,具体举例如下(见表5.28)。

表 5.28　本研究数据统计结果与前人研究文献对比举例

本研究发现			与前人研究文献结论对比		
			结果一致	结果不一致	备注
用户会议交传期待产品具体参数举例	信息完整度		Marrone(1993)；Vuorikoski(1993,1998)；Mack & Cattaruzza(1995)		与前人研究结论一致,均显示该参数重要性均位居前列(前3项)
	术语使用		Meak(1990)；Gile(1990)		
不同变项影响举例	年龄	信息完整度	Moser(1996)：年龄越轻(≤30岁)期待值越高		
		声音悦耳		Moser(1996)：年龄越长期待值越高	本研究未发现与年龄有显著关系
	专业背景	表达流畅		张威(2008,2009)：非专业人士更注重译语表达流利程度	本研究发现专业背景与"表达流程"及"术语使用"无显著关系
		术语使用		张威(2008,2009)：专业人士更注重术语表达	
	过往经历	逻辑连贯		张威(2008,2009)：经验丰富的使用者对表达逻辑要求更高	本研究未发现该项与用户过往经历有显著关系

5.5　用户期待会议口译产品参数及权重

通过 5.4 中问卷调查的设计发放、统计数据,本章 5.2 所提出的参数假设在一定程度上得到证实。同时,从问卷 Q1、Q2 量表的相互印证结果得知,在用户会议交传期待产品相关研究中借鉴管理学中 SERVQUAL 量表可行。

基于此,可以推断用户心目中期待的会议交传口译产品主要参数为 4 个构面,共 27 项。同时,考量问卷调查数据中各具体参数的平均数(M_{uPn}),笔者尝试计算每一构面中的具体参数权重,即单一参数在所属品质构面平均数总和(S_{uDn})中的比重(W_{uPn})。因此,提出以下计算公式：

$$W_{uPn} = \frac{M_{uPn}}{S_{uPn}} \times 100\%$$

以品质构面中"有形性"的"发音地道"参数为例,其权重(W_{uP1})可以计算为:

$$\text{发音地道权重}(W_{u1}) = \frac{P_{u1}\text{平均数}(M_{u1})}{\text{有形性各参数平均数总和}(S_{uDT})^*} \times 100\%$$

*"有形性"构面各项平均数总和(S_{uDT})＝发音地道平均数(M_{uP1})＋语速合适平均数(M_{uP2})＋声音悦耳(M_{uP3})＋表达流畅平均数(M_{uP4})＋着装得体平均数(M_{uP5})＋仪态举止得体(M_{uP6})＋口译服务介绍手册或资料(M_{uP7})

依表 5.13,已知 $M_{uP1} = 4.0504$,$M_{uP2} = 4.3813$,$M_{uP3} = 3.5108$,$M_{uP4} = 4.4245$,$M_{uP5} = 3.3669$,$M_{uP6} = 3.5612$,$M_{uP7} = 3.0360$,因此:

$$W_{u1} = \frac{4.0504}{4.0504 + 4.3813 + 3.5108 + 4.4245 + 3.3669 + 3.5612 + 3.0360}$$
$$\times 100\%$$
$$= \frac{4.0504}{26.3311} \times 100\% = 15.38\%$$

经由上述公式,可以求得"发音地道"权重(W_{u1})为 15.38%。同理,可以得到各构面中每一参数(P_{un})的权重(见表 5.29)。

表 5.29　用户会议交替传译服务期待产品参数及其在各构面中的权重

品质构面 (D_u)	具体参数(P_{un})	平均数 (M_{uPn})	参数权重(W_{uPn})
	(1) 发音地道	4.0504	15.38%
	(2) 语速合适	4.3813	16.64%
	(3) 声音悦耳	3.5108	13.33%
有形性 (D_T)	(4) 表达流畅	4.4245	16.80%
	(5) 着装得体	3.3669	12.79%
	(6) 仪态举止得体	3.5612	13.53%
	(7) 口译服务介绍手册或资料	3.0360	11.53%
	$D_T = 15.38\% P_{u1} + 16.64\% P_{u2} + 13.33\% P_{u3} + 16.80\% P_{u4} + 12.79\% P_{u5}$ $+ 13.53\% P_{u6} + 11.53\% P_{u7}$		

续表

品质构面 (D_u)	具体参数(P_{un})	平均数 (M_{uPn})	参数权重(W_{uPn})
可靠性 (D_{RL})	(8) 准时到场	4.4173	21.11%
	(9) 术语正确	4.4892	21.15%
	(10) 语法正确	3.9353	18.80%
	(11) 信息完整性	4.6043	22.00%
	(12) 意义与原文一致	3.4820	16.64%
	$D_{RL} = 21.11\% \, P_{u8} + 21.15\% \, P_{u9} + 18.80\% \, P_{u10} + 22.00\% \, P_{u11} + 16.64\% P_{u12}$		
响应性 (D_{RS})	(13) 自我更正	3.6978	22.67%
	(14) 与用户沟通	4.1079	25.19%
	(15) 提供及时的口译服务	4.2086	25.81%
	(16) 愿意帮助用户	4.2950	26.33%
	$D_{RS} = 22.67\% P_{u13} + 25.19\% P_{u14} + 25.81\% P_{u15} + 26.33\% P_{u16}$		
保证性 (D_A)	(17) 译员态度礼貌友好	4.1727	17.44%
	(18) 译员知识丰富	4.1007	17.14%
	(19) 眼神接触	3.3669	14.08%
	(20) 译文逻辑连贯	4.1511	17.35%
	(21) 译员能够从雇主处得到适当的支持，以提供更好的服务	3.9353	16.45%
	(22) 译员值得信赖	4.1942	17.53%
	$D_A = 17.44\% P_{u17} + 17.14\% P_{u18} + 14.08\% P_{u19} + 17.35\% P_{u20} + 16.45\% P_{u211} + 17.53\% P_{u22}$		
关怀性 (D_E)	(23) 优先考虑用户的利益	4.0360	19.23%
	(24) 译员了解用户的需求	4.2950	20.47%
	(25) 译文能够抓住重点	4.5180	21.53%
	(26) 译员具有中立性	4.2014	20.02%
	(27) 能够针对个别用户需求相应调整口译服务方式	3.9353	18.75%
	$D_E = 19.23\% \, P_{u23} + 20.47\% \, P_{u24} + 21.53\% \, P_{u25} + 20.02\% \, P_{u26} + 18.75\% P_{u27}$		

为进一步探究用户会议交替传译服务期待产品参数,笔者通过计算各构面中具体参数项原始数据的总和,求得各品质构面的平均数(M_{uDn})。然后,计算每一品质构面在用户会议交替传译服务期待产品(S_{uDn})中所占比重(W_{uDn})。同理,考量问卷调查数据中各构面平均数(M_{Dn}),计算每一构面中的在全体品质构面平均数总和(S_{uDn})中的比重(W_{uDn})。因此,提出以下计算公式:

$$W_{uDn} = \frac{M_{uDn}}{S_{uDn}} \times 100\%$$

举例,"有形性"的权重(W_{DT})可以计算为:

$$W_{DT} = \frac{3.5714}{3.5714+4.4+4.25+4+3.8} \times 100\%$$

$$= \frac{3.5714}{20.0214} \times 100\% = 17.84\%$$

经由上述公式,可以求得"有形性"构面的权重(W_{uT})为 17.84%。同理,可以得到每一构面(D_{un})在用户会议交替传译服务期待产品中所占权重(表 5.30)。

表 5.30　用户会议交替传译服务期待产品参数构面及权重

品质构面(D)	平均数(M_{Dn})	标准差	排序 (按均值由大到小)	构面权重(W_{Dn})
有形性(D_{uT})	3.5714	1.5119	5	17.84%
可靠性(D_{uRL})	4.4000	0.5477	1	21.98%
响应性(D_{uRS})	4.2500	0.9574	2	21.23%
保证性(D_{uA})	4.0000	0.6325	3	19.98%
关怀性(D_{uE})	3.8000	0.4472	4	18.98%

基于上述计算结果,可知用户会议交替传译服务的期待产品(E_u)中,"可靠性"(D_{uRL})构面最为重要(约占 22% 权重);"响应性"(D_{uRS})排序第二(约占 21% 权重);然后依次为"保证性"(D_{uRS},约占 20% 权重)、"关怀性"(D_{uE},约占 19% 权重);排序最后的是"有形性"(D_{uT},约占 18% 权重)。因此,用户会议交替传译服务的期待产品(E_u)可表达为:

$$E_u = 22\%\ D_{uRL} + 21\%\ D_{uRS} + 20\%D_{uRS} + 19\%D_{uE} + 18\%D_{uT}$$

至此,笔者回答了研究问题 2"会议交替传译用户期待产品包含哪些
具体参数?"并尝试予以量化。

5.6　本章小结

在本章中,笔者在梳理当前国内外学界所提出的口译产品用户期待
参数基础上,借鉴管理学中的 SERVQUAL 量表,将其构面及参数融合前
人研究参数,尝试应用于口译服务产品质量评估,提出用户心目中期待的
会议交替传译口译产品构面及具体参数假设。

笔者采用问卷调查法,通过问卷设计、信效度验证、SPSS 统计描述、
数据差异性分析等途径展开假设验证,并尝试测量用户期待的口译产品
质量参数及其权重,以描述用户心目中期待的会议口译产品质量参数。

在此基础上,笔者描述了会议交传用户心目中期待的会议口译产品
质量参数,归纳了各项参数所属品质构面,同时分别量化了每一参数细项
及其所属构面的权重。

如此,则回答了研究问题 2"会议交替传译用户期待产品包含哪些具
体参数?",验证了假设 2"用户期待的口译产品与其所感知的实际口译产
品之间存在差异"。同时,本章为研究问题 3"会议交替传译译员及用户的
期待产品参数是否存在差异?"奠定了研究基础。

第6章 口译产品质量与用户满意度

在本章中,笔者以第 4 章及第 5 章的统计数据及研究发现为起点,从同类参数、总体构面、双方质量观等视角考察译员及用户心目中会议交替传译期待产品之异同,并尝试分析其原因。借鉴管理学中的用户满意度概念,从口译作为一种专业服务产品视角出发,探究用户会议交传期待产品与用户满意度的关系,以及译员会议交传期待产品与口译产品质量的关系,从而考量口译产品质量与用户满意度之间的关系。在这些比较与分析的基础上,笔者尝试从用户教育及口译教学等层面思考并探讨最佳口译质量如何达成。

6.1 译员及用户会议交替传译期待产品对比

通过第 4 章及第 5 章对译员及用户会议交替传译期待产品的考察,可以了解到译员心目中的会议交传期待产品可分为"内容""形式""交际"3 个品质构面,而用户心目中的会议交传期待产品可分为"有形性""可靠性""响应性""保证性""关怀性"5 个品质构面。虽然品质构面分类有所不同,但进一步细分各构面具体参数,可见当中存在同类参数。因此,译员及用户心目中的会议交传期待产品具有可比性。在本节中,笔者将双方期待产品的同类参数通过平均数、排序及相应参数之间的 T 检验等方式进行描述性对比,从各构面重要性排序等视角探讨双方整体质量观异同,并尝试分析这些现象存在的原因。

6.1.1 译员及用户会议交传期待产品同类参数比较

比较前两章中收集、梳理并统计验证的译员及用户会议交传期待产品具体参数,可发现双方共有 12 项相同参数(见图 6.1)。对比双方对于 12 项同类参数的重视程度平均数(M),可以发现在过半数的期待产品参数中,用户方平均数均高于译员方(见图 6.2)。

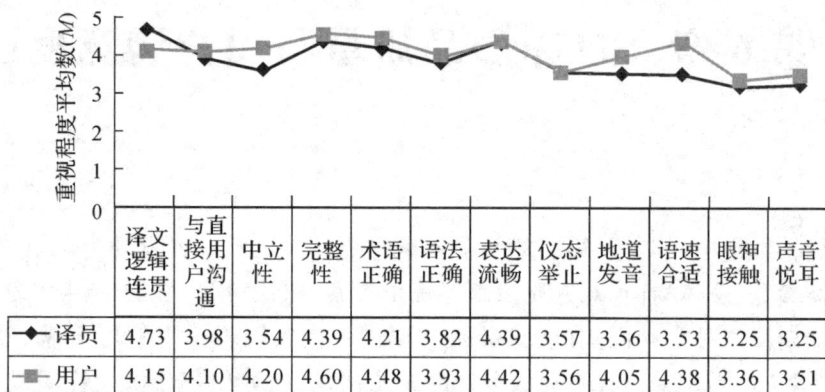

	译文逻辑连贯	与直接用户沟通	中立性	完整性	术语正确	语法正确	表达流畅	仪态举止	地道发音	语速合适	眼神接触	声音悦耳
译员	4.73	3.98	3.54	4.39	4.21	3.82	4.39	3.57	3.56	3.53	3.25	3.25
用户	4.15	4.10	4.20	4.60	4.48	3.93	4.42	3.56	4.05	4.38	3.36	3.51

图 6.1 译员及用户会议交传期待产品同类参数平均数(M)对比

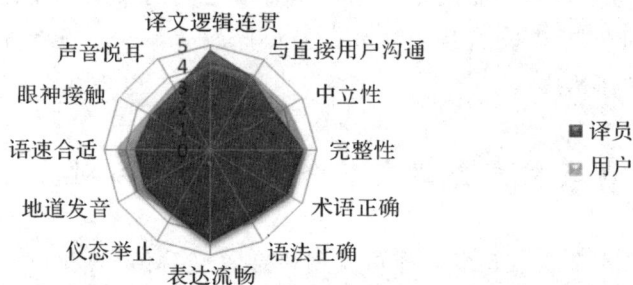

图 6.2 译员及用户会议交传期待产品同类参数对比

按照分值最高参数比较,12 项同类参数中,译员最关注的是"译文逻辑连贯($M=4.7344$)",用户最关注的是"完整性($M=4.6042$)"。按照分值最低参数比较,译员及用户最不重视的 2 项参数相同,均为"眼神接触(译员 $M=3.2500$,用户 $M=3.3669$)""声音悦耳(译员 $M=3.2500$,用户 $M=3.5108$)"。在双方关注度平均数较为接近的项目方面,主要有"与用户直接沟通""完整性""术语正确""语法正确""表达流畅""仪态举止""眼神接触""声音悦耳"8 项。

除此之外,双方在平均数值上存在较大差异的参数项为"语速合适""译文逻辑连贯""中立性""地道发音"4 项。除"译文逻辑连贯($M=4.7344$)"外,其他 3 项分值均为用户高于译员(见图 6.2)。

为进一步验证以上数据的可靠性,笔者通过 SPSS 17.0 中 T 检验的方法,分别比较双方会议交传期待产品的同类参数,得出 t 值和 p 值($Sig.$)。当 p 值小于 0.05 时,表示在 95% 置信水平下有显著差异;当 p 值小于 0.1,表示在 90% 置信水平下有显著差异。

由表 6.1 得知,双方会议交传期待产品同类参数平均数(M)的 T 检验结果呈现"双方差异不显著"的有"与直接用户沟通($p=0.349$)""语法正确($p=0.423$)""表达流畅($p=0.796$)""仪态举止($p=0.905$)""眼神接触($p=0.445$)"5 项。可见,译员及用户对于以上 5 项的重视程度一致,因此筛除由图 6.1 分析所得另外 3 项("完整性""术语正确""声音悦耳")。

在存在显著差异的参数项方面,除"译文逻辑连贯($p=0.000$)"外,其他 6 项中,译员同类参数平均数均小于用户,t 值为负数,即"中立性($p=0.000$)""完整性($p=0.093$)""术语正确($p=0.035$)""地道发音($p=0.001$)""语速合适($p=0.000$)""声音悦耳($p=0.084$)"。同时,在这 7 项存在双方显著差异的参数中,除"完整性($p=0.093$)"和"声音悦耳($p=0.084$)"外,其余 5 项的 p 值均小于 0.05,表示在 95% 置信水平下有显著差异。

表 6.1　译员及用户会议交传期待产品同类参数 T 检验

同类参数	平均数(M)		t 值	p 值	备注
	译员	用户			
译文逻辑连贯	4.7344	4.1511	4.833	0.000	95%
与直接用户沟通	3.9844	4.1079	−0.941	0.349	双方差异不显著
中立性	3.5469	4.2014	−5.017	0.000	95%
完整性	4.3906	4.6043	−1.693	0.093	90%
术语正确	4.2188	4.4892	−2.136	0.035	95%
语法正确	3.8281	3.9353	−0.804	0.423	双方差异不显著
表达流畅	4.3906	4.4245	−260	0.796	双方差异不显著
仪态举止	3.5781	3.5612	0.120	0.905	双方差异不显著
地道发音	3.5625	4.0504	−3.567	0.001	95%
语速合适	3.5313	4.3813	−6.677	0.000	95%
眼神接触	3.2500	3.3669	−0.766	0.445	双方差异不显著
声音悦耳	3.2500	3.5108	−1.741	0.084	90%

　　基于此,笔者将存在双方显著差异的项目平均数(M)进行比较(见图 6.3),可以发现,双方差异最大的前 4 项参数依次为"语速合适""中立性""逻辑连贯""地道发音";在"完整性""术语正确""声音悦耳"这 3 项中,双方重视程度相对接近。

　　整体看来,双方对于各项目的重视程度趋势大致相近。从重要性层级来看,用户对各项的重视度平均数明显高于译员(见图 6.3)。其中,在达到 4 至 5 分段("重要"到"非常重要")的项目中,用户除"声音悦耳"之外,剩余 6 项平均数全部超过 4 分,其中最重视的项目为"完整性"。在译员方面,仅"逻辑连贯""完整性""术语正确"3 项超过 4 分,其余均在 3.5 分左右,即重要性偏向"一般"。

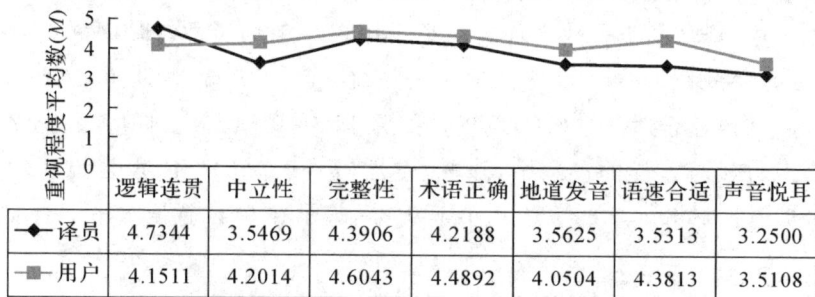

重视程度平均数(M)	逻辑连贯	中立性	完整性	术语正确	地道发音	语速合适	声音悦耳
◆ 译员	4.7344	3.5469	4.3906	4.2188	3.5625	3.5313	3.2500
■ 用户	4.1511	4.2014	4.6043	4.4892	4.0504	4.3813	3.5108

图 6.3　译员及用户会议交传期待产品显著差异参数项对比

　　对照前人研究文献,可见本研究结果与库尔兹(Kurz,2001)的结论存在较大不一致(见图 6.4)。需要指出的是,库尔兹所研究的口译类型为会议同声传译,而本研究为会议交替传译。然而,鉴于两者同为会议口译类别,两份数据结果在一定程度上依然具有可比性。

　　从整体看来,库尔兹(Kurz,2001)的研究结果显示,译员对会议同传各项参数的重视程度普遍高于用户,而本研究结果显示,译员对会议交传各项参数的重视程度普遍低于用户。总体上说,两项研究中,各个参数结果截然相反(除"逻辑连贯"一项外,见图 6.4)。

　　然而,与库尔兹(Kurz,2001)结果一致的是,译员及用户对于"地道发音"一项的重视程度均较低,对于"术语正确"的重视程度均较接近。同时,"逻辑连贯"参数的平均数方面,均为译员数值大于用户。

	地道发音	声音悦耳	表达流畅	逻辑连贯	完整性	语法正确	术语正确
译员	2.900	3.085	3.486	3.800	3.426	3.380	3.489
用户	2.365	2.600	3.100	3.458	3.200	2.600	3.400

	地道发音	声音悦耳	表达流畅	逻辑连贯	完整性	语法正确	术语正确
译员	3.563	3.531	4.391	4.734	4.391	3.828	4.219
用户	4.050	4.381	4.425	4.151	4.604	3.935	4.489

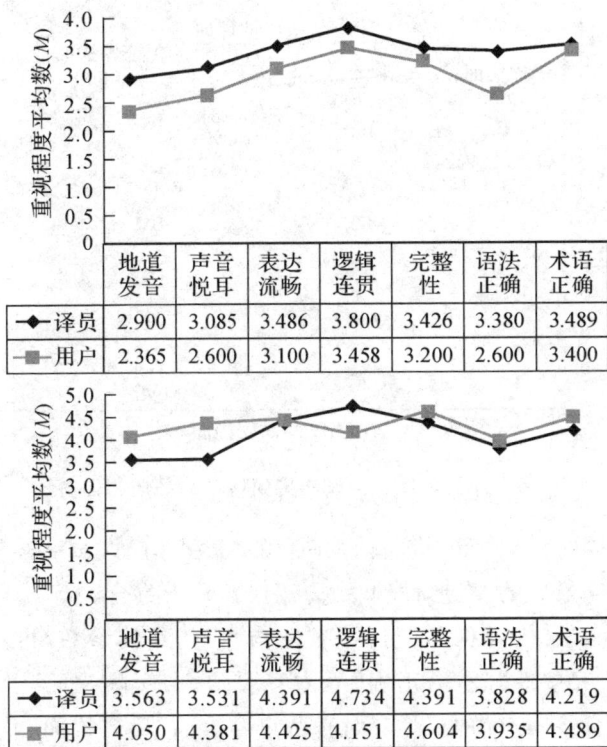

图 6.4　译员及用户期待参数结果(下)与前人
(上,根据库尔兹 2001 年研究成果整理)对比

6.1.2　译员及用户会议交传质量观对比

在 6.1.1 译员及用户的会议交传期待产品具体参数对比的基础上,笔者从双方心目中的期待产品品质构面展开考量,发现"品质构面"进一步从总体视角体现了译员及用户的质量观。对比第 4 章表 4.26"译员会议交替传译服务期待产品参数构面及权重"及第 5 章表 5.29"用户会议交替传译服务期待产品参数及其在各构面中的权重"得知(见图 6.5),尽管译员及用户在具体参数层面存在各种异同,但其各自注重的品质构面重要性趋同。

由图 6.5 可见,译员最为重视的"内容构面($M=4.3063$)"与用户最为关注的"可靠性构面($M=4.4000$)"非常接近。在译员及用户视角均排序第二,且高度相近的是"交际构面($M=4.1914$)"及"响应性($M=$

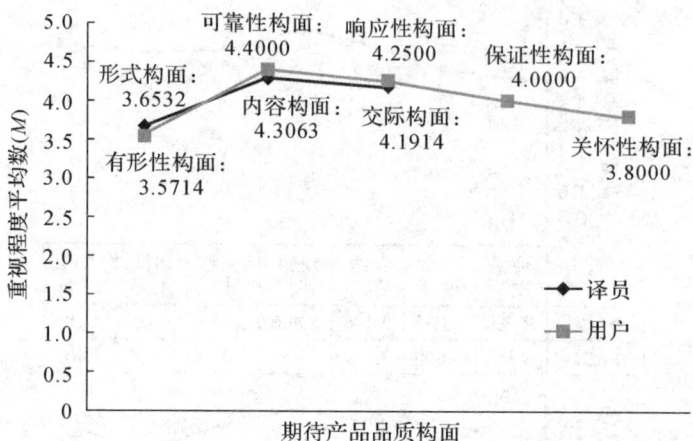

图 6.5 译员及用户会议交传期待产品品质构面对比

4.2500)"。同时,译员重视度排序最后的"形式构面($M=3.6532$)"与用户重视度排序最后的"有形性($M=3.5714$)"几乎重合。

进一步考量"内容构面"与"可靠性构面"的具体参数,可见两者均涉及"准确度""完整性""术语正确"等内容要素。"交际构面"及"响应性构面"则在"与直接用户沟通"等方面有所重合。而"形式构面"及"有形性构面"皆涉及"发音地道""声音悦耳""仪态举止""表达流畅"等外部要素。

可见,在总体质量观方面,译员及用户均最为重视会议交传服务品质的内容要素,而非其形式。然而,需要指出的是,由于第 4 章所提到的 3 类参数来源(行业规范、资格考试、教学机构)中提到"保证性构面"及"关怀性构面"的内容频率尚未达到共识层面,因此尚待增强译员对于这两项构面的感知及意识。

至此,笔者回答了研究问题 3"会议交替传译译员及用户期待参数有何异同?"并予以量化。

6.2 口译产品质量与用户满意度关系

6.2.1 译员会议交替传译期待产品与口译产品质量

译员心目中会议交传期待产品的参数来源是行业规范、资格考试、教学机构。笔者从中收集并梳理受到广泛认可的参数,经由焦点小组访谈、反省式有声思维及问卷调查等方式展开实证分析,将其进一步分为"内容、形式、交际"3 个品质构面。

同时,正如第 2 章中所谈,为了区分用户满意度,量化译员表现,在本研究中,笔者参考了主要行业组织关于口译质量的标准,选取行业认定规范作为量尺,将"口译产品质量"的概念范围局限在"从研究者第三方的角度所观察和记录到的实际口译产品的语言、逻辑和交际特征"。

鉴于两者参数来源存在重合之处(行业规范),经由第 4 章三方验证结果可知,"译员会议交传期待产品"与"口译产品质量"内容相近。然而,译员对自我口译表现要求包含却并不止于"语言、逻辑和交际特征"。因此,在"译员会议交传期待产品"参数存在的前提下,可以推论,当译员认为其实际表现符合期待,对自我表现较为满意时,其"口译产品质量"在多数情况下相应较高。

6.2.2 用户会议交替传译期待产品与用户满意度

正如第 5 章 5.2.2 所谈,口译服务属于"服务过程分类矩阵"中的"专业服务"领域,适用于管理学中"服务接触"领域相关质量评估范畴。因此,笔者尝试将 SERVQUAL 量表引入口译服务质量评估领域。SERVQUAL 量表的设计者帕拉苏拉姆、蔡特哈姆尔和贝里(Parasuraman, Zeithaml & Berry,1985)3 位学者曾提出,用户满意度即用户感知到的服务质量与其期待的差额。因此,口译服务中的用户满意度可用公式表示为:

$$S_U(\text{User Satisfaction}) = P_U(\text{User Perception})$$
$$- E_U(\text{User Expectation})$$

目前,经第 5 章问卷调查统计,已知用户期待(E_U)具体参数及权重。因此,借鉴 SERVQUAL 量表,可根据实际会议情况,针对口译现场的用户分别在会议开始前后发放"会议交替传译用户 SERVQUAL 期待产品调查问卷"(附录 6)及"会议交替传译用户 SERVQUAL 实际感知调查问卷"(附录 7),从而求得用户满意度值。需要指出的是,两份问卷所设置的参数一致,均由 5 个构面组成。当用户对口译服务质量的感知(P_U)大于或等于其期待(E_U)时,用户则对译员表现满意。反之,则可能出现用户不满意的情况。

基于上述公式可以得知,用户会议交替传译期待产品的具体参数及其权重在很大程度上决定了用户满意度的结果。

然而,尽管译员及用户整体质量观趋同(本章 6.1.2 及图 6.6),但从第 5 章数据结果看,用户方面的期待参数不仅存在相互矛盾的现象,也因其对会议交传服务品质尚未有足够的认知了解,导致多项期待参数存在较为模糊之处。类似情况的存在,是造成译员及用户双方期待差异的重要原因。如双方期待差异明显,一方面,可能导致用户实际感知的口译产品与其期待不一致;另一方面,也可能影响用户对译员口译表现的合理评价。

因此,为了提高用户满意度,有必要帮助用户更清晰地了解会议交传服务,使其在此基础上建立合理期待。当然,理想情况下,如果译员及用户心目中的会议交传期待产品参数甚至权重能够无限接近,也能助益于有效提高用户满意度。

由上述分析可推论,鉴于会议交传译员及用户期待产品参数差异,双方对所感知的口译产品质量评价在一定程度上存在偏差。对于译员来说,符合其心目中会议交传期待产品的口译表现并不一定会获得同样高的用户满意度。同理,对于用户来说,符合或超越其心目中会议交传期待产品的口译服务(较高用户满意度)也不一定意味着译员对自己当次口译表现同样满意。

因此,在当前行业现状下,"用户满意度"并不完全等同于"口译产品质量"。可以推论存在如下情况:"用户满意度"较高时,"口译产品质量"不一定高;"口译产品质量"较高时,"用户满意度"不一定高;仅在理想情况下,"用户满意度"可以等同于"口译产品质量"。然而,通过第 4 章对译员的焦点小组访谈及反省式有声思维结果可知,在当前的口译行业"用户满意度"普遍较高。在缺乏质量保证体系的情况下,这意味着"口译实际产品质量"有时或许并不尽如人意。

从行业发展的视角看,这种情况的存在可能会在一定程度上限制口译作为专业服务的发展,影响用户及译员双方权益。鉴于这些差距的存在及用户容忍程度较高,少数资质欠佳的译员得以在口译服务市场生存。从用户方面看,如存在"用户满意度"较高,"口译实际产品质量"不一定高的情况,将直接影响用户权益。从译员方面看,市场淘汰机制的缺乏也在一定程度上影响了资质合格译员的生存与发展。缺乏严格质量监控的行业竞争,将导致行业服务总体质量提高缓慢,甚至是不同资质译员间的低价竞争。

6.3 分析与讨论:最佳口译服务质量如何达成?[①]

随着语言服务行业的专业化进程逐渐加快,会议口译作为一种专业服务亟待发展。正如王斌华(2009)所谈,口译评估存在的问题之一便是把对理想质量的要求等同于实际质量的要求。笔者认为,口译服务质量评估不仅仅是单一的产品或过程评估,而是二者兼有之。口译服务质量的提高来自从口译准备工作到口译现场各方因素相互影响。最佳口译服务质量的达成来自必要的用户沟通与教育、口译服务质量保证(QA)体系的建立及口译教学当中对学生译员用户意识的培养。

6.3.1 用户教育:口译产品使用指南

作为服务产品的接收者,口译用户无法直观、客观地识别口译质量。因此,除译前沟通外,多种途径的用户教育至关重要。用户教育可以帮助用户在使用口译服务之前建立合理期待,将"口译服务体验"在脑海中"排练",使其做好充分准备,从而与译员共同协作有效完成多语沟通。

综观国外口译服务行业,用户教育实施已近十年,涉及多种语言、口译类型及工作场合,主要采取"用户指南"的形式。从发起方来看,大多由行业协会、翻译机构、政府组织等发出。如美国翻译协会(ATA)于 2011年出版的手册《口译服务购买指南》(*A Guide to Buying Interpreting Service*),旨在介绍口译服务类别、工作方式、购买方式及价格等内容。而澳大利亚昆士兰政府的社区部(Department of Communities)则于 2010年出版了《口译服务指南》(*Accessing Interpreting Services*),旨在向民众介绍"电话口译"及"现场口译"服务的使用指南及具体操作步骤。

从涉及口译服务类型来看,国外社区口译服务的用户教育材料所占比重相对更多,这或许是其服务面较广、用户文化及教育背景更为复杂所致。比如,澳大利亚新南威尔士大学(UNSW)的黑尔教授撰写了《法官与

[①] 本节部分内容改编自:王巍巍,穆雷,2019. 从翻译专业人才抽样调研报告看翻译人才培养[J]. 亚太跨学科翻译研究(1):102-116.

法庭口译员的工作指引》(*Guidelines for Magistrates and Judges on Working with Interpreters in Court*),旨在为法官有效使用法庭口译员提供建议。英国国家语言中心(National Centre for Languages)则于2004年出版了《公共服务口译指南》,以常见问答的形式介绍了口译服务的概念、何时需要使用、如何使用、质量监控,以及服务价格等内容。同时,该机构也分册出版了《商务口译指南》和《会议口译指南》,旨在促进人们对于口译服务的了解,帮助人们更顺利地使用口译服务。

从出版方式看,这些用户教育资料主要采用纸质手册、宣传单张、电子版文档和网页视频等形式。在宣传途径方面,某些材料会在口译服务现场、行业会议、学术会议上发放,供用户免费索取;用户亦可通过网站下载、邮件联络等方式获取相关信息。例如,浏览美国马萨诸塞州公共卫生署的网站,可以找到其医疗口译服务的相关资料,当中包含"口译服务申请表""口译服务手册""口译服务时间表及价格"等内容。

对照我国行业现状,在内地,口译用户教育尚处在起步阶段。除部分翻译公司在口译现场发放同声传译服务及设备使用说明资料(单张卡纸形式)外,在大多数情况下,用户较少获得口译服务相关介绍材料。随着口译服务需求日益增长,有必要尽早展开口译服务用户教育,帮助更多的用户了解如何正确使用口译服务,并提升口译行业社会认知度。鉴于此,笔者在参考国外经验的基础上,尝试编写了"会议交替传译服务用户使用手册"(附件8),作为用户教育的初步尝试,以供参考。

6.3.2 口译服务质量保证体系

如第4章所谈,在参与调查的63名译员中,过半译员(58%以上)进行口译服务质量评估的频率为"有时""很少"或"从不"。同时,在口译服务评估方考量方面,按重要性排序,译员最重视来自直接用户("讲者及听众")的评估(60.32%的译员认为该项"最重要")。

虽然大多数译员非常重视来自"直接用户"和"雇主"的评价,然而这两方的主动评价频率较少。因而,译员在提供口译服务过程中,主要靠"自我评估"和"同行评议"等自律方式来实现口译服务质量评估保证(见表4.21)。可见,在当前的行业现状下,口译服务缺乏质量保证体系。

口译服务质量评估及保证涉及译员、口译教育及培训机构、用户和研究人员等多维视角。译员和培训人员认为,他们可以根据自己的经验和专业基础直观地评价口译服务质量,但却无法明确表达自己的主观判断衡量标准。在缺乏质量监控或保证的情况下,用户可能因无法控制译员的传译质量等因素难以信任口译服务。在口译研究领域,学界仍未找到一个普遍接受的质量模型以适用于会议口译或其他任何类型的口译。

然而,由于口译服务的即时性等特征,其质量保证体系需涉及口译动作发生之前、发生过程中及发生之后,才有可能在一定程度上有效控制口译产品及服务质量。事实上,质量保证体系作为透明客观的质量评估的方法,在笔译服务中早已存在,涉及过程及文本等多项内容[如 ISO 9002,DIN 2345,欧洲最佳应用守则(European Code of Best Practice)]。

当前,在各行各业的质量管理中,均采用具有可持续性的质量评估和质量控制方法及体系。正如基亚罗和诺切拉(Chiaro & Nocella,2004:278)所说:

> 随着社会的发展,各行各业都已经或正在形成自己的质量控制系统。质量控制,已不再仅仅局限于高科技产品或家用电器的安全标准。事实上,从饮食业到社会服务业,精益求精是所有实体产品和服务产品领域在发展过程中所共有的基本特征。然而……口译的工作仍然处在混沌之中,往往是简单地基于译者与客户之间的信任,而非由外部确定的标准。

口译服务,与许多其他专业服务一样,其质量保证至关重要。一方面,会议传译服务的提供者口译员期望得到合理的支付,在口译市场得以生存并展开职业发展;另一方面,口译用户在支付或购买口译服务的同时也期待得到良好的口译服务品质。因此,从口译服务行业发展及会议传译员职业发展视角看,亟须建立口译服务质量保证(QA)体系,以有效维护译员及用户权益。

综观国外口译服务质量保证体系的建立经验,主要采取译员证书定期审核,即职业发展系统(Professional Development,PD)等形式,以及第三方质量评判,即设立"仲裁委员会"或召开"听证会"等形式。

1.译员证书定期审核

以澳大利亚口笔译资格认证(NAATI)及澳大利亚口笔译员协会

（AUSIT）为例，NAATI 证书持有者和 AUSIT 会员必须通过证书年审和参与持续专业发展计划（CPD）才能够继续保持 NAATI 证书有效及 AUSIT 会员资格。

澳大利亚口笔译资格认证（NAATI）及澳大利亚口笔译员协会（AUSIT）认为，随着口译市场及用户对口译服务的期待日益提高，口译服务质量标准已经变得比以往任何时候都更加严格。因此，为保持译员在行业中的专业性及竞争力，保证译员承诺最高道德标准，译员必须通过参与持续专业发展计划（CPD）或进行终身学习才能够满足日益提高的市场要求。

在这样的背景下，该组织于 2006 年与业界、国家专业机构和其他利益相关者进行磋商并达成协议，决定自 2012 年 7 月 1 日开始，进行 NAATI 证书重新验证（revalidation）。根据要求，2007 年 1 月 1 日后获得 NAATI 证书的持有人必须参与年审，NAATI 证书有效期为 3 年。对于一般会员的要求是平均每年收集 40 学分，3 年内共需收集 120 学分（详见表 6.2）。如在 3 年有效期限内译员未能达成 120 学分，则 NAATI 证书过期失效，取消 AUSIT 会员资格。

表 6.2　澳大利亚口笔译员协会（AUSIT）译员专业发展（PD）学分要求

年审内容类别	要求	最低学分要求
职业道德 Ethics of the profession	必须	30
语言能力保持 Maintenance of language	必须	30
口笔译能力发展 T&I skills development	必须	30
互补技能发展 Complementary skill development	可选	无
行业贡献 Contribution to the profession	可选	无

在学分记录和审核方面，澳大利亚译者协会主要采取自我评估，由译员按照相应活动及其归属类别（主题、持续时间等）自行进行分值计算和记录。同时，NAATI 证书资格评审委员会、分支委员会及其管理员均有

权进行随机检查,可以要求任何成员出示其收集学分的相应证明。

对比我国行业现状,目前全国翻译专业资格(水平)考试(CATTI)也有类似措施。自 2006 年起,中国外文局委托中国翻译协会负责 CATTI 证书登记与继续教育工作的具体实施。作为对翻译专业人员实行行业管理的一部分,中国翻译协会拟定了《关于组织全国翻译专业资格(水平)证书持有者继续教育(或业务培训)的通知》和《关于组织全国翻译专业资格(水平)考试证书登记工作的通知》。根据相关要求,CATTI 证书有效期为 3 年。持有证书的译员需通过书面阅读或网上阅览的方式学习继续教育相关教材(其内容包含翻译专业教育、对外新闻出版、翻译产业发展等方面的现状,及主要翻译专业机构和翻译类高校的相关信息)。译员通过继续教育测试后,可以办理证书登记。如在规定的 3 年时间内没有完成证书登记手续,且不符合申请延期登记情况的,则由中国翻译协会行业管理办公室核实后,注销证书登记并公开声明证书作废。然而,相比澳大利亚口笔译员协会(AUSIT)译员专业发展学分要求及细则,CATTI 证书继续教育较为笼统,主要从宏观层面的职业道德、行业状况视角出发,较少涉及微观层面的语言能力或翻译能力水平检验和发展。

2. 第三方质量评判

以英国为例,其全国公共服务译员登记局(NRPSI)下设职业操守委员会(Professional Conduct Committee)、纪律委员会(Disciplinary Committee)和纪律上诉委员会(Disciplinary Appeals Committee),对口译服务中出现的违例行为及质量纠纷进行调解、听证、裁决并接受申诉。比如,纪律委员会接获一宗投诉,指出译员存在庭外与证人谈话并提出对法院诉讼的负面看法等行为。于是,该组织于 2012 年 6 月 19 日召开听证会,认定该译员违反"行为守则"第 4.8 节,裁决该译员自听证会日起 3 个月内暂停工作。在另一案例中,纪律委员会接获一宗投诉,指出译员在口译过程中未能保持中立。于是,该组织于 2012 年 3 月 13 日召开听证会,认定该译员违反"行为守则"第 5.9 节及第 5.12 节,决定对该译员进行警告处分。

反观我国行业现状,在内地,当口译服务过程中出现质量纠纷或违反职业操守的情况时,往往由译员或翻译中介公司与用户进行沟通调解。目前,暂无相关行业机构从第三方视角对口译服务中出现的违例行为及质量纠纷进行调解、听证、裁决并接受申诉。这也提示我们,随着语言服务业的发展,行业管理日益规范,相关的行管机构需不断针对出现的问题展开研究,应行业需求推出新的管理办法。

3. 口译服务中的"译审"角色

除以上两种途径外,由于口译即时性的特征,难以在口译服务过程中进行质量监控。目前,除屈指可数的几家企业用户在使用口译服务时会进行原文及译文录音转写,从而监控口译质量外,绝大多数场合下,译员通过自律方式进行"自我质量监控及评估"。换而言之,与笔译相比,口译服务缺乏"译审"角色。人工智能时代,语音识别等技术日趋成熟,有必要审慎探讨在口译服务中"译审"功能实现的可行性。

6.3.3 口译教学:用户及市场意识

通过 6.1 中的研究数据对比分析可见,译员及用户心目中的会议交传口译期待产品参数存在一定差异。如 6.2.2 所谈,除用户教育外,如果译员及用户心目中的会议交传期待产品参数甚至权重能够无限接近,会助益于有效提高用户满意度。因此,笔者认为,在口译教学中,可以通过"口译工作坊""会议口译观摩与欣赏""模拟会议口译""会议口译职业与规范"等课程,赋予学生"口译作为专业服务"的理念。同时,通过展开进一步的用户研究,告知学生不同用户在不同口译形式及不同会议场合中的口译产品服务质量期待,从而为口译教学提供佐证和建议。

6.4 本章小结

在本章中,笔者首先对译员及用户心目中会议交替传译口译期待产品参数、权重及构面进行了数据对比与分析,以考察并量化双方会议交传口译质量观异同。在此基础上,尝试探讨译员会议交传期待产品参数对口译产品质量的影响及用户会议交传期待产品参数对用户满意度的影响,从而提出口译产品质量不等同于用户满意度。

在此前提下,笔者从用户教育、口译服务质量监控体系及口译教学的视角探讨达成最佳口译服务质量的途径,从而促进口译产品质量与用户满意度形成正比。

如此,则回答并量化了研究问题 3"会议交替传译译员及用户的期待产品参数是否存在差异?",回答了研究问题 4"口译产品质量与用户满意度呈何种关系?",验证了假设 3"译员和用户之间存在认知差异"。

第7章 结 论

　　本研究旨在通过考察会议交替传译译员及用户心目中口译期待产品的参数及权重,探讨口译产品质量与用户满意度之间的关系。笔者以会议交替传译的口译员及用户为对象,以文献法、焦点小组访谈、反省式有声思维法、问卷调查法等方式进行量化研究,将所得数据进行统计分析和三方验证。通过实证研究过程,验证假设内容并回答研究问题。

　　在本章中,笔者尝试综述研究过程及研究结果、探讨研究意义、反思研究不足与局限,并就未来研究路径及方向提出初步设想。本章共分为3部分:7.1通过回顾各章内容及逻辑关系综述研究过程,梳理研究对象与方法,报告研究结果;7.2探讨本研究可能存在的研究贡献及创新性;7.3主要从研究局限出发,探讨未来研究可能涉猎的方向。

7.1　研究结论

　　本研究中,笔者从"口译研究的社会性转向"及"口译职业化及专业化口译人才培养"出发,在第1章中定位研究类型为"社会文化层面的应用研究",研究对象类别为"口译产品"。在将口译产品视为一种专业语言服务的基础上,笔者尝试描写译员表现、用户反馈、译员期望与用户期望等方面参数,旨在通过研究路径设计(见图1.4)达成"探讨会议交传中口译质量与用户满意度的关系"的研究目的。

　　在第2章中,笔者借鉴管理学的概念,提出"口译产品整体概念"。基于此,笔者通过综述前人关于口译产品的研究,找到研究起点并提出"口译期待产品模型假设"(见图2.7),继而提出相应的研究问题。以此为前提和目标,笔者在第3章中界定了适用于本研究的理论框架和研究方法,并通过列表方式(见表 3.1)梳理了第 2 章及第 3 章中研究假设、研究问题及研究方法之间的逻辑关系。

第 4 章及第 5 章为本研究的核心章节,是回答研究问题并达成研究结论的重要前提。在前三章的逻辑基础上,笔者分别从会议交传译员及用户两个视角出发,通过文献法、焦点小组访谈、反省式有声思维法、问卷调查法等方式展开研究,统计、分析并量化了会议交传译员及用户心目中的期待产品参数、构面及各项权重。

在第 6 章中,笔者以具体参数、构面及权重为考察指标,分析对比会议交传译员及用户心目中的期待产品,从而了解双方质量观异同。基于此,进一步探讨这些异同对于口译产品质量及用户满意度的影响,从而讨论两者之间的互动关系。在论证梳理"口译产品质量不完全等同于用户满意度"的基础上,笔者提出推广用户教育、建立口译服务质量保证体系及关注口译教学相应问题等解决方案,以期实现最佳口译服务质量。

7.1.1 研究对象及方法梳理

本研究中,笔者在文献综述的基础上,通过前三章论述确定了研究对象及研究方法。在借鉴口译研究及管理学研究成果的基础上,笔者将研究对象"口译产品"界定为一种专业服务产品,经由口译过程所得,是辅助人们在不同语言文化之间沟通交流的有机整体,是口译活动中各种因素相互作用的结果。"口译产品"不仅包括语言层面的口头翻译内容,还包括其他层面如交际效果、用户期望、译员角色等多个方面的内容。因此,笔者进一步根据口译产品的特点将其划分为核心价值、有形产品、期待产品及延伸产品 4 个层次,称之为"口译产品的整体概念"。在回顾了口译产品作为一种语言服务产品的 4 个层次的相关研究后,笔者发现产品研究总是与口译质量评估息息相关。而在口译产品的各个层次当中,期待产品由于大多涉及用户期望、译员表现、口译规范及实际效果等方面的对比,这些因素决定着"口译产品质量"及"用户满意度",因而与口译评估的关系最为密切。为此,笔者在重点关注"期待产品"的同时,进一步将研究对象细化为"会议交传口译产品中译员及用户心目中的口译期待产品参数及权重"。

在确定研究对象后,笔者建构了研究的理论框架及研究方法(见表

3.1），即通过梳理口译实践相关规范类文件、借鉴前人口译研究成果收集译员心目中的口译期待产品参数并展开三方验证；通过管理学中服务接触领域"PZB服务质量模式"展开SERVQUAL问卷调查收集并验证用户心目中的口译期待产品参数；通过文献法、焦点小组访谈、问卷调查法及SPSS统计分析等途径，展开描写、量化及分析，对比双方心目中的口译期待产品质量参数及权重并探讨其对"口译产品质量"及"用户满意度"产生的影响。

7.1.2　关于研究问题的发现与回答

在本研究的核心章节部分，笔者主要通过第4章、第5章分别回答研究问题1及研究问题2。在前两章数据对比分析的基础上，第6章回答研究问题3，并通过归纳总结法推论得出研究问题4的回答。

研究问题1：会议交替传译职业译员期待产品包含哪些具体参数？

在第4章中，笔者通过考察行业规范文件、口译资格认证考试及翻译院校毕业考试3个文献来源中所涉及的相关会议口译质量内容，梳理并收集三方均认可的口译质量影响因素作为参数来源。笔者通过对16名机构内会议口译译员展开两小时焦点小组访谈，12名职业译员进行反省式有声思维口译实验及63名职业译员调查问卷3个途径相互验证，描述并量化了译员心目中期待的会议口译产品质量参数、构面及其各自所占权重，证实译员心目中期待的口译产品与实际口译产品存在差异。

基于此，笔者回答了研究问题1"会议交替传译职业译员期待产品包含哪些具体参数？"，并提出译员会议交替传译服务的期待产品(E_i)公式：

$$E_i = 36\% \ D_{iCT} + 35\% \ D_{iCM} + 29\% \ D_{iFM}$$

研究问题2：会议交替传译用户期待产品包含哪些具体参数？

在第5章中，笔者在前人研究基础上，梳理出当前国内外学界所提出的口译产品用户期待参数。从口译作为一种专业服务产品的视角出发，借鉴管理学中的PZB模型，将SERVQUAL量表应用于口译服务产品质量评估，针对3个行业中定期使用口译服务的企业（化工、IT、教育）和政府机构共139名用户展开调查。根据数据统计及分析结果，笔者提出了用户视角中口译服务产品的品质构面，描述并量化了用户期待的口译产品质量参数、构面及其权重。

基于此,笔者回答了研究问题 2"会议交替传译用户期待产品包含哪些具体参数?",并提出用户会议交替传译服务的期待产品(E_u)公式:

$$E_u = 22\% \ D_{uRL} + 21\% \ D_{uRS} + 20\% \ D_{uRS} + 19\% \ D_{uE} + 18\% \ D_{uT}$$

研究问题 3:会议交替传译用户及译员期待参数有何异同?

在第 6 章中,笔者在前两章数据统计结果的基础上,对比译员及用户心目中会议交替传译口译期待产品质量参数、构面及其权重,考察并量化双方会议交传口译质量观异同,从而回答了研究问题 3。

通过对比,笔者发现,尽管译员及用户在具体参数层面存在各种异同,其各自注重的品质构面重要性趋同。而本研究结果显示,译员对会议交传的重视程度普遍低于用户。在总体质量观方面,译员及用户均最为重视会议交传服务品质的内容要素,而非其形式。然而,需要指出的是,用户参数细项存在自相矛盾之处,可见用户对于口译产品仍处在尚待了解的阶段,有必要展开用户教育,以帮助其建立合理期待。同时,由于第 4 章所提到的 3 类参数来源(行业规范、资格考试、教学机构)中提到"保证性构面"及"关怀性构面"的内容频率尚未达到共识层面,译员期待参数中缺乏了与用户期待一致的两个构面,因此,为使双方期待尽可能达成一致,也有待增强译员对于这两项构面的感知及意识。

研究问题 4:口译实际产品质量与用户满意度之间呈何种关系?

鉴于会议交传译员及用户期待产品参数差异,双方对所感知的口译产品质量评价在一定程度上存在偏差。对于译员来说,符合其心目中会议交传期待产品的口译表现并不一定会获得同样高的用户满意度。同理,对于用户来说,符合或超越其心目中会议交传期待产品的口译服务(较高用户满意度)也不一定意味着译员对自己当次口译表现同样满意。由此证明,在当前行业现状下,"用户满意度"并不完全等同于"口译产品质量"。

7.1.3 研究假设验证

在回答研究问题的同时,笔者也证明了第 2 章中提出的"口译期待产品模型假设"(见图 2.7)。

假设 1:存在译员期待产品与实际产品的差异。

以第 4 章中反省式有声思维实验数据结果为证据,验证了译员期待的口译产品与实际产品不一定一致。比如,12 名译员在译文中出现了较高频率(52%)的"增加重复"现象。根据以上的反省式有声思维语段分析,可以推测:一方面,译员期待最大程度的传达源语信息,优先保证译文的"准确度"和"忠实度",所以采用"增加重复"的口译策略技巧;另一方面,这一策略也影响了译文的精炼程度,产生了"译文不够简洁"的结果。可见,译员的实际表现与心目中理想的期待表现始终存在一些差距,两者无限接近。

假设 2:存在用户期待产品与实际产品的差异。

第 5 章中数据统计显示,用户也许对于会议交传服务品质尚未有足够的认知了解,可以发现用户期待存在自相矛盾之处。由此可以推论,这些因素或许会导致用户期待参数存在模糊之处,从而直接影响其对于口译实际产品质量的客观判断。

假设 3:译员和用户之间存在认知差异。

在第 6 章中,笔者通过对比译员及用户心目中会议交传口译期待产品质量参数、构面及其权重,发现一方面译员并不总是了解用户所需,另一方面用户对于口译作为专业服务产品的了解也亟待增进。比如,研究者发现用户在关注"准确度"的同时希望译员更多地参与到对话中起到调谐的作用,而译员则更多坚持专业规范,在"隐身中立"与"主动参与"的角色中尝试平衡与互动转换。因此,为同时保证口译产品质量和用户满意度,译员需要在用户期待与职业规范中寻求平衡点。

7.2 研究贡献与创新

本研究将口译产品视为一种专业语言服务,结合口译研究的"社会性转向",借鉴管理学相关研究成果,从"口译期待产品模型"视角探讨职业化口译市场需求和现状的趋势下,译员及用户心目中会议交传期待产品的参数、构面及其权重,以及如何达到口译产品质量与用户满意度的理想结合。基于此,笔者期望本书能为口译研究、口译行业发展及口译教学带来些许贡献。

7.2.1 对口译研究可能的贡献

(1)口译质量观:"口译期待产品模型"。通过验证"口译期待产品模型",本研究描述并验证了双方期待对于"口译产品质量"及"用户满意度"的影响。该"模型"说明,口译服务质量并不完全由译员一人决定,至少受到译员及用户双方因素的直接影响。同时,口译服务质量的提升也来自从口译准备工作到口译现场,从口译质量保证体系到用户教育各方因素之间的相互影响。因而笔者提出,从口译作为一种专业服务的视角看,口译服务质量考量不仅仅涉及"过程(process)"或"产品(product)"任一单方,而是二者兼有之。该模型提示我们,口译研究不仅仅要关注口译过程的每一个方面,更要关注各方面之间的关系,以及如何让各方面的利益达到最佳值。口译是一个动态的过程,口译研究也要描述并研究这个动态,使其能够更加准确地反映出口译过程中的各种矛盾和状态,从而对口译服务和教学提供指导。最佳口译服务质量的达成来自必要的用户沟通与教育、口译服务质量保证(QA)体系的建立及口译教学当中对学生译员用户意识的培养。

(2)译员及用户会议交传期待产品参数、构面及权重。通过文献法、焦点小组访谈、反省式有声思维法、问卷调查法、SPSS统计等方式,笔者描述了译员及用户会议交传期待产品参数、构面及权重,提出了双方会议交传期待产品量化公式(7.1.2)。综合使用上述方法,整理相关数据并从中提取有效参数,建构译员及用户口译期待产品量化公式为口译研究中的首次尝试,旨在为最终形成口译产品动态描述奠定基础。本研究所采取的统计方法和发现皆可重复,或可为后续研究提供参照和起点。

(3)"翻译学—管理学"跨学科尝试。在本研究中,笔者借鉴了管理学"服务营销"相关理论中的"产品的整体概念""有形产品"与"实体产品"概念区分、"专业服务"概念、"用户满意度"概念、"服务品质""服务接触""PZB模型"等相关研究成果及研究方法。在此基础上,笔者辨析了口译产品作为"服务产品"有别于"实体产品"的特征及原因,并阐释了口译产品归属于"专业服务"的原因。

从方法论层面看,特别需要指出的是,笔者将管理学中SERVQUAL量表引入口译服务质量研究,提出口译服务的"会议交替传译用户SERVQUAL期待产品调查问卷"(附录6)及"会议交替传译用户SERVQUAL实际感知调查问卷"(附录7)验证了前者的适用性,并以此量化了译员及用户心目中会议交传期待产品的参数、构面及权重。同时,这些尝试或可为管理学中对于口译服务领域的研究提供参考。

特别需要指出的是,随着语言服务业的迅速发展和逐渐完善,口译和笔译开始进入行业领域,成为真正的社会职业,服务业的管理学原理可能会越来越多地用于指导职业翻译的管理和研究。本研究尝试从会议交替传译的研究入手,借鉴管理学的相关概念和原理,验证了其在语言服务业的适用性,为今后语言服务业其他相关领域的研究探索了道路。

7.2.2 对口译行业发展可能的启示

(1)用户教育。在口译职业化的发展进程中,除译员自身能力提高外,用户教育的作用不可小觑。从口译用户的视角看,用户教育一方面可以帮助用户简单清晰地认识口译服务产品,从而建立合理期待,提升用户满意度;另一方面,可以促进用户在维护自身权益的同时了解如何更好与译员共同协作达成"口译产品质量"与"用户满意度"皆高的最佳口译服务质量。从译员的维度看,开展用户教育既可拉近译员与用户双方对于口译产品的合理期待值,又能够在一定程度上帮助译员更顺利地完成口译任务,提升译员的工作满意度。从行业发展的视角看,有效的用户教育能够在助益口译产品服务质量的同时,提升口译服务的社会认知度和影响力。通过媒体宣传等方式对大众展开口译产品教育,可在某种程度上加深用户对口译职业的认知,促使其对翻译职业专业性的了解,从而提升译员社会地位并进一步推进行业良性发展。在这一方面,行业协会的作用举足轻重。根据国际会议口译员协会(AIIC)的相关章程,其工作职责除监督译员从业行为外,也包括顾客协商、保护顾客权益及展开口译使用者教育等内容。

为此,笔者在参考国外经验的基础上提出"附录8:会议交替传译服务用户指南",旨在为当前行业现状中的口译服务提供参考。此举虽为博士论文的附属产品,但仍有众多领域及问题亟待探讨,日后或可成为新的研究方向。

(2)口译服务质量保证体系。与许多其他专业服务一样,口译服务的质量保证至关重要。为达成"口译产品质量"与"用户满意度"皆高的最佳口译服务质量,笔者在第6章提出有必要通过"译员证书定期审核""第三方质量评判"及"口译服务过程中的'译审'"等途径,探讨建立口译服务质量保证体系的可信性。一方面,该体系的建立可以激励译员自我提升、终身学习,从而确保其服务水平;另一方面,也可以刺激行业竞争机制和淘汰机制发挥作用。同时,在验证管理学"服务营销"相关理论适用于"口译服务"的前提下,笔者亦认为可进一步借鉴其他服务行业的质量保证措施,以探讨相关解决方案及其可行性。

7.2.3 对口译教学的意义

随着我国口译职业化发展日益规范,口译市场对于职业译员的数量需求不断扩大,质量要求不断提升。口译产品是检验口译教学效果的试金石,也是衡量职业译员市场竞争力的标准之一。因此,口译教学有必要融入真实社会文化语境中译员与用户互动关系的视角以及管理学中的市场意识,以适应职业化市场需求。

在细化了译员及用户会议交传期待产品参数、构面及权重的基础上,本研究发现了双方对于口译产品的期待异同。因此,在口译教育的过程中,可一方面在职业规范的导引下着重培养学生的口译能力,另一方面根据实际情况在教学后期适当安排真实口译活动让学生现场观摩等,使其尝试从多方面考量不同参与方眼中的口译任务及需求,从而培养口译学生的职业能力。如此,通过教学帮助学生做好入职准备,提升职业竞争力,在受训结束后能够更顺利地进入口译市场。

在教学考试及资格认证考试方面,从本研究所得用户期待参数看,国内现行大多数翻译院校的教学考试及翻译专业资格认证考试本身依然与真实口译活动的服务质量需求存在一定差距,故口译学生即便完成翻译课程或考取资格证书,依然未必能够在翻译产业或口译专业服务行业顺利从业。

基于"口译期待产品模型"的证实,译员及用户会议交传期待产品参数、构面及权重的确定,本研究可以在一定程度上厘清在真实口译活动中用户对口译产品质量评估的影响及译员本身期待与实际产出的差距,从而为资格认证考试真实度的改善提供参考。

同时,鉴于本研究数据多来源于口译行业,因此,"口译期待产品模型"以及其公式若能代表行业对口译产品质量的要求,就可以在课程设计、教学内容、教材编写、测试评估等口译教学的各个阶段作为参考。

7.3 研究局限性及未来研究展望

由于研究对象局限及研究样本数量有限①,本研究结果无法推论至所有口译类型。因此,本研究仅作为口译产品研究的一种试点探究,在一定程度上反映了笔者所调查的会议交传译员及用户样本群体的现状。在研究所考察的口译类型层面,因样本总数有限,未能进一步依会议规模、主题等类别进一步细分,因而还需扩大样本类型——进行描写、统计及对比分析。同时,笔者由于时间、人力、各方资源等限制,仅考察了译员及用户心目中对于会议交传的一般期待值,未能展开案例研究,进一步描述统计双方的实际感知数据,并量化分析其与期待值的差异。

展望未来,笔者希望在以下方面开拓后续研究:

(1)进一步量化双方期待值差异,寻找口译服务质量"宽容区"。本研究仅对比了双方的期待产品参数、构面及权重差异,译员如何寻求口译产品质量及用户满意度的平衡,以及用户对于口译服务质量的最低宽容度等问题亟待探讨。

(2)考察并量化译员及用户在同一场会议口译案例中的实际感知,验证"会议交替传译用户 SERVQUAL 实际感知调查问卷"(附录 7)的可行性。对比双方的期待产品数据,探究双方实际感知与实际产品之间可能存在的偏差,及其对口译效果的影响。同时,亟须扩大样本类型及数量,以提高研究可靠性。

(3)探究"用户满意度"公式的可行性。本研究仅在用户期待产品的公式基础上提出了由"用户期待"与"用户感知"两个变量影响的"用户满意度"计算方式,其可行性亟待验证。

(4)以口译类型、主题、场合等指标为单位,考察"用户教育"的宣传内容、实施模式、效果评估及其对行业发展、口译实践与教学的影响,以探讨

---

① 无论是在中国还是国际上,口译员的数量本身有限,找到能够配合展开研究的口译员难度较大。因此,对口译进行量化研究难免遇到研究对象数量限制的问题。本研究由于时间精力所限,暂且使用 91 个译员样本及 139 个用户样本。希望在今后的研究中,可以继续扩大样本数量,丰富研究对象和内容。

建立"口译质量保证体系"的可行性。

（5）探究专业化口译教学适应行业职业化发展需求的可能途径，从"口译产品质量"及"用户满意度"视角看校企合作模式以满足行业发展。

参考文献

Alexieva, B. , 1984. Semantic analysis of the text in simultaneous interpreting [C]. In FIT. Kongressakte. X. *Weltkongress der FIT*. Wien: Wilhelm Braumüller: 195-198.

Alexieva, B. , 1994. Types of texts and intertextuality in simultaneous interpreting [M]. In Snell-Hornby, M. , Pöchhacker, F. & Kaind, K. (eds.). *Translation Studies: An Interdiscipline*. Amsterdam/Philadelphia: John Benjamins Publishing Company: 179-187.

Alexieva, B. , 1997. A typology of interpreter-mediated event [M]. In Pöchhacker, F. & Shlesinger, M. (eds.). *The Interpreting Studies Reader*. London: Routledge: 219-233.

Alexieva, B. , 1999. Understanding the source language text in simultaneous interpreting [J]. *The Interpreters' Newsletter* (9): 45-59.

Altman, J. , 1989. Overcoming Babel: The role of the conference interpreter in the communication process [M]. In Kölmel, R. & Payne, J. (eds.). *Babel: The Cultural and Linguistic Barriers between Nations*. Aberdeen: Aberdeen University Press: 73-86.

Amini, M. , Alavi, S. & Amini, D. , 2016. Clients' quality expectations in Malaysian conference interpreting [J]. *Multicultural and Multireligious Understanding* (1): 14-36.

Amini, M. , Ibrahim-González, N. & Ayob, L. , 2013. Quality of interpreting from users' perspectives [J]. *International Journal of*

English and Education(1)：89-98.

Amos，F. R.，1920. Early theories of translation [D]. New York：Columbia University.

Anderman，G. & Rogers，M.，2007. *Incorporating Corpora：The Linguist and the Translator*[M]. Clevedon：Multilingual Matters.

Anderson，R. B. W.，1976. Perspectives on the role of interpreter [M]. In Brislin，R. W. （ed.）. *Translation：Application and Research*. New York：Gardner Press：208-228.

Angelelli，C. V.，2004. *Revisiting the Interpreter's Role：A Study of Conference，Court，and Medical Interpreters in Canada，Mexico，and the United States* [M]. Amsterdam/Philadelphia：John Benjamins Publishing Company.

Angelelli，C. V.，2006. Minding the gaps：New directions in interpreting studies [J]. *Translation and Interpreting Studies*(1)：46-67.

Angelelli，C. V.，2008. The role of the interpreter in the healthcare setting：A plea for a dialogue between research and practice [M]. In Valero-Garcés，C. & Martin，A. （eds.）. *Crossing Borders in Community Interpreting：Definitions and Dilemmas*. Amsterdam/Philadelphia：John Benjamins Publishing Company：147-163.

Angelelli，C. V.，2010. A professional ideology in the making：Bilingual youngsters interpreting for their communities and the notion of （no） choice [J]. *Translation and Interpreting Studies* (1)：94-108.

Angelelli，C. V. & Osman，G.，2007. "A crime in another language?" An analysis of the interpreter's role in the Yousry case [J]. *Translation and Interpreting Studies*(1)：47-82.

Apostolou，F.，2009. Mediation，manipulation，empowerment：Celebrating the complexity of the interpreter's role [J]. *Interpreting* (1)：1-19.

Arjiona-Tseng，E. M.，1990. Curriculum policy-making for an

emerging profession [D]. Palo Alto: Stanford University.

Arjiona-Tseng, E. M., 1994. A psychometric approach to the selection of translation and interpreting students in Taiwan [M]. In Lambert, S. & Moser-Mercer, B. (eds.). *Bridging the Gap: Empirical Research in Simultaneous Interpretation*. Amsterdam/Philadelphia: John Benjamins Publishing Company: 69-86.

Bahadir, Ş., 2010. The task of the interpreter in the struggle of the other for empowerment: Mythical utopia or sine qua non of professionalism? [J]. *Translation and Interpreting Studies*(1): 124-139.

Baker, M. C., 2001. *The Atoms of Language*[M]. New York: Basic Books.

Baker, M. C., 2009. *Critical Readings in Translation Studies*[M]. London: Routledge.

Bancroft, M., 2005. *The Interpreter's World Tour: An Environmental Scan of Standards of Practice for Interpreters*[M]. Menlo Park, CA: The California Endowment.

Barik, H. C., 1971. A description of various types of omissions, additions and errors of translation encountered in simultaneous interpretation [J]. *Méta*(4): 199-210.

Bowen, M., 1984. Non-verbal communication [J]. *Universitas, Newsletter of the Austrian Association of Translators and Interpreters*(1):10-11.

Bowen, D., 1985. The intercultural component of interpreter and translator training: A historical survey [D]. Washington, D. C. : Georgetown University.

Bowen, M., 1990. The weighing of errors in simultaneous interpreting [M]. In Arntz, R. & Thome, G. (eds.). *Uebersetzungswissenschaft— Ergebnisse Und Perspektiven*. Tübingen: Narr: 545-554.

Bowen, D. & Bowen, M., 1984. Conference interpreting: A brief history [C]. In American Translators Association. The 25th

Annual ATA Conference. Medford: Learned Information: 23-27.

Bowen, D. & Bowen, M. , 1985. The Nuremberg trials: Communication through translation [J]. *Méta*(1): 74-77.

Bowen, D. & Bowen, M. , 1987a. Formal translation and interpretation training for a member of an international congregation [J]. *Méta* (1): 85-89.

Bowen, D. & Bowen, M. , 1987b. The interpreter as consultant for international communication [C]. In American Translators Association. The 28th Annual ATA Conference. Medford: Learned Information: 287-291.

Bowker, L. , Kenny, D. & Pearson J. , 1998. *Bibliography of Translation Studies*[M]. Manchester: St. Jerome Publishing.

Bowker, L. , Kenny, D. & Pearson J. , 1999. *Bibliography of Translation Studies*[M]. Manchester: St. Jerome Publishing.

Bowker, L. , Kenny, D. & Pearson J. , 2000. *Bibliography of Translation Studies*[M]. Manchester: St. Jerome Publishing.

Bowker, L. , Kenny, D. & Pearson J. , 2001. *Bibliography of Translation Studies*[M]. Manchester: St. Jerome Publishing.

Brooks, P. , 1996. *Reading for the Plot* [M]. London: Harvard University Press.

Bühler, H. , 1982. Translation und nonverbale Kommunikation [M]. In Wills, W. (ed.). *Semiotik und Uebersetzen*. Tübingen: Narr: 45-52.

Bühler, H. , 1985. Conference interpreting: A multichannel communication phenomenon [J]. *Méta*(1): 49-54.

Bühler, H. , 1986. Linguistic (semantic) and extra-linguistic (pragmatic) criteria for the evaluation of conference interpretation and interpreters [J]. *Multilingua*(4): 231-235.

Carr, E. S. , Roberts, R. P. , Dufour, A. & Steyn, D. , 1997. *The Critical Link: Interpreters in the Community: Papers from the 1st International Conference on Interpreting in Legal, Health and*

Social Service Settings [M]. Amsterdam/Philadelphia: John Benjamins Publishing Company.

Chen, J., 2009. Authenticity in accreditation tests for interpreters in China [J]. *The Interpreter and Translator Trainer*(2): 257-273.

Chesterman, A., 1993. From 'is' to 'ought': Laws, norms and strategies in translation studies [J]. *Target*(1): 1-20.

Chesterman, A., 1997. *Memes of Translation: The Spread of Ideas in Translation Theory*[M]. Amsterdam/Philadelphia: John Benjamins Publishing Company.

Chesterman, A., 1998. *Contrastive Functional Analysis* [M]. Amsterdam/Philadelphia: John Benjamins Publishing Company.

Chesterman, A. & Wagner, E., 2002. *Can Theory Help Translators?* [M]. Manchester: St. Jerome Publishing.

Chiaro, D. & Nocella, G., 2004. Interpreters' perception of linguistic and non-linguistic factors affecting quality: A survey through the World Wide Web [J]. *Meta*(2): 278-293.

Chin, Ng. B., 1992. End users' subjective reaction to the performance of student interpreters [J]. *The Interpreters' Newsletter*(Special Issue): 35-41.

Choua, C. C., Liu, L. J. & Huang, S. F. et al., 2010. An evaluation of airline service quality using the fuzzy weighted SERVQUAL method [J]. *Applied Soft Computing*(2): 2117-2128.

Christensen, T. P., 2011. User expectations and evaluation: A case study of a court interpreting event [J]. *Perspectives*(1): 1-24.

Collados, A. A., 1998. *La Evaluación de la Calidad en Interpretación Simultánea: La Importancia de la Comunicación No Verbal* [M]. Granda: Editorial Comares.

Diriker, E., 2004. *De-/Re-Contextualizing Conference Interpreting Interpreters in the Ivory Tower?* [M]. Amsterdam/Philadelphia: John Benjamins Publishing Company.

Dollerup, C. & Lindegaard, A., 1994. *Teaching Translation and*

Interpreting 2: *Insights*, *Aims and Visions—Papers from the Second Language International Conference Elsinore*, 1993 [M]. Amsterdam/Philadelphia: John Benjamins Publishing Company.

Donna, M. B. & Johnson, S. A., 2001. A process model of discretionary service behavior: Integrating psychological contracts, organizational justice, and customer feedback to manage service agents [J]. *Journal of Quality Management*(2): 307-329.

Dunn, D. S., 2001. *Student Study Guide to Accompany Statistics and Data Analysis for Behavioral Sciences*[M]. New York: McGraw Hill Higher Education.

During, S., 1993. *The Cultural Studies Reader*[M]. London/New York: Routledge.

Fisk, R. P., Grove, S. J., John, J., 2000. *Interactive Service Marketing*[M]. Boston: Houghton Mifflin Company.

Flanagan, J. C., 1954. The critical incident technique [J]. *Psychological Bulletin*(4): 327-358.

Fornell, C., Johnson, M. D. & Anderson, E. W. et al., 1996. The American customer satisfaction index: Nature, purpose, and findings [J]. *Journal of Marketing*(4): 7-18.

Fowler, Y., 1997. The courtroom interpreter: Paragon and intruder? [M]. In Carr, S. E., Roberts, R. P. & Dufour, A. et al. (eds.). *The Critical Link*: *Interpreters in the Community*: *Papers from the 1st International Conference on Interpreting in Legal*, *Health and Social Service Settings*. Amsterdam/Philadelphia: John Benjamins Publishing Company: 191-200.

Fraser, J., 1996. Mapping the process of translation [J]. *Méta*(1): 84-96.

Frydrychova, M., 1991. Sentence-functional perspective of texts interpreted simultaneously from English to Czech [D]. Prague: Charles University.

Gaiba, F., 1998. *Origins of Simultaneous Interpretation*: *The*

Nuremberg Trial [M]. Ottawa: Ottawa University Press.

Garber, N. & Mauffette-Leenders, L. A., 1997. Obtaining feedback from non-English speakers [M]. In Carr, S. E., Roberts, R. P. & Dufour, A. et al. (eds.). *The Critical Link: Interpreters in the Community: Papers from the 1st International Conference on Interpreting in Legal, Health and Social Service Settings*. Amsterdam/Philadelphia: John Benjamins Publishing Company: 131-143.

Garzone, G., 2002. Quality and norms in interpretation [M]. In Garzone, G. & Viezzi, M. (eds.). *Interpreting in the 21st Century Challenges and Opportunities*. Amsterdam/Philadelphia: John Benjamins Publishing Company: 107-119.

Garzone, G. & Viezzi, M., 2002. *Interpreting in the 21st Century Challenges and Opportunities*[M]. Amsterdam/Philadelphia: John Benjamins Publishing Company.

Gerver, D., 1976. Empirical studies of simultaneous interpretation: A review and a model [M]. In Brislin, R. W. (ed.). *Translation: Applications and Research*. New York: Gardner Press: 165-207.

Gerver, D., 2002. The effects of source language presentation rate on the performance of simultaneous conference interpreters. In Pöchhacker, F. & Shlesinger, M. (eds.). *The Interpreting Studies Reader*. London: Routledge: 53-66.

Gerver, D. & Sinaiko, H. W., 1978. *Language Interpretation and Communication* [M]. New York: Plenum Press.

Giambruno, C., 2008. The role of the interpreter in the governance of sixteenth and seventeenth century Spanish colonies in the "New World": Lessons from the past for the present [M]. In Valero-Garcés, C. & Martin, A. (eds.). *Crossing Borders in Community Interpreting: Definitions and Dilemmas*. Amsterdam/Philadelphia: John Benjamins Publishing Company: 27-49.

Gibson, A., 1996. *Towards A Postmodern Theory of Narrative*[M].

Edinburgh: Edinburgh University Press.

Gile, D., 1987. Interpretation research and its contribution to translation research [J]. *JAT Bulletin* (9): 21.

Gile, D., 1989. La communication linguistique en réunion multilingue: Les difficultés de la transmission informationnelle en interprétation simultanée [D]. Paris: Université de la Sorbonne Nouvelle.

Gile, D., 1990. L'évaluation de la qualité de l'interpretation par let delegues une etude de cas [J]. *The Interpreters' Newsletter* (3): 66-71.

Gile, D., 1991. Methodological aspects of interpretation (and translation) research [J]. *Target* (2): 153-174.

Gile, D., 1992. Basic theoretical components for interpreter and translator training [M]. In Dollerup, C. & Lindegaard, A. (eds.). *Teaching Translation and Interpreting: Training, Talent and Experience*. Amsterdam/Philadelphia: John Benjamins Publishing Company: 185-194.

Gile, D., 1994a. Methodological aspects of interpretation and translation research [M]. In Lambert, S. & Moser-Mercer, B. (eds.). *Bridging the Gap: Empirical Research in Simultaneous Interpretation*. Amsterdam/Philadelphia: John Benjamins Publishing Company: 39-56.

Gile, D., 1994b. Opening up in interpretation studies [M]. In Snell-Hornby, M., Pöchhacker, F. & Kaindl, K. (eds.). *Translation Studies: An Interdiscipline*. Amsterdam/Philadelphia: John Benjamins Publishing Company: 149-158.

Gile, D., 1995a. *Basic Concepts and Models for Interpreter and Translator Training* [M]. Amsterdam/Philadelphia: John Benjamins Publishing Company.

Gile, D., 1995b. Interpretation research: A new impetus? [J]. *HERMES—Journal of Language and Communication in Business* (14): 15-29.

Gile, D., 2003. Quality assessment in conference interpreting: Methodological issues [M]. In Collados Aís et al. (eds.). *La evaluación de la calidad en interpretación: Investigación*. Granada: Comares: 109-123.

Gile, D., 2009. *Basic Concepts and Models for Interpreter and Translator Training* [M]. Rev. ed. Amsterdam/Philadelphia: John Benjamins Publishing Company.

Gile, D., Dam, H. V., & Dubslaff, F. et al., 2001. *Getting Started in Interpreting Research Methodological Reflections, Personal Accounts and Advice for Beginners*[M]. Amsterdam/Philadelphia: John Benjamins Publishing Company.

Gile, D., Gyde, H. & Pokorn, N. K., 2010. *Why Translation Studies Matters* [M]. Amsterdam/Philadelphia: John Benjamins Publishing Company.

Gouadec, D., 2007. *Translation as a Profession* [M]. Amsterdam/Philadelphia: John Benjamins Publishing Company.

Gran, L. & Taylor, C., 1989. Aspects of applied and experimental research on conference interpretation [C]. SSLM. Udine: Campanotto: 11.

Grbic, N., 2008. Constructing interpreting quality [J]. *Interpreting* (2): 232-257.

Grigoroudis, E. & Siskos, Y., 2010. *Customer Satisfaction Evaluation*[M]. New York: Springer: 4-8.

Gutek, B. A., 1995. *The Dynamics of Service: Reflections on the Changing Nature of Customer/Provider Interactions* [M]. San Francisco: Jossey-Bass.

Hale, S. B., 1997. The interpreter on trial: Pragmatics in court interpreting [M]. In Carr, E. S., Roberts, R. P., & Dufour, A. et al. (eds.). *The Critical Link: Interpreters in the Community: Papers from the 1st International Conference on Interpreting in Legal, Health and Social Service Settings*. Amsterdam/

Philadelphia: John Benjamins Publishing Company: 201-211.

Hale, S. B., 2004. *The Discourse of Court Interpreting Discourse Practices of the Law, the Witness and the Interpreter* [M]. Amsterdam/Philadelphia: John Benjamins Publishing Company.

Hale, S. B., Ozolins, U. & Stern, L., 2009. *The Critical Link 5: Quality in Interpreting—A Shared Responsibility* [M]. Amsterdam/Philadelphia: John Benjamins Publishing Company.

Hansen, G., Chesterman, A. & Gerzymisch-Arbogast, H., 2009. *Efforts and Models in Interpreting and Translation Research: A Tribute to Daniel Gile* [M]. Amsterdam/Philadelphia: John Benjamins Publishing Company.

Harris, B., 1990. Norms in interpretation [J]. *Target*(1): 115-119.

Hatim, B., 1997. *Communication across Cultures: Translation Theory and Contrastive Text Linguistics*[M]. Exeter: University of Exeter Press.

Hatim, B. & Mason, I., 1996. *The Translator as Communicator*[M]. London: Routledge.

Hatim, B. & Munday, J., 2004. *Translation: An Advanced Resource Book*[M]. London: Routledge.

Henry, R., 1983. T. I. E. S. symposium '83 [J]. *Méta*(3): 315-316.

Herbert, J., 1952. *The Interpreter's Handbook*[M]. Geneva: Georg.

Holkupová, J., 2010. The role of the community interpreter from the point of view of users' expectations [D]. Prague: Charles University.

Holmes, J. S., 1976. The name and nature of translation studies [M]. In Holmes, J. S. (ed.). *Translated! Papers on Literary Translation and Translation Studies*. Amsterdam: Rodopi: 67-80.

Hubbert, A. R., Sehorn, A. G. & Brown, S. W., 1995. Service expectations: The consumer versus the provider [J]. *International Journal of Service Industry Management*(1): 6-21.

Ibrahim, N., 2009. Parliamentary interpreting in malaysia: A case study [J]. *Méta*(2): 357-369.

Jacobsen, B. , 2009. The community interpreter: A question of role [J]. *HERMES—Journal of Language and Communication Studies*(42): 155-166.

Johnston, R. , 1987. A framework for developing a quality strategy in a customer processing operation [J]. *International Journal of Quality & Reliability Management*(4): 37-46.

Jones, M. , 1985. The community interpreter: A special case [J]. *Australian Social Work*(3): 35-38.

Kalina, S. , 2005. Quality assurance for interpreting processes [J]. *Méta*(2): 768-784.

Kenneth, B. , & Troy, H. , 2006. Social regard: A link between waiting for service and service outcomes [J]. *International Journal of Hospitality Management*(1): 34-53.

Klaaren, J. K. , Hodges, S. D. & Wilson, T. D. , 2011. The role of affective expectations in subjective experience and decision-making [J]. *Social Cognition*(2): 77-101.

Knapp-Potthoff, A. & Knapp, K. , 1987. The man (or woman) in the middle: Discoursal aspects of non-professional interpreting [M]. In Knapp, K. & Enninger, W. (eds.). *Analyzing Intercultural Communication*. The Hague: Mouton: 181-211.

Kopczynski, A. , 1994. Quality in conference interpreting: Some pragmatic problems [M]. In Lambert, S. & Moser-Mercer, B. (eds.). *Bridging the Gap: Empirical Research in Simultaneous Interpretation*. Amsterdam/Philadelphia: John Benjamins Publishing Company: 69-86.

Kotler, P. , 2002. *Marketing Management*[M]. Englewood Cliffs, NJ: Prentice Hall.

Kuhiwczak, P. & Littau, K. , 2007. *A Companion to Translation Studies*[M]. Clevedon/Buffalo/Toronto: Multilingual Matters.

Kurz, I. , 1981. Temperatures in interpreters' booth: A hot iron? [J]. *AIIC Bulletin*(4): 39-43.

Kurz, I., 1983a. CO₂ and O₂ levels in booths at the end of a conference day: A pilot study [J]. *AIIC Bulletin* (3): 86-93.

Kurz, I., 1983b. Temperatures inside and outside booths: A comparative study [J]. *AIIC Bulletin* (2): 67-72.

Kurz, I., 1989. Conference interpreting: User expectations [C]. In Hammond, D. L. (ed.). *Coming of Age: Proceedings of the* 1989 *ATA Annual Convention*. Medford: Learned Information: 143-148.

Kurz, I., 1993a. Conference interpretation: Expectations of different user groups [J]. *The Interpreters' Newsletter* (5): 13-21.

Kurz, I., 1993b. What do different user groups expect from a conference interpreter? [J]. *The Jerome Quarterly* (2): 3-6.

Kurz, I., 2001. Conference interpreting: Quality in the ears of the user [J]. *Méta* (2): 394-409.

Kurz, I., 2003. Physiological stress during simultaneous interpreting: A comparison of experts and novices [J]. *The Interpreters' Newsletter* (12): 51-67.

Lambert, S. & Moser-Mercer, B., 1994. *Bridging the Gap: Empirical Research in Simultaneous Interpretation* [M]. Amsterdam/Philadelphia: John Benjamins Publishing Company.

Lamberger-Felber, H. & Schneider, J., 2009. Linguistic interference in simultaneous interpreting with text: A case study [M]. In Hansen, G., Chesterman, A. & Gerzymisch-Arbogast, H. (eds.). *Efforts and Models in Interpreting and Translation Research: A Tribute to Daniel Gile*. Amsterdam/Philadelphia: John Benjamins Publishing Company: 215-236.

Lim, P. C., Nelson, K. H. & Tang, A., 2000. Study of patients' expectations and satisfaction in Singapore hospitals [J]. *International Journal of Health Care Quality Assurance* (7): 290-299.

Lovelock, C. & Wright, L., 1999. *Principles of Service Marketing and Management* [M]. Englewood Cliffs, NJ: Prentice Hall: 4-17.

Mack, G. & Cattaruzza, L., 1995. User surveys in simultaneous interpretation: A means of learning about quality and/or raising some reasonable doubts [M]. In Tommola, J. (ed.). *Topics in Interpreting Research*. Turku: University of Turku, Centre for Translation and Interpreting: 37-49.

Markovic, S., 2006. Students' expectations and perceptions in Croatian tourism and hospitality higher education: SERVQUAL versus UNIQUAL [J]. *South East European Journal of Economics & Business*(1):78-96.

Marrone, S., 1993. Quality: A shared objective [J]. *The Interpreters' Newsletter*(5): 35-41.

Maryna, B., Yuriy, B. & Serhiy, L. et al., 2021. Trust crisis in the financial sector and macroeconomic stability: A structural equation modeling approach [J]. *Economic Research—Ekonomska Istraživanja*(1): 828-855.

Mattoo, A., 2012. Air India: Identifying service quality gaps and positioning through SERVQUAL and perception mapping [J]. *Tattva*(1): 1-15.

Meak, L., 1990. Interprétation simultanée et congrès medical: Attentes et commentaires [J]. *The Interpreters' Newsletter*(3): 8-13.

Merton, R. K. & Kendall, P. L., 1946. The focused interview [J]. *American Journal of Sociology*, 51: 541-557.

Mikkelson, H., 1998. Towards a redefinition of the role of the court interpreter [J]. *Interpreting*(1): 21-46.

Montesdeoca, G. R. N., 2006. Interpreting at an immigration detention center in Las Palmas de Gran Canaria [M]. In Pym, A., Shlesinger, M. & Jettmarová, Z. (eds.). *Sociocultural Aspects of Translating and Interpreting*. Amsterdam/Philadelphia: John Benjamins Publishing Company: 163-171.

Moser, P., 1996. Expectations of users of conference interpretation [J]. *Interpreting*(2): 145-178.

Moser-Mercer, B. , 1994. Aptitude testing for conference interpreting: Why, when and how [M]. In Lambert, S. & Moser-Mercer, B. (eds.). *Bridging the Gap: Empirical Research in Simultaneous Interpretation*. Amsterdam/Philadelphia: John Benjamins Publishing Company: 57-68.

Munday, J. , 2001. *Introducing Translation Studies* [M]. London: Routledge.

Nicholson, N. S. , 1994. Professional ethics for court and community interpreters [M]. In Hammond, D. L. (ed.). *Professional Issues for Translators and Interpreters*. Amsterdam/Philadelphia: John Benjamins Publishing Company: 79-97.

Oleron, P. & Nanpon, H. , 1964. Recherches sur la traduction simultanée [J]. *Journal De Psychologie Normale ET Pathologique* (1): 73-94.

Oliver, R. L. , 1977. Effect of expectation and disconfirmation on postexposure product evaluations: An alternative interpretation [J]. *Journal of Applied Psychology*, 62: 480-486.

Oliver, R. L. , 1993. Cognitive, affective, and attribute bases of the satisfaction response [J]. *Journal of Consumer Research* (3): 418-430.

Olson, J. C. & Dover, P. , 1979. Disconfirmation of consumer expectations through product trial [J]. *Journal of Applied Psychology*, 64: 179-189.

Parasuraman, A. , Zeithaml, V. A. & Berry, L. L. , 1985. A conceptual model of service quality and its implications for future research [J]. *Journal of Marketing* (3): 41-50.

Parasuraman, A. , Zeithaml, V. A. & Berry, L. L. , 1988. SERVQUAL: A multiple-item scale for measuring consumer perceptions of service quality [J]. *Journal of Retailing* (1): 12-40.

Peng, K. C. , 2006. The development of coherence and quality of performance in conference interprter training [D]. Leeds:

University of Leeds.

Pöchhacker, F. , 1995. Simultaneous interpreting: A functionalist perspective [J]. *HERMES—Journal of Linguistics* (14): 31-54.

Pöchhacker, F. , 2001. Quality assessment in conference and community interpreting [J]. *Méta* (2): 410-425.

Pöchhacker, F. , 2004. *Introducing Interpreting Studies* [M]. London: Routledge.

Pöchhacker, F. , 2006. "Going social?": On the pathways and paradigms in interpreting studies [M]. In Pym, A. , Shlesinger, M. & Jettmarová, Z. (eds.). *Sociocultural Aspects of Translating and Interpreting*. Amsterdam/Philadelphia: John Benjamins Publishing Company: 215-232.

Pöchhacker, F. , 2009a. Broader, better, further: Developing interpreting studies [M]. In Pym, A. & Perekrestenko, A. (eds.). *Translation Research Projects 2*. Tarragona: Intercultural Studies Group: 37-41.

Pöchhacker, F. , 2009b. Conference interpreting: Surveying the profession [J]. *Translation and Interpreting Studies* (2): 172-186.

Pöchhacker, F. , 2009c. The turns of interpreting studies [M]. In Hansen, G. , Chesterman, A. & Gerzymisch-Arbogast, H. (eds.). *Efforts and Models in Interpreting and Translation Research : A Tribute to Daniel Gile*. Amsterdam/Philadelphia: John Benjamins Publishing Company: 25-46.

Pöchhacker, F. & Kolb, W. , 2009. Interpreting for the record: A case study of asylum review hearings [M]. In Hale, S. B. , Ozolins, U. & Stern, L. (eds.). *The Critical Link 5: Quality in Interpreting—A Shared Responsibility*. Amsterdam/Philadelphia: John Benjamins Publishing Company: 119-134.

Pöchhacker, F. & Shlesinger, M. , 2002. *Interpreting Studies' Reader* [M]. London: Routledge.

Pöllabauer, S. , 2006. "Translation Culture" in interpreted asylum hearings [M]. In Pym, A. , Shlesinger, M. & Jettmarová, Z. (eds.). *Sociocultural Aspects of Translating and Interpreting*. Amsterdam/Philadelphia: John Benjamins Publishing Company: 151-162.

Poyatos, F. , 1987. Nonverbal communication in simultaneous and consecutive interpretation: A theoretical model and new perspectives [J]. *Text Context* (3): 73-108.

Poyatos, F. , 1997. *Nonverbal Communication and Translation. New Perspectives and Challenges in Literature, Interpretation and the Media* [M]. Amsterdam/Philadelphia: John Benjamins Publishing Company.

Pym, A. , 2006. Introduction: On the social and cultural in translation studies [M]. In Pym, A. , Shlesinger, M. & Jettmarová, Z. (eds.). *Sociocultural Aspects of Translating and Interpreting*. Amsterdam/Philadelphia: John Benjamins Publishing Company: 1-25.

Pym, A. , 2009a. *Exploring Translation Theories* [M]. London: Routledge.

Pym, A. , 2009b. On omission in simultaneous interpreting: Risk analysis of a hidden effort [M]. In Hansen, G. , Chesterman, A. & Gerzymisch-Arbogast, H. (eds.). *Efforts and Models in Interpreting and Translation Research: A Tribute to Daniel Gile*. Amsterdam/Philadelphia: John Benjamins Publishing Company: 83-105.

Pym, A. , Shlesinger, M. & Jettmarová, Z. , 2006. *Sociocultural Aspects of Translating and Interpreting* [M]. Amsterdam/Philadelphia: John Benjamins Publishing Company.

Rigotti, S. & Pitt, L. , 1993. SERVQUAL as a measuring instrument for service provider gaps in business schools [J]. *Management Research News* (3): 9-17.

Rutherford, J. , 1990. *Identity-Community, Culture, Difference* [M].

London: Lawrence & Wishart.

Salevsky, H. , 1993. The distinctive nature of interpreting studies [J]. *Target*(2): 149-167.

Sanz, J. , 1931. Le travail et les aptitudes des interprètes parlementaires [J]. *Anals D'orientació Professional*(4): 303-318.

Sawyer, D. B. , 2004. *Fundamental Aspects of Interpreter Education* [M]. Amsterdam/Philadelphia: John Benjamins Publishing Company.

Schäffner, C. & Adab, B. , 2000. *Developing Translation Competence* [M]. Amsterdam/Philadelphia: John Benjamins Publishing Company.

Schemenner, R. W. , 1986. How can service business survive and prosper [J]. *Sloan Management Review* (3): 31-32.

Schjoldager, A. , 1995. An exploratory study of translational norms in simultaneous interpreting: Methodological reflections [J]. *HERMES—Journal of Linguistics*(14): 65-88.

Seleskovitch, D. , 1986. Who should assess an interpreter's performance? [J]. *Multilingua*(4): 236.

Seleskovitch, D. & Lederer, M. , 2002. *Pedagogie raisonnee de l'interpretation*. 2nd ed. Brussels: Office of Official Publications of the European Communities and Didier Erudition: 307.

Setton, R. & Guo, L. , 2009. Attitudes to role, status and professional identity in interpreters and translators with Chinese in Shanghai and Taipei [J]. *Translation and Interpreting Studies*(2): 210-238.

Shlesinger, M. , 1989. Extending the theory of translation to interpretation: Norms as a case in point [J]. *Target*(1): 111-115.

Shlesinger, M. , 1994. Intonation in the production and perception of simultaneous interpretation [M]. In Lambert, S. & Moser-Mercer, B. (eds.). *Bridging the Gap: Empirical Research in Simultaneous Interpretation*. Amsterdam/Philadelphia: John Benjamins Publishing Company: 225-236.

Shlesinger, M., 1997. Quality in simultaneous interpreting. In Gambier, Y., Gile, D. & Taylor, C. (eds.). *Conference Interpreting: Current Trends in Research Proceedings of the International Conference on Interpreting: What Do We Know and How?*. Amsterdam/Philadelphia: John Benjamins Publishing Company: 123-132.

Shlesinger, M., 2000. Interpreting as a cognitive process: How can we know what really happens? [M] In Tirkkonen-Condit, S. & Jääskeläinen, R. (eds.). *Tapping and Mapping the Processes of Translation and Interpreting*. Amsterdam/Philadelphia: John Benjamins Publishing Company: 3-15.

Shlesinger, M., 2009. Towards a definition of interpretese: An intermodal, corpus-based study [M]. In Hansen, G., Chesterman, A. & Gerzymisch-Arbogast, H. (eds.). *Efforts and Models in Interpreting and Translation Research: A Tribute to Daniel Gile*. Amsterdam/Philadelphia: John Benjamins Publishing Company: 237-253.

Snell-Hornby, M., 2006. *The Turns of Translation Studies* [M]. Amsterdam/Philadelphia: John Benjamins Publishing Company.

Snell-Hornby, M., Pöchhacker, F. & Kaindl, K., 1992. *Translation Studies: An Interdiscipline* [M]. Amsterdam/Philadelphia: John Benjamins Publishing Company.

Soares, M., Novaski, O. & Anholon, R., 2017. SERVQUAL model applied to higher education public administrative services [J]. *Brazilian Journal of Operations & Production Management* (3): 338-349.

Steiner, G., 1998. *After Babel: Aspects of Language and Translation* [M]. 3rd ed. New York: Oxford University Press.

Stenzl, C., 1983. Simultaneous interpretation. Groundwork towards a comprehensive model [D]. London: University of London.

Swan, J. E. & Fredrick, T. I., 1980. Satisfaction related to predictive vs. desired expectations [C]. In Hunt, H. K. & Day, R. L. (eds.). *Proceedings of Fourth Annual Conference on Consumer Satisfaction, Dissatisfaction, and Complaining Behavior.* Bloomington: School of Business, Indiana University.

Takeda, K. , 2009. The interpreter, the moniter and the language arbiter [J]. *Méta* (2): 191-200.

Takimoto, M. , 2010. Applying translation norm theory to interpreting: Interpreter's behavior in multi-party business interpreting situations [C]. In FIT. FIT 6th Asian Translators' Forum 2010. Macau: Federation of Translators and Interpreters of Macau.

Tebble, H. , 1999. The tenor of consultant physicians: Implications for medical interpreting [J]. *The Translator* (2): 179-200.

Tebble, H. , 2009. What can interpreters learn from discourse studies? [M]. In Hale, S. B. , Ozolins, U. & Stern, L. (eds.). *The Critical Link 5: Quality in Interpreting—A Shared Responsibility.* Amsterdam/Philadelphia: John Benjamins Publishing Company: 201-219.

Thakor, M. V. & Kumar, A. , 2000. What is a professional service? A conceptual review and bi-national investigation [J]. *Journal of Services Marketing* (1): 63-82.

Torikai, K. , 2009. *Voices of the Invisible Presence Diplomatic Interpreters in Post-World War II Japan* [M]. Amsterdam/Philadelphia: John Benjamins Publishing Company.

Torikai, K. , 2010. Conference interpreters and their perception of culture: From the narratives of Japanese pioneers [J]. *Translation and Interpreting Studies* (1): 75-93.

Toury, G. , 1980. *In Search of a Theory of Translation* [M]. Tel Aviv: The Porter Institute for Poetics and Semiotics, Tel Aviv University.

Toury, G. , 1995. *Descriptive Translation Studies—and Beyond* [M]. Amsterdam/Philadelphia: John Benjamins Publishing Company.

Toury, G. & Henderson, J. A. , 1992. Personality and the linguist: A comparison of the personality profiles of professional translators and conference interpreters [J]. *Target*(2): 247-250.

Triplett, J. L. , Yau, H. M. & Neal, C. , 1993. Assessing the reliability and validity of SERVQUAL in a longitudinal study: The experience of an Australian organisation [J]. *Asia Pacific Journal of Marketing and Logistics*(1): 41-62.

Tseng, J. , 1992. Interpreting as an emerging profession in Taiwan—a sociological Model [D]. Taipei: Fu Jen Catholic University.

Valero-Garcés, C. & Martin, A. , 2008. *Crossing Borders in Community Interpreting Definitions and Dilemmas* [M]. Amsterdam/Philadelphia: John Benjamins Publishing Company.

Valero-Garcés, C. & Taibi, M. , 2004. Professionalising public service translation and interpreting in Spain: International conference [C]. In Critical Link 4 Conference: Professionalisation of Interpreting in the Community. Stockholm: Critical Link.

Viaggio, S. , 1992. Teaching beginners to shut up and listen [J]. *The Interpreters' Newsletter*(4): 45-58.

Viaggio, S. , 1997. Kinesics and the simultaneous interpreter [M]. In Poyatos, F. (ed.). *Nonverbal Communication and Translation*. Amsterdam/Philadelphia: John Benjamins Publishing Company: 283-293.

Vuorikoski, A. R. , 1993. Simultaneous interpretation-user experience and expectation in translation—the vital link [C]. In FIT. *FIT 13th Asian Translators' Forum*. London: Institute of Translation and Interpreting: 389-397.

Vuorikoski, A. R. , 1998. User responses to simultaneous interpreting [M]. In Bowker, L. , Cronin, M. & Kenny, D. et al. (eds.). *Unity in Diversity? Current Trends in Translation Studies*. Manchester: St. Jerome Publishing: 187-194.

Wadensjö, C. , 1992. Interpreting as interaction: On dialogue-

interpreting in immigration hearings and medical encounters [D].
Linköping: Linköping University.

Wadensjö, C., 1993. The double role of a dialogue interpreter [J].
Perspectives(1): 105-121.

Wadensjö, C., 1995. Dialogue interpreting and the distribution of
responsibility [J]. *HERMES—Journal of Language and
Communication in Business*(14): 11-29.

Wadensjö, C., 1998. *Interpreting as Interaction* [M]. London/New
York: Longman.

Wadensjö, C. & Nilsson, A., 2007. *The Critical Link 4:
Professionalisation of Interpreting in the Community* [M].
Amsterdam/Philadelphia: John Benjamins Publishing Company.

Wang, J., 2018. I only interpret the content and ask practical questions
when necessary. 'Interpreters' perceptions of their explicit
coordination and personal pronoun choice in telephone interpreting
[J]. *Perspectives*: 1-18.

Williams, J. & Chesterman, A., 2002. *The Map: A Beginner's Guide
to Doing Research in Translation Studies*[M]. London: St. Jerome
Publishing.

Wilss, W., 1999. *Translation and Interpreting in the 20th Century:
Focus on German* [M]. Amsterdam/Philadelphia: John Benjamins
Publishing Company.

Wolf, M., 2007. The emergence of a sociology of translation [M]. In
Wolf, M. & Fukari, A. (eds.). *Constructing a Sociology of
Translation*. Amsterdam/Philadelphia: John Benjamins Publishing
Company: 1-36.

Wong, O. M. A., Dean, A. M. & White, C. J., 1999. Analysing
service quality in the hospitality industry [J]. *Managing Service
Quality: An International Journal*(2): 136-143.

Youngdahl, W. E., Kellogg, D. L. & Nie, W. et al., 2003.
Revisiting customer participation in service encounters: Does

culture matter? [J]. *Journal of Operations Management* (1)：109-120.

Zeithaml, V., Leonard, L. & Berry, A. et al., 1993. The nature and determinants of customer expectations or service [J]. *Journal of Academy of Marketing Science* (1)：1-12.

Zwischenberger, C., 2009. Conference interpreters and their self representation：A worldwide web based survey [J]. *Translation and Interpreting Studies* (1)：239-253.

鲍川运，2004. 大学本科口译教学的定位及教学[J]. 中国翻译(5)：27-31.

鲍川运，2007. 口译的职业化[J]. 中国翻译(1)：50-51.

蔡小红，2006. 口译评估[M]. 北京：中国对外翻译出版公司.

陈菁，1997. 口译教学应如何体现口译的特点[J]. 中国翻译(6)：26-29.

柴邦衡，2010. ISO 9000 质量管理体系[M]. 北京：机械工业出版社.

柴明颎，2007. 口译职业化带来的口译专业化[J]. 广东外语外贸大学学报(03)：12-14.

范志嘉，2006. 口译质量评估中的用户期望[D]. 成都：四川大学.

郭晓勇，2010. 中国语言服务行业发展状况、问题及对策——在 2010 中国国际语言服务行业大会上的主旨发言[J]. 中国翻译(6)：34-37.

何慧玲，2002. 从功能性的观点探讨国际会议中英口译之评估[M]//蔡小红. 口译研究新探. 香港：开益出版社：349-362.

黄经纬，2009. 自由会议口译员的印象管理初探研究——与中介机构及客户之互动[D]. 台北：台湾师范大学.

霍映宝，2003. ACSI 的 PLS 估计方法解析[J]. 统计与信息论坛(2)：23-71.

蒋坚松，王湘玲，危安，2008. 从口译会场人员看口译质量的一项实证研究[J]. 外语与外语教学(3)：59-62.

科特勒，2001. 市场营销管理[M]. 洪瑞云，梁绍明，等译. 北京：中国人民大学出版社.

黎难秋，2002. 中国口译史[M]. 青岛：青岛出版社.

李行健，2005. 现代汉语规范字典[M]. 北京：外语教学与研究出版社.

李雪,周谊霞,何珊,2021. 基于 Servqual 模型血液透析中心护理服务质量影响因素的分析[J]. 中国血液净化(3):208-212.

林义雄,2005. 口译服务过程及其服务接触之研究[D]. 台北:台湾师范大学.

刘和平,2001. 口译技巧——思维科学与口译推理教学法[M]. 北京:中国对外翻译出版公司.

刘和平,2003. 职业口译新形式与口译教学[J]. 中国翻译(3):32-36.

刘和平,2005. 口译教学与研究[M]. 北京:中国对外翻译出版公司.

刘和平,2007. 口译培训的定位与专业建设[J]. 广东外语外贸大学学报(3):8-11.

刘林军,2004. 论同声传译中的译员角色[J]. 中国科技翻译(2):20-23.

刘敏华,2008. 口译训练学校之评估作法[J]. 编译论丛(9):1-42.

苗菊,王少爽,2010. 翻译行业的职业趋向对翻译硕士专业 MTI 教育的启示[J]. 外语与外语教学(3):64-67.

穆雷,1999. 口译教学——方兴未艾的事业[J]. 中国科技翻译(2):40-43.

穆雷,2007. 翻译硕士专业学位:职业化教育的新起点[J]. 中国翻译(4):12-13.

穆雷,王斌华,2009. 国内口译研究的发展及研究走向——基于 30 年期刊论文、著作和历届口译大会论文的分析[J]. 中国翻译(4):19-25.

潘德,纽曼,卡瓦纳,2001. 六西格玛管理法[M]. 北京:机械工业出版社.

潘珺,2010. 中国地区口译职业化调查回顾及其对口译教学的启示[J]. 外语与外语教学(3):68-71.

潘珺,慕媛媛,2005. 专业化道路:中国口译发展的新趋势——兼评国际口译大会暨第五届全国口译实践、教学与研究会议[J]. 中国翻译(2):38-41.

汝明丽,1996. 从使用者观点探讨口译品质与口译员之角色[D]. 台北:辅仁大学.

汝明丽,2009. 台湾口译产业专业化:Tseng 模型之检讨与修正[J]. 编译论丛(2):105-125.

芮敏,2001. 口译语体试析[J]. 四川外语学院学报(3):74-76.

孙雅玲，2003. 电视新闻同步口译的口语特性对阅听感受的影响[D]. 台北：辅仁大学.

万昌盛，1996. 口译忌笼统[J]. 四川外语学院学报(4)：89-93.

王斌华，2009. 口译规范描写及其应用——一项基于中国总理"两会"记者招待会交传语料的研究[D]. 广州：广东外语外贸大学.

王斌华，2012a. 口译规范的描写研究——基于现场口译的较大规模语料分析[M]. 北京：外语教学与研究出版社.

王斌华，2012b. 口译规范的描写研究：口译研究新的突破口[J]. 语言与翻译(4)：43-48,65.

王恩冕，2005. "口译在中国"调查报告[J]. 中国翻译(2)：57-60.

王红华，潘珺，孙志祥，2009. 口译的职业化与职业化发展——上海及江苏地区口译现状调查研究[J]. 解放军外国语学院学报(6)：81-85.

王立弟，王东志，2007. 口译的质量与控制[J]. 中国翻译(4)：54-57.

王名媛，2009. 口译训练使用同侪评量之研究：感知层面之探讨[D]. 台北：台湾科技大学.

王巍巍，2017. 口译教学体系中的质量评估——广外口译专业教学体系理论与实践(之五)[J]. 中国翻译(4)：45-52.

王巍巍，穆雷，2013. "期待产品"：口译产品研究中的一个模型[J]. 外语与外语教学(5)：73-77.

王巍巍，穆雷，2019. 从翻译专业人才抽样调研报告看翻译人才培养[J]. 亚太跨学科翻译研究(1)：102-116.

魏伶珈，2004. 英到中同步口译专家与伸手记忆策略之探讨[D]. 台北：辅仁大学.

文军，2006. 中国翻译教学五十年回眸[M]. 北京：北京航空航天大学出版社.

阎昭武，1993. 职业伦理学[M]. 北京：航空工业出版社.

杨承淑，2005. 口译教学研究：理论与实践[M]. 北京：中国对外翻译出版公司.

叶玉如，2008. 企业内口译之工作情景及口译员角色研究：以传统产业中某食品制造商之中日口译员为例[D]. 台北：辅仁大学.

曾仁德，2004. 台湾口译产业分析：以中英会议口译次产业为例[D]. 台北：辅仁大学.

张凤兰，2009. 专业口译需要字正腔圆吗？[J]. 编译论丛(1)：101-150.

张莞昕，2007. 台湾会议口译专业化初探研究：利害关系人对资格认证之观点[D]. 台北：台湾师范大学.

张立德，2008. 口译品质量化评估指标初探[D]. 台北：辅仁大学.

张威，2008. 口译质量评估：以服务对象为依据——一项基于现场口译活动的调查研究报告[J]. 解放军外国语学院学报(5)：84-89.

张威，2009. 科技口译的效果考量：口译使用者的视角[J]. 澳门理工大学学报(4)：95-98.

张威，2011. 会议口译质量评估调查[J]. 解放军外国语学院学报(2)：74-79.

张威，柯飞，2008. 从口译用户看口译质量评估[J]. 外语学刊(3)：114-118.

仲伟合，穆雷，2008. 翻译专业人才培养模式探索与实践[J]. 中国外语(6)：6-16.

仲伟合，王斌华，2010a. 口译研究的"名"与"实"——口译研究的学科理论建构之一[J]. 中国翻译(5)：7-12.

仲伟合，王斌华，2010b. 口译研究方法论——口译研究的学科理论建构之二[J]. 中国翻译(6)：18-24.

朱耀华，2005. 口译客户期待研究回顾与分析[J]. 上海翻译(4)：40-43.

附 录

附录1　行业机构相关规范文件
关于口译质量的描述

1. AIIC (International Association of Conference Interpreters): *Code of Ethics: Practical Guide for Professional Conference Interpreters*

http://aiic. net/page/628

AIIC professional standards　http://aiic. net/page/205

Code of professional ethics　http://aiic. net/page/54

• If ensuring proper working conditions is the first pillar of quality in conference interpreting, diligent preparation is the second. Always prepare thoroughly for your meetings.

• The only people who must be on time for a meeting are the interpreters.

• Dress appropriately to fit in at the meeting.

• Remember that you can also adjust the tone control (bass/treble balance), and that this can sometimes be more effective than increasing the volume level.

• Fidelity: The interpreter's primary loyalty is always owed to the speaker s/he is interpreting. It is the interpreter's duty to communicate the speaker's meaning as accurately, faithfully, and completely as possible, whatever the speaker's position or point of view. The interpreter is morally responsible for the integrity of his or her work and must not bow to any pressure in performing it.

• As conference interpreting is a professional communication service, quality in interpreting is a function of communication. It is your job to communicate the speaker's intended messages as accurately, faithfully, and completely as possible. At the same time, make it your own speech, and be clear and lively in your delivery. A conference interpreter is a communication professional who needs to be a good public speaker, so make your interpretation fluent, expressive, and communicative.

• Professional conference interpreters speak in the first person on behalf of the speaker, and, as such, their primary loyalty is always owed to the speaker and to the communicative intent that the speaker wishes to realize, whatever the speaker's position or point of view.

• In consecutive, it is all the more important to be a good public speaker. Don't forget to make eye contact with the audience, and make sure to project poise and confidence with your body language. All the principles of quality interpreting apply, with the additional requirements of the visual dimension and non-verbal performance factors.

2. ASTM (American Society for Testing and Materials): *Standard Guide for Language Interpreting Service*

http://www.astm.org/Standards/F2089.htm

• Interpretation—the process of understanding and analyzing a spoken or signed message and re-expressing that message faithfully, accurately and objectively in another language, taking the cultural and social context into account.

• Impartiality—the interpreter shall maintain a neutral attitude during an interpreting assignment. Should objectivity not be possible, the interpreter shall inform the parties involved and shall not hesitate to withdraw from an assignment in the interest of protecting the client and the professional integrity of the interpreter.

• Accuracy—the interpreter shall perform his/her duties with the greatest possible fidelity to the spirit and meaning of the communication, without embellishments or omissions, and in accordance with the requirements of the specific setting in which the interpreter is working.

• The interpreter shall strive to ensure effective and productive communication in any given professional situation and make every effort to have working conditions in place that will allow him/her to provide quality interpreting services.

• The interpreter shall dress appropriately and in keeping with the setting in which he/she is working.

3. FIT (International Federation of Translators): *Code of Professional Practice*

http://www.fit-europe.org/vault/deont/CODE_PROF_PRACTICE.pdf

• 1.3 Impartiality

Translators and interpreters shall carry out their work with complete impartiality and not express any personal opinions in the course of the work.

• 1.4 Confidentiality

Translators and interpreters shall maintain complete confidentiality at all times and treat any information received in the course of work as privileged, except when the law requires disclosure. They shall ensure that any person assisting them in their work is similarly bound. This confidentiality requirement continues beyond the respective assignment and also applies vis-à-vis persons who have acquired knowledge of the relevant information from another source.

• 4.3.2 Interpreting

Interpreters shall take all reasonable steps to ensure complete and effective communication between the parties, including intervention to prevent misunderstanding and incorrect cultural inference. They should seek to apply the relevant European or national standards.

4. ATA (American Translators Association): *Code of Professional Conduct and Business Practice*

http://www. atanet. org/membership/code_of_ethics. php

We the members of the American Translators Association accept as our ethical and professional duty

• to convey meaning between people and cultures faithfully, accurately, and impartially;

• to hold in confidence any privileged and/or confidential information entrusted to us in the course of our work;

• to represent our qualifications, capabilities, and responsibilities honestly and to work always within them.

5. TAALS (The American Association of Language Specialists): *Standards of Professional Practice for Conference Interpreters and Translators*

http://www. google. com. hk/url? sa = t&rct = j&q = &esrc = s&frm = 1&source = web&cd = 1&ved = 0CCgQFjAA&url = http% 3A%2F%2Fwww. taals. net%2Fstandards. php&ei = 4G9NUJuHG— eiAfLqYCQDA&usg = AFQjCNHVapN6QO7fTuoCrfSHA _ xSY9lEuQ& sig2 = yWqSgggTVD64STKlr0oGcg

A. CONFERENCE INTERPRETERS

• In the interest of ensuring professional standards of quality, TAALS recommends that its members always endeavor to ensure that physical conditions not hinder them in the performance of their tasks. They must be able to see and hear properly. Simultaneous interpretation without a booth may lead to deterioration in sound quality and to such a level of ambient noise as to disturb both participants and interpreters.

• Interpreters may request a briefing session.

6. CIoL (Chartered Institute of Linguists): *Code of Professional Conduct*

http://www.iol.org.uk/Charter/CLS/CodeofProfConductCouncil17 Nov07.pdf

• The competence to carry out a particular assignment shall include: a sufficiently advanced and idiomatic command of the languages concerned, with awareness of dialects and other linguistic variations that may be relevant to a particular commission of work; the particular specialist skills required; and, where appropriate, an adequate level of awareness of relevant cultural and political realities in relation to the country or countries concerned.

• Practitioners are obliged (3. 12 above) to carry out all work contracted to them with impartiality and shall immediately disclose to the Principal any factor which might jeopardise such impartiality. This shall include any financial or other interest they may have in the work contracted to them.

• Practitioners shall interpret truly and faithfully what is uttered, without adding, omitting or changing anything; in exceptional circumstances a summary may be given if requested.

• Practitioners shall disclose any difficulties encountered with dialects or technical terms and, if these cannot be satisfactorily remedied, withdraw from the commission of work.

• Practitioners shall, in advance where practicable, seek to ensure that the necessary conditions for effective interpreting are provided (e. g. being seated where they can see and be heard clearly; provision for adequate breaks, etc). Where this is not the case the interpreter shall make it known to the parties concerned and, where the deficiency is likely to be a serious impediment to effective interpreting, shall withdraw from the commission of work.

• Practitioners shall not interrupt, pause or intervene except: to ask for clarification/ to point out that one party may not have understood something which the interpreter has good reason to believe has been assumed by the other party/to alert the parties to a possible missed cultural reference or inference/ to signal a condition or factor which might impair the interpreting process (such as inadequate seating, poor sight-lines or audibility, inadequate breaks etc.).

7. ITI (Institute of Translation and Interpreting): *Code of Professional Conduct*

http://www. iti. org. uk/pdfs/newPDF/20FHConductIn _ (04-08). pdf

- 4.2   Interpreting

Members shall interpret impartially between the various parties in the languages for which they are registered with the Institute and, with due regard to the circumstances prevailing at the time, take all reasonable steps to ensure complete and effective communication between the parties, including intervention to prevent misunderstanding and incorrect cultural inference.

8. ITIA (Irish Translators' & Interpreters' Association): *Code of Practice and Professional Ethics*

http://translatorsassociation. ie/component/option,com_docman/task,cat_view/gid,11/Itemid,16/

- Members of the Association shall recognize the extent of their own competence in terms both of language and subject matter and refuse to accept, unless with the prior knowledge of their client, any work lying outside this competence or which he or she feels cannot properly be completed with accuracy and punctuality within the agreed deadline.
- 4   Impartiality
- 4.1   Members of the Association shall endeavour to the utmost of their ability to provide a guaranteed faithful rendering of the original

text which must he entirely free of their own personal interpretation, opinion or influence;

• 4. 2　The client's approval must be sought before making any addition or deletion which would seriously alter the original text or interpretation;

• 4. 3　Where an interpreter or translator is working in any matter relating to the law, the client's statements must be interpreted or translated by the idea communicated without cultural bias in the presentation, by the avoidance of literal translation in the target language or by giving of advice in the source language.

9. AUSIT (Australian Institute of Interpreters and Translators): *Code of Ethics for Interpreters and Translators*

http://ausit. org/national/? page_id=110

• 4. IMPARTIALITY

a) Conflicts of Interest

i. Interpreters and translators shall not recommend to clients any business, agency, process, substance or material matters in which they have a personal or financial interest, without fully disclosing this interest to the clients.

ii. Interpreters and translators shall frankly disclose all conflicts of interest, including assignments for relatives or friends, and those affecting their employers.

iii. Interpreters and translators shall not accept, or shall withdraw from assignments in which impartiality may be difficult to maintain because of personal beliefs or circumstances.

b) Objectivity

i. A professional detachment is required for interpreting and translation assignments in all situations.

ii. If objectivity is threatened, interpreters and translators shall withdraw from the assignment.

c) Responsibility Related to Impartiality

i. Interpreters and translators are not responsible for what clients say or write.

ii. Interpreters and translators shall not voice or write an opinion, solicited or unsolicited, on any matter or person in relation to an assignment.

iii If approached independently by separate parties to the same legal dispute, an interpreter or translator shall notify all parties and give the first party opportunity to claim exclusive right to the requested interpreting or translation service.

- 5. ACCURACY

a) Truth and Completeness

i. In order to ensure the same access to all that is said by all parties involved in a meeting, interpreters shall relay accurately and completely everything that is said.

ii. Interpreters shall convey the whole message, including derogatory or vulgar remarks, as well as non-verbal clues.

iii. If patent untruths are uttered or written, interpreters and translators shall convey these accurately as presented.

iv. Interpreters and translators shall not alter, make additions to, or omit anything from their assigned work.

b) Uncertainties in Transmission and Comprehension

i. Interpreters and translators shall acknowledge and promptly rectify their interpreting and translation mistakes.

ii. If anything is unclear, interpreters and translators shall ask for repetition, rephrasing or explanation.

iii. If recall and interpreting are being overtaxed, interpreters shall ask the speaker to pause, then signal to continue.

c) Clear Transmission

i. Interpreters shall ensure that speech is clearly heard and understood by everyone present.

ii. A short general conversation with clients prior to an assignment may be necessary to ensure interpreter and clients clearly understand each other's speech.

iii. In a law court, simultaneous interpreting for clients shall be whispered.

d) Certification

Translators shall provide certification, if requested by their clients, that their translation is true and accurate so far as they know. Certification shall include the translator's name, details of NAATI accreditation/recognition, language and language direction, and be signed and dated.

10. ATIO (Association of Translators and Interpreters of Ontario): *Code of Ethics*

http://www.atio.on.ca/about/bylaws.php

2.0   Quality of Service

2.1   Professional Competence

2.1.1   Members must provide the highest quality of service in all aspects of their professional practice.

2.2   Faithfulness and Accuracy

2.2.1   Members shall faithfully and accurately reproduce in the target language the closest natural equivalent of the source language message without embellishment, omission or explanation.

2.3   Responsibility

2.3.1   Members will accept full responsibility for the quality of their own work.

2.3.2   Members who use the services of other language practitioners shall call on professionals with equivalent qualifications in the required category.

2.4   Non-Discrimination

2.4.1   Members shall approach professional services with respect and cultural sensitivity towards their clients.

2.4.2　Members shall not discriminate in the services which they provide on the basis of race, ancestry, place of origin, colour, ethnic origin, citizenship, creed, sex, sexual orientation, age, marital status, family status or disability.

11.　ATIA (Association of Translators and Interpreters of Alberta): *Code of Ethics*

http://www.atia.ab.ca/index.php/about/code_of_ethics

4. INTEGRITY AND CONFIDENTIALITY

4.3 Members shall promptly inform their client of any error committed in the execution of their mandate that is liable to be detrimental to the client.

5. OBJECTIVITY

Members shall remain neutral, impartial and objective, and scrupulously refrain from altering or interpreting material for political, religious, moral or philosophical reasons, or any other biased or subjective considerations.

6. FAITHFULNESS

Every translation shall be faithful to and render exactly the message of the source text—this being both a moral and legal obligation for the translator. (A faithful translation, however, should not be confused with a literal translation. The fidelity of a translation does not exclude an adaptation to make the form, the mood and deeper meaning of the work felt in another language and culture.)

7. GUARANTEE OF QUALITY AND PRESENTATION

Members shall ensure that their work will be of a high quality and ....

10. RESPONSIBILITIES TO CLIENTS

10.2 Members shall endeavour to establish a relationship of mutual trust with their client.

10. 3 Members' conduct shall be characterized by objectivity, moderation and dignity.

12. AVAILABILITY AND DILIGENCE

12. 1 Members shall provide their client with explanations necessary to the understanding and appreciation of the services rendered.

12. JTP (Union of Interpreters and Translators): *Ethical Code*

http://www. jtpunion. org/spip/article. php3? id_article=472

• In the sense used in this Ethical Code, a professional interpreter shall be a person who for remuneration converts, using unmistakable means, the sense of an affirmation by a speaker from the source language into a target language. The result of the creative work of an interpreter shall be a new value, which shall have the nature of intellectual property.

• Interpreters and translators shall always be fully bound by professional secrecy, whereby they must not reveal to anyone anything that they may learn during their activities of interpreting and translating relating to non-public discussions and translations.

• Interpreters and translators must never misuse or take advantage of confidential information.

13. SATI (South African Translators' Institute): *Code of Ethics for Individual Members*

http://translators. org. za/sati_cms/downloads/dynamic/sati_ethics _individual_english. pdf

• To endeavour constantly to achieve the highest possible quality in respect of accuracy of rendering, terminological correctness, language and style

14. ITA (Israel Translators Association): *Code of Professional Conduct and Business Practices*

http://www. ita. org. il/uploaded/Recognition％ 20Application％

20Form％202010. doc

· I will endeavor to translate and/or interpret the original message faithfully. I recognize that ideally such a level of excellence requires：

a. mastery of the target language，at a level equivalent to that of an educated native speaker；

b. up to date knowledge of the topic and relevant terminology in both source and target languages；

c. access to information resources and auxiliary tools and familiarity with appropriate professional tools；

d. ongoing efforts to improve，broaden and strengthen my skills and knowledge.

15. ITAINDIA（Indian Translators Association）：*Code of Professional Conduct and Business Practices*

http：//www. itaindia. org/

· I will endeavor to translate or interpret the original message faithfully，to satisfy the needs of the end user(s). I acknowledge that this level of excellence requires：

a. mastery of the target language equivalent to that of an educated native speaker；

b. up-to-date knowledge of the subject material and its terminology in both languages；

c. access to information resources and reference materials，and knowledge of the tools of my profession；

d. continuing efforts to improve，broaden，and deepen my skills and knowledge.

16. 中华人民共和国国家标准 GB/T 19363. 2—2006:《翻译服务规范 第 2 部分:口译》

http：//www. tac-online. org. cn/ch/tran/2011-12/21/content_4712751. htm

3.7 交替传译

当源语言使用者讲话停顿或结束等候传译时,口译员用目标语清楚、准确、完整地表达源语言的信息内容。

4.6 口译服务过程控制

4.6.1 译前准备

译员要认真查阅相关资料、熟悉词汇、了解口译对象和双方相关人员,以及熟悉工作现场或设施情况。要做好必要的准备,携带必备的证件和有关资料,按要求着装,提前到达工作现场。

4.6.1.2 口译过程

在口译过程中应做到:

—— 准确地将源语言译成目标语言;

—— 表达清楚;

—— 尊重习俗和职业道德。

4.6.1.2 在口译服务过程中出现问题,口译服务方应与顾客密切配合,及时予以处理。

4.6.2 译后工作

口译结束后,口译服务方应听取顾客的意见反馈,必要时对顾客反馈意见予以答复。

附录 2　国内外主要口译资格认证考试关于口译质量的描述

1. 澳大利亚

NAATI Accreditation by Testing Information Booklet

http://www. naati. com. au/PDF/Booklets/Accreditation _ by _ Testing_booklet. pdf

PROFESSIONAL INTERPRETER TESTING

Test Format

Typically the test will take about 75-90 minutes to complete.

Section 1: Dialogue Interpreting (2×25 marks＝50 marks)

There will be two dialogues in different subject areas between an English speaker and the Language Other Than English (LOTE) speaker. Each dialogue will be approximately 400 words in length and will be divided into segments, which will not normally exceed 60 words. The two Social and Cultural Awareness questions, two Ethics of the Profession questions and a Sight Translation task (described below) will relate to and follow each of the two dialogues.

Social and Cultural Awareness questions (10 marks)

There will be two questions relating to each of the dialogues. The first question is asked in English and is to be answered in English. The second question is asked in the Language Other Than English (LOTE) and is to be answered in the LOTE.

Ethics of the Profession (10 marks)

There will be two questions relating to each of the dialogues. The first question is asked in English and is to be answered in English. The second question is asked in the Language Other Than English (LOTE) and is to be answered in the Language Other Than English (LOTE).

Sight Translation (2×10 marks ＝20 marks)

There will be two sight translation pages in different subject areas, each of approximately 200 words. One will be in the Language Other Than English (LOTE) and is to be sight translated into English and one will be in English and is to be sight translated into the LOTE. Each passage will be related to the preceding dialogue.

Section 2: Consecutive Interpreting of Passages (2×15 marks ＝30 marks)

There will be two passages of approximately 300 words each. The first passage will be in the Language Other Than English (LOTE) and the second passage in English. Each passage will be divided into two sections of between 130 and 170 words. Each section will be played and after listening to the section, the candidate is required to interpret into the other language almost immediately, providing a structured and accurate rendering of the original. The passage will be read only once and no repeats of any parts are allowed. Note-taking is encouraged. The candidate will be advised of the topics for each of the two passages two weeks prior to the test.

To achieve a pass in this test, candidates must score a minimum of:

35/50 for both consecutive interpreting dialogues
21/30 for both consecutive interpreting passages

14/20 for both of the sight translation tasks

70/100 for the three interpreting parts (consecutive and dialogue interpreting and sight translation) of the test overall

5/10 for Social/Cultural Aspects questions

5/10 for Ethics of the Profession questions

Conduct of Tests

It is not possible to simulate perfectly in a test the conditions under which an interpreter would normally work. Nevertheless, NAATI conducts its tests in a way that is fair and equitable to all candidates. Accordingly, all interpreting tests are conducted from a master recording of the test which is played to the candidate in the presence of a supervisor only, and the candidate's responses are recorded for later marking. Interpreting tests are therefore conducted individually.

The use of dictionaries and other reference aides is not permitted in the Professional Interpreter tests.

2. 英国

Institute of Linguists (2005) Examinations.

http://www. iol. org. uk/qualifications/examsmain. asp

http://www. iol. org. uk/qualifications/exams_dpsi. asp

ASSESSMENT CRITERIA & MARK SHEETS
SPECIAL NOTES

Interpreting:

During the whispered part of the role plays candidates must not interrupt the interlocutors except for the purpose of asking them to slow down or speak up. Requests for repetition or clarification are not acceptable during this part of the examination. Please note that interruptions during the whispered section are not normally acceptable and should be used in exceptional circumstances only. The oral examiner will mark the candidate down for any inappropriate interruptions.

Note-taking during the whispered interpreting part is optional, although not always advisable.

In their professional work interpreters must present themselves as competent professionals. In the examination, candidates should remember that they are being judged not only on their ability, but also consideration may be given as to how they present themselves. Inappropriate and unprofessional clothing, posture and attitude will give the wrong impression. In the context of the oral examination, candidates must present themselves as professional interpreters.

All Units—Alternative Translations/Interpretations:

Candidates should note that it is not acceptable to provide several alternative translations for a term in the source text. In cases where candidates provide two (or more) alternative translations, thereby forcing the recipient to choose between them, they will be penalised as this is not acceptable translation or interpreting practice.

Where, as a result of this, the recipient cannot take appropriate action due to the confusion caused, it will be considered a fatal error and cause for a 'Fail' result.

ASSESSMENT CRITERIA FOR UNIT 01

Unit 01: Interpret Consecutively and Simultaneously (Whispered) in the Public Services

Accuracy of Interpretation:

The Candidate (statements relate to the highest level of performance, Band A):

➢ conveys sense of original message with complete accuracy

➢ transfers all information without omissions, additions, distortions

➢ demonstrates complete competence in conveying verbal content and familiarity with subject matter

Delivery：

The Candidate （statements relate to the highest level of performance，Band A）：

➢ demonstrates complete competence in languages

➢ switches effortlessly between languages

➢ interprets clearly and smoothly

➢ reflects tone，emotion and non-verbal signs appropriate to situation

➢ displays a courteous and confident manner

➢ remains unobtrusive and impartial

➢ handles intercultural references correctly

➢ displays good management strategies intervening appropriately and only when necessary to clarify or ask for repetition or to prevent breakdown of communication

Language Use：

The Candidate （statements relate to the highest level of performance，Band A）：

➢ demonstrates excellent command of grammar，syntax，vocabulary，specialist terminology with minimum paraphrasing

➢ chooses language and register entirely appropriate to situation

➢ has clear，distinct pronunciation

➢ has an accent which in no way affects ease of comprehension

A sample mark sheet is shown for Unit 01 together with the Criterion Statements.

DPSI ASSESSMENT CRITERION STATEMENTS FOR UNIT 01
Interpret Consecutively and Simultaneously (Whispered) in the Public Services

	Accuracy	Delivery	Language Use
Band A	**Mark Range 10-12**	**Mark Range 10-12**	**Mark Range 10-12**
	The candidate: -conveys sense of original message with complete accuracy -transfers all information without omissions, additions, distortions -demonstrates complete competence in conveying verbal content and familiarity with subject matter	The candidate: -demonstrates complete competence in languages -switches effortlessly between languages -interprets clearly and smoothly -reflects tone, emotion and non-verbal signs appropriate to situation -displays a courteous and confident manner -remains unobtrusive and impartial -handles intercultural references correctly -displays good management strategies intervening appropriately and only when necessary to clarify or ask for repetition or to prevent breakdown of communication	The candidate: -demonstrates excellent command of grammar, syntax, vocabulary, specialist terminology, with minimum paraphrasing -chooses language and register entirely appropriate to situation -has clear, distinct pronunciation -has an accent which in no way affects ease of comprehension
Band B	**Mark Range 7-9**	**Mark Range 7-9**	**Mark Range 7-9**
	The candidate: -accurately conveys sense of original message -makes only one or two minor omissions/distortions not affecting correct transfer of information or complete comprehension	The candidate: -demonstrates good competence in languages -switches easily between languages -interprets for most part clearly and smoothly -reflects tone, emotion and non-verbal signals of interlocutors -displays a courteous and confident manner -remains unobtrusive and impartial -handles intercultural references correctly -intervenes justifiably and appropriately -makes occasional slip or sign of nervousness but not leading to communication problem	The candidate: -demonstrates good command of grammar, syntax, vocabulary, and specialist terminology -paraphrases in clear, concise way, where appropriate -chooses language, register largely appropriate to situation -has clear, distinct pronunciation -has an accent which in no way or only occasionally affects ease of comprehension
Band C	**Mark Range 4-6**	**Mark Range 4-6**	**Mark Range 4-6**
	The candidate: -adequately conveys sense of original message -makes no serious inaccuracies, omissions or distortions affecting comprehension or transfer of information	The candidate: -demonstrates adequate competence in languages -switches between languages without major problem -shows some confidence while interpreting -makes reasonable attempt to reflect suitable tone, emotion and demeanour -displays a manner, delivery and interventions, occasionally not completely appropriate, but not leading to irretrievable breakdown of communication	The candidate: -demonstrates adequate command of grammar, syntax, vocabulary and specialist terminology -keeps paraphrasing to acceptable level -may choose inappropriate language/register at times but not impairing overall transfer of information -may occasionally display faulty pronunciation or a pronounced accent but without impairing message
Band D	**Mark Range 1-3**	**Mark Range 1-3**	**Mark Range 1-3**
	The candidate: -does not, or only partially, convey sense of original message -makes serious inaccuracies, omissions, distortions affecting comprehension and transfer of information -demonstrates inadequate grasp of language and/or subject matter	The candidate: -demonstrates inadequate competence in languages -has problems switching between languages -lacks confidence and clarity -does not attempt to reflect tone, emotion relevant to situation -sounds flat and mechanical or too loud and overbearing -fails to apply suitable management strategies, where appropriate, eg asking for repetition/clarification -makes excessive requests for repetition/clarification	The candidate: -has inadequate command of grammar, syntax, vocabulary and specialist terminology -uses excessive and inaccurate paraphrasing which distorts meaning -uses register which prevents successful transfer of message -has a strong accent, intonation or stress patterns, making it difficult to understand meaning of message

EXAMINER'S MARKSHEET UNIT 01 – PART A

Unit 01: Interpret Consecutively and Simultaneously (Whispered) in the Public Services

CANDIDATE DETAILS

FULL CANDIDATE NUMBER (as written on registration card)	CENTRE NAME	LANGUAGE	PATHWAY

There are 3 categories of assessment (Accuracy, Delivery, Language Use) for each of the 3 aspects of interpreting being assessed. Each category has 4 bands (D, C, B, A) which are described in the Criterion Statements. Read the Statements for each category and allocate the number of marks you consider most appropriate to the candidate's performance in that category. Write your scores in the blank boxes, total and fill in the result and circle the overall grade. **You MUST also comment on the candidate's performance in the "COMMENTS" section.**

PLEASE COMMENT ON THE CANDIDATE'S PERFORMANCE IN THE COLUMN TO THE RIGHT *(giving examples overleaf)*:					COMMENTS:

Unit 01 Consecutive Interpreting – Other Language into English

	BAND D Mark Range: 1-3	BAND C Mark Range: 4-6	BAND B Mark Range: 7-9	BAND A Mark Range: 10-12
Accuracy:				
Delivery:				
Language Use:				

Unit 01: Whispered Interpreting – Other Language into English

	BAND D Mark Range: 1-3	BAND C Mark Range: 4-6	BAND B Mark Range: 7-9	BAND A Mark Range: 10-12
Accuracy:				
Delivery:				
Language Use:				

Unit 01: Consecutive Interpreting – English into Other Language

	BAND D Mark Range: 1-3	BAND C Mark Range: 4-6	BAND B Mark Range: 7-9	BAND A Mark Range: 10-12
Accuracy:				
Delivery:				
Language Use:				

Pass = A minimum of 36 marks with no fewer than 4 marks in each of the 9 categories
Merit = A minimum of 63 marks with no fewer than 4 marks in each of the 9 categories
Distinction = A minimum of 90 marks
Fail = Fewer than 36 marks or fewer than 4 marks in any of the 9 categories

Overall Grade (Please circle)	FAIL	PASS	MERIT	DISTINCTION	TOTAL MARKS:
ORAL EXAMINER'S NAME & SIGNATURE: _____ / _____				DATE:	

3. 中国

• 内地/大陆

http://www.catti.net.cn/2007-09/14/content_76398.htm

《全国翻译专业资格(水平)考试英语口译二级(交替传译)考试大纲(试行)》

三、口译实务(交替传译)

(二)考试基本要求

(1)发音正确,吐字清晰。

(2)语言规范、语流顺畅、语速适中。

(3)熟练运用口译技巧,完整、准确地译出原话内容,无错译、漏译。

《全国翻译专业资格(水平)考试英语一级口译(交替传译)考试大纲》

(三)考试基本要求

(1)知识面宽广,熟悉中国和相关语言国家的文化背景,中外文语言功底扎实。

(2)能够承担重要场合、具有实质性内容的口译工作。

(3)熟练运用口译技巧,准确、完整地译出原话内容,无错译、漏译。

(4)发音正确、吐字清晰。

(5)语言规范,语流流畅,语速适中,表达自然。

• 台湾

http://www.edu.tw/bicer/content.aspx?site_content_sn=8493

《2009 年中英文翻译能力鉴定考试简章》

附录2 中英文翻译能力鉴定考试大纲 口译类逐步口译组

贰、第二阶段考试

二、科目类别:长逐步口译

(一)考试目标

长逐步口译系指译者于源语发言告一段落后,以译语表达发言内容;

每段源语发言长度不等,一般是译者需要依靠笔记,才可忠实传达源语发言之讯息。

本考试旨在检测应试者在从事会议口译等较常使用长逐步口译技能之工作类型时,能否以通顺、合乎语言规范之译语,准确且完整地传达源语讯息。

附录 3 2009 年中英文翻译能力鉴定考试评分原则

三、口译类逐步口译组(第二阶段:短逐步口译及长逐步口译):

采用量表评分,10 级为满分,并以"讯息准确"及"表达能力"为评分要项:

(1)"讯息准确"占 50%,分 0—5 级分,5 级分最佳,0 级分最差。

(2)"表达能力"占 50%,分 0—5 级分,5 级分最佳,0 级分最差。

《2010 年中英文翻译能力鉴定考试简章》

附录 3　口译类逐步口译组考试大纲

贰、第二阶段考试

二、科目类别:长逐步口译

(1)考试目标

长逐步口译系指译者于源语发言告一段落后,以译语表达发言内容;每段源语发言长度不等,一般是译者需要依靠笔记,才可忠实传达源语发言之讯息。

本考试旨在检测应试者在从事会议口译等较常使用长逐步口译技能之工作类型时,能否以通顺、合乎语言规范之译语,准确且完整地传达源语讯息。

附录 4　评分原则

三、口译类逐步口译组(第二阶段:短逐步口译及长逐步口译):

采用量表评分,10 级为满分,并以"讯息准确"及"表达能力"为评分要项:

(1)"讯息准确"占 50%,分 0—5 级分,5 级分最佳,0 级分最差。

(2)"表达能力"占 50%,分 0—5 级分,5 级分最佳,0 级分最差。

《2011年中英文翻译能力鉴定考试简章》

附录3　口译类逐步口译组考试大纲

贰、第二阶段考试

二、科目类别:长逐步口译

(1)考试目标

长逐步口译系指译者于源语发言告一段落后,以译语表达发言内容;每段源语发言长度不等,一般是译者需要依靠笔记,才可忠实传达源语发言之讯息。

本考试旨在检测应试者在从事会议口译等较常使用长逐步口译技能之工作类型时,能否以通顺、合乎语言规范之译语,准确且完整地传达源语讯息。

附录4　评分原则

三、口译类逐步口译组(第二阶段:短逐步口译及长逐步口译):

采用量表评分,10级为满分,并以"讯息准确"及"表达能力"为评分要项:

(1)"讯息准确"占50%,分0—5级分,5级分最佳,0级分最差。

(2)"表达能力"占50%,分0—5级分,5级分最佳,0级分最差。

附录3 翻译院校口译水平考试
质量标准举隅：辅仁大学、
台湾师范大学口译考试办法

辅仁大学翻译学研究所、台湾师范大学翻译研究所
中英口译联合专业考试办法

辅仁大学翻译学研究所
台湾师范大学翻译研究所
二〇〇五年九月公布实施

一、考试日期

原则订于每学年度第二学期期末办理。

二、考试场地

由两所共同协议选定。

三、应考资格

1. 初次应考：辅仁大学翻译学研究所修习完论文以外口译组所有课程之学生及台湾师范大学翻译研究所修习完论文以外口译组实务取向所有课程之学生得报考专业考试所有科目。

2. 补考：凡两所具备学籍，曾参加前一年度年辅仁大学翻译学研究所暨台湾师范大学翻译研究所联合口译专业考试未通过全数科目者，得于次学年度就未通过科目进行（第一次）补考，全数科目应连续于两届考试内完成。未于连续两次考试通过全数科目者，得参加第二次补考，但原成

绩及通过科目皆不保留，需重新报考。

四、报名

报名期间为各学年度第二学期第四周至第五周，初次应试者及补考者皆须在规定期限内前向各自就读研究所报名，并于报名时注明语言组合。

语言组合于报名截止后非经评审委员会同意，不得变更。

五、考试科目

考试科目共计下列四科：

1. 逐步口译，中译英

2. 逐步口译，英译中

3. 同步口译，中译英，包括(a) 无稿(b) 带稿

4. 同步口译，英译中，包括(a) 无稿(b) 带稿

六、考题选材与考试流程

1. 选材方式：由合办考试之两所向任课教师及评审征求演讲与文本，考试实际使用材料必须至少通过两位评审委员测试，并获得评审委员会同意。为提升测验品质，演讲与文本取材应尽量取材自实际会议或媒体资料，并避免区域特性过重之素材。

2. 形式：逐步与同步考试，皆以声音及影像并陈方式为优先。若有其他适用之补充资料，得经两所所长同意于该科考试前提供考生参考。除带稿同步外，考题型式应排除逐字阅读之文字稿。带稿同步演讲方式之试题得包括讲者省略或更动原讲稿之弹性。逐步考试每段落间，考生得提问一次，评审委员保留回答问题与否之权利。

3. 长度：

• 逐步口译：一篇演讲，连续两段，每段约三至六分钟。

• 同步口译：十五至二十分钟，其中包含约八分钟之带稿同步。

4. 主题与准备：考试主题最晚于考试前一周中午透过电子邮件与两所办公室公告之方式通知考生。专业术语、专有名词等资料，如经评审委员会认定必要，得于个别考生进入试场应考时提供之。

5. 同步口译考试(含带稿同步在内),每位考生于考试前得有一定时间隔离准备,准备时间长短由评审委员会决定之。于准备时间内,考生得使用字典、辞典或其他方式查询专业术语;得否使用网际网路则由评审视题材决定。

6. 考试内容影音品质、录音与计时方式:考试开始前,考题影音品质应调整至最佳状态,以确保考生权益。考试过程将全程录音录影,以供评审委员无法达成共识之特殊情况下参考,以及教学使用。

7. 考生应自行决定应考次序,并于考试前两天通知所方及评审委员。若考生无法自行协调应考次序,则由两所所长决定。

七、评审委员会

1. 评审委员会由两所所长担任共同主席,必要时得指定适当代理人,负责邀请四至五位拥有八至十年以上国际专业会议口译资历之现职口译员担任评审委员。除以语言组合涵括中文及英文者为优先外,尚需包括以中文或英文为母语之委员至少各一位,以及至少一位委员具备召募口译团队之经验。

2. 共同主席负责主持联合专业考试,监督考试流程与提供评审委员相关参考资料,在评审委员确定考生考试结果之前,共同主席不参与评审委员针对评分之讨论。

3. 双方所长担任共同主席,应负责确实执行考试规则、确保考试成绩计算与登录无误、并审核考试结果。计分与计时之工作得责成评审委员或专人办理。

八、评分机制及考试结果

1. 各届考试所有科目应由同一组评审委员进行评分,并依经两所同意之评分表与评量准则给定分数,各科评分标准为准确度占百分之五十,口语表达能力及仪态占百分之三十,语言能力占百分之二十,及格成绩为七十分。

2. 首次参加本考试之考生,若每科成绩均达(含)八十分以上,且总平均达(含)八十五分以上,并获得多数评审委员认可者,得列为成绩优异。

3. 各语言方向之带稿及无稿同步口译各自并为一科成绩计算,以测验考生处理两种同步口译形式之能力。且通过同步口译科目之考生于带稿与无稿同步口译皆须达到合格标准。

4. 逐步口译考试将全程计时,供评审委员参考,并列入口语表达能力及仪态项目评分。

5. 每位评审委员于每位考生完成单一科目考试后,均需将评分表交由共同主席,并注明是否通过考试,或提请讨论。单一科目之通过标准采多数决,以过半数考试委员讨论后之共识为结果。考试通过标准,除成绩优异状况外,以个别科目成绩分别计算,而不计各科总平均。

6. 单一科目应试完毕,或经评审委员要求并全体委员同意,每三位应试者考完后,双方所长得向评审委员宣布初步考试结果。若评审委员无法取得初步共识时,则进行讨论。若于讨论后对特定应试者考试结果仍无法取得多数共识,或受时间限制无法完成讨论,双方所长得暂缓讨论,留待最后该科目考试结束时再行决定。全体评审委员之评分意见应予记录,以做为试后讲评及最后结果讨论之用。若最终仍无法达成共识,则评审委员得进行投票表决。

7. 若需以投票决定科目成绩,则单科仅就"通过"与"不通过"两项进行表决。

九、成绩公告事项

1. 考试结果仅对外公告全数通过之考生姓名,评审委员会得视需要提供讲评。

2. 未全数通过之考生采个别通知。个别通知之内容包括个别考生未通过科目之成绩,并附评审委员会书面讲评。

十、考试通过标准

1. 考生之能力已达到国际标准,而非只具有当地市场口译员的最低能力。为达此标准,特延聘具国际经验之资深专业会议口译员担任评审委员。通过此标准表示现职专业口译员肯定考生之专业资格,并愿意让该考生加入其工作团队。

2. 考生有能力担任国际级会议口译工作。为达此标准,本考试使用真实演讲作为考题,以反映国际会议实际状况。

3. 评审委员会首次开会时,即应针对评分标准达成共识。并于试后讨论时亦致力寻求共识以裁定分数。

4. 考生报考联合专业考试之语言组合为评分参考项目,未经评审委员会同意,不得变更。惟考试结束后,评审委员得依据考生实际表现,经与考生讨论,并获考生同意后,变更报名时之语言组合,并于专业证书登录变更后项目。

十一、会议口译专业证书之颁发

1. 通过所有考试科目之考生,两所将颁发联合会议口译专业证书。首次应试整体考试表现优异之考生,另于公布成绩及证书上加注"成绩优异"中英文字样。

2. 证书由两所所长共同签名认证,并印有考生姓名、所通过之语言组合、应考科目、主办单位及证书核发日期。

十二、专业考试对外开放事宜

专业考试之评审委员得经两所所长同意,邀请相关专业人士以观察员身分全程或部分参与考试,惟于评分及评审委员讨论考试结果时必须离席回避。

十三、宣传及讯息发布事宜

所方颁发专业证书前,于两所网站公布考试结果,并强调会议口译联合专业证书为所方颁发之唯一专业会议口译资格证书。

十四、疑义及未尽事项

考生对本考试办法之疑义、其他未尽事项及考场临时状况,由两所所长共同裁决。

十五、公布及实施

本办法自公布日起生效并实施。

附录4 会议交替传译员焦点小组 访谈大纲

在全球化的背景下,口译作为新兴的专业服务,近年来逐步趋向职业化发展。在这个过程中,口译服务质量的品质管控、口译从业人员及口译用户的权益保障等环节不可或缺。本次访谈属于广东外语外贸大学2009级博士生王巍巍学位论文研究的一部分,访谈旨在综合口译员及用户观点,了解双方对于口译服务产品的质量期待,以期进一步了解口译服务质量管控方式。为全面记录观点,本次焦点小组访谈采用笔记和录音两种记录方式,请各位逐个发言。在访谈过程中,没有正确或错误的答案,我们期待倾听不同意见。

焦点小组访谈问题大纲:

(1) 如何看待口译作为一项专业服务?

(2) 成功的口译服务具备哪些要素?

(3) 在会议口译过程中希望达到怎样的效果?

(4) 请描述一次最理想的口译经历。

(5) 请描述一次不理想的口译经历。

(6) 如何收集客户反馈?

(7) 对自己的口译表现如何评价?

(8) 是否有需要补充的内容?

附录5　会议交替传译员调查问卷

问卷说明：

　　尊敬的译员老师，您好！非常感谢您抽空填写本问卷。此问卷是本人①博士论文实证研究中的重要组成部分，您的观点和意见对本研究非常重要。本研究报告仅探讨所有问卷回收整理后之结果，您所提供的个人资料及观点意见绝对保密。

　　1. 本问卷以"会议交替传译"为主题，不包括陪同口译或联络口译。

　　2. 选择题请您用下划线标出选项（如："A. 交替传译"）。问答题请在"："后填写出您的答案（如："工作类型：交替传译"）。

第一部分　调查问卷

　　Q1：请问您在提供会议交替传译服务过程中，最注重哪些特质？其重要性为何？（选项说明：1为完全不重要、5为非常重要，请在选择之处填入"Y"。）

特质选项	重要性				
	1	2	3	4	5
a. 发音地道					
b. 声音悦耳					
c. 表达流畅					
d. 逻辑连贯					

---

①　王巍巍：广东外语外贸大学博士研究生，自由口译员（电话 13632405334，邮箱 wangweiwei96@hotmail.com）

续表

特质选项	重要性				
	1	2	3	4	5
e. 眼神接触					
f. 语法正确					
g. 术语正确					
h. 信息完整性					
i. 意义与原文一致					
j. 与听众及讲者沟通					
k. 语速合适					
l. 其他身体动作					
m. 着装得体					
n. 其他(请说明):					

Q2:完成会议交替传译任务后,是否会对口译服务进行评估? 通常情况下,评估频率为?

A. 从不　　　B. 较少　　　C. 有时　　　D. 较多　　　E. 每次

Q3:请问您认为会议交替传译服务评估的考量为何? 其重要性为何?
(选项说明:1 为完全不重要、5 为非常重要,请在选择之处填入"Y"。)

评估考量	重要性				
	1	2	3	4	5
a. 直接用户反应(包括讲者及听众)					
b. 雇主反应					
c. 同行反应					
d. 自我评估					
e. 其他(请说明):					

Q4:如果进行自我评估,请问评估的质量参数为何? 其重要性为何?
(选项说明:1 为完全不重要、5 为非常重要,请在选择之处填入"Y"。)

评估考量	重要性				
	1	2	3	4	5
a. 准确度					
b. 忠实度					
c. 译语表达					
d. 语言使用					
e. 中立性					
f. 有效沟通					
g. 口译技巧					
h. 仪态举止得体					
i. 与直接用户沟通（包括讲者及听众）					
j. 与雇主沟通（包括会议主办方等）					
k. 其他（请说明）：					

Q5：根据您过往的会议交传经验，会议主办方的类型比例大概各为多少？

会议主办方类型	类型比例%
a. 政府机构	
b. 教育机构	
c. 企业机构	
d. 其他1（请说明）：	
e. 其他2（请说明）：	

第二部分：译员背景

1. 性别
   A. 男　　　　B. 女
2. 年龄

A. 28 岁及以下　　　　B. 29～39 岁　　　C. 40～49 岁　　　D. 50～59 岁

E. 60 岁及以上

3. 教育水平

A. 大学本科　　　　　　　　　　　B. 硕士

C. 博士(包括在读博士)　　　　　　D. 其他(请说明)：

4. 工作性质

A. 自由译员　　　　　　　　　　　B. 教师兼自由译员

C. 机构译员　　　　　　　　　　　D. 其他(请说明)：

5. 会议交替传译工作经验

A. 5 年及以下　　　　B. 6～10 年　　　C. 11～15 年　　　D. 16～25 年

E. 26 年及以上

6. 口译培训背景(可多选)

A. 口译专业　　　　B. 口译培训班　　C. 岗前培训　　　D. 在职培训

E. 无培训　　　　　F. 其他(请说明)：

7. 行业组织会员(请列出您所属的行业组织)：

8. 工作语言(母语/第一外语/第二外语)

母语(请说明)：

第一外语(请说明)：

第二外语(请说明)：

尊敬的译员老师,感谢您抽出时间填写问卷!

附录6　会议交替传译用户 SERVQUAL 期待产品调查问卷

问卷说明：

尊敬的先生/女士，您好！非常感谢您抽空填写本问卷。此问卷是本人①博士论文实证研究中的重要组成部分，您的观点和意见对本研究非常重要。本研究报告仅探讨所有问卷回收整理后之结果，您所提供的个人资料及观点意见绝对保密。

1. 本问卷以"会议交替传译"为主题，即"在国际会议中，发言人讲到一个段落后，停下来，口译员进行翻译，以此方式交替进行的口译服务类型"。

2. 问卷目的在于考察"会议交替传译"这一口译服务的用户期望值。

第一部分　调查问卷

1. 请问在一般情况下，您使用会议交替传译服务过程中，最期待哪些特质？其重要性为何？（选项说明：1 为完全不重要、5 为非常重要，请在选择之处填入"√"。）

评估考量	重要性				
	1	2	3	4	5
（1）发音地道					
（2）语速合适					

---

① 王巍巍：广东外语外贸大学博士研究生（wangweiwei96@hotmail.com）

续表

评估考量	重要性				
	1	2	3	4	5
(3) 声音悦耳					
(4) 表达流畅					
(5) 着装得体					
(6) 仪态举止得体					
(7) 口译服务介绍手册或资料					
(8) 准时到场					
(9) 术语正确					
(10) 语法正确					
(11) 信息完整性					
(12) 意义与原文一致					
(13) 自我更正					
(14) 与用户沟通（例如，告知用户提供口译服务的时间和方式）					
(15) 提供及时的口译服务					
(16) 愿意帮助用户（例如，存在文化沟通障碍时进行适当的解释）					
(17) 译员态度礼貌友好					
(18) 译员知识丰富					
(19) 眼神接触					
(20) 译文逻辑连贯					
(21) 译员能够从雇主处得到适当的支持，以提供更好的服务					
(22) 译员值得信赖					
(23) 优先考虑用户的利益					
(24) 译员了解用户的需求					
(25) 译文能够抓住重点					

续表

评估考量	重要性				
	1	2	3	4	5
(26) 译员具有中立性					
(27) 能够针对个别用户需求相应调整口译服务方式					

如需评论或补充说明,请写出您的意见:

2. 您在使用会议交替传译服务的过程中,最无法忍受(不满意)哪些情况?其程度为何?(选项说明:1 为完全不重要、5 为完全不能忍受,请在选择之处填入"√"。)

评估考量	不满意程度				
	1	2	3	4	5
(1) 停顿、沉默					
(2) 语调沉闷					
(3) 犹豫不决					
(4) 表达断续、不流畅					
(5) 无眼神交流					
(6) 句子不完整					
(7) 术语错误					
(8) 缺乏中立性					
(9) 夸张语调					
(10) 填充词(例如呃、嗯、啊之类)					
(11) 发音不地道					
(12) 吐字不清					
(13) 译文生硬,不自然					
(14) 误译					
(15) 其他(请说明):					

如需评论或补充说明,请写出您的意见:

3. 请问除以上内容外,您期望译员在提供口译服务时还需做到什么?

第二部分:用户背景

1. 性别

   A. 男　　　　　　　　B. 女

2. 年龄

   A. 28 岁及以下　　　B. 29～39 岁　　　C. 40～49 岁　　　D. 50～59 岁

   E. 60 岁及以上

3. 教育水平

   A. 大学本科　　　　　　　　　　　B. 硕士

   C. 博士(包括在读博士)　　　　　　D. 其他(请说明):

4. 工作性质

   • 所在行业:

   • 工作职位:

5. 在过去的 12 个月中,您使用口译服务的经历

   A. 无　　　　　　　B. 1 次　　　　　C. 2 到 5 次　　　D. 6 次及以上

6. 一般情况下,您如何使用口译服务?

   A. 需要完全依赖口译理解

   B. 部分听口译理解,部分自己听原文了解

   C. 完全不需要依赖口译,可以自己倾听并理解外语

7. 您的语言背景(母语/第一外语/第二外语)

   母语(请说明):

   第一外语(请说明):

   第二外语(请说明):

尊敬的先生/女士,非常感谢您填写问卷!

附录7 会议交替传译用户 SERVQUAL 实际感知调查问卷

问卷说明：

尊敬的先生/女士，您好！非常感谢您抽空填写本问卷。此问卷是本人①博士论文实证研究中的重要组成部分，您的观点和意见对本研究非常重要。本研究报告仅探讨所有问卷回收整理后之结果，您所提供的个人资料及观点意见绝对保密。

1. 本问卷以"会议交替传译"为主题，即"在国际会议中，发言人讲到一个段落后，停下来，口译员进行翻译，以此方式交替进行的口译服务类型"。

2. 问卷目的在于考察"会议交替传译"用户对本次口译服务的实际感知。

第一部分 调查问卷

1. 请您依照本次会议交替传译服务使用过程中的实际感受回答以下问题。（选项说明：1 为完全不满意、2 为不满意、3 为一般、4 为满意、5 为非常满意，请在选择之处填入"√"。）

评估考量	口译用户实际感知到的满意程度				
	1	2	3	4	5
（1）译员发音地道					
（2）译员语速合适					

---

① 王巍巍：广东外语外贸大学博士研究生（wangweiwei96@hotmail.com）

续表

评估考量	口译用户实际感知到的满意程度				
	1	2	3	4	5
（3）译员声音悦耳					
（4）译员表达流畅					
（5）译员着装得体					
（6）译员仪态举止得体					
（7）口译现场提供了口译服务介绍手册或资料					
（8）译员准时到场					
（9）译员术语正确					
（10）译员语法正确					
（11）译员信息完整性					
（12）译员结构与原文一致					
（13）译员能够自我更正					
（14）译员能够与用户沟通（例如，告知用户提供口译服务的时间和方式）					
（15）译员能够提供及时的口译服务					
（16）译员愿意帮助用户（例如，存在文化沟通障碍时进行适当的解释）					
（17）译员态度礼貌友好					
（18）译员知识丰富					
（19）译员能够做眼神接触					
（20）译文逻辑连贯					
（21）译员能够从雇主处得到适当的支持，以提供更好的服务					
（22）译员值得信赖					
（23）译员能够优先考虑用户的利益					
（24）译员了解用户的需求					
（25）译文能够抓住重点					

续表

评估考量	口译用户实际感知到的满意程度				
	1	2	3	4	5
(26) 译员具有中立性					
(27) 译员能够针对个别用户需求相应调整口译服务方式					

如需评论或补充说明,请写出您的意见:

2. 您在使用本次会议交替传译服务的过程中,最无法忍受(不满意)哪些情况?其程度为何?(选项说明:1 为完全不重要、5 为完全不能忍受,请在选择之处填入"√"。)

评估考量	口译用户实际感知到的不满意程度				
	1	2	3	4	5
(1) 停顿、沉默					
(2) 语调沉闷					
(3) 犹豫不决					
(4) 表达断续、不流畅					
(5) 无眼神交流					
(6) 句子不完整					
(7) 术语错误					
(8) 缺乏中立性					
(9) 夸张语调					
(10) 填充词(例如呃、嗯、啊之类)					
(11) 发音不地道					
(12) 吐字不清					
(13) 译文生硬,不自然					
(14) 误译					
(15) 其他(请说明):					

如需评论或补充说明,请写出您的意见:

3. 请问除以上内容外,您期望译员在提供口译服务时还需做到什么?

第二部分　用户背景

1. 性别

   A. 男　　　　　　B. 女

2. 年龄

   A. 28 岁及以下　　B. 29~39 岁　　C. 40~49 岁　　D. 50~59 岁

   E. 60 岁及以上

3. 教育水平

   A. 大学本科　　　　　　　　B. 硕士

   C. 博士(包括在读博士)　　　D. 其他(请说明):

4. 工作性质

   • 所在行业:

   • 工作职位:

5. 在过去的 12 个月中,您使用口译服务的经历:

   A. 无　　　　　　B. 1 次　　　　C. 2 到 5 次　　D. 6 次及以上

6. 一般情况下,您如何使用口译服务?

   A. 需要完全依赖口译理解

   D. 部分听口译理解,部分自己听原文了解

   E. 完全不需要依赖口译,可以自己倾听并理解外语

7. 您的语言背景(母语/第一外语/第二外语)

   母语(请说明):

   第一外语(请说明):

   第二外语(请说明):

尊敬的先生/女士,非常感谢您填写问卷!

附录 8　会议交替传译服务用户指南

用户指南简介

口译是译员通过口头表达（或手语）的方式辅助不同语言文化背景的人们进行沟通的一种专业服务。专业译员经过严格训练，不仅拥有双语能力，且具备口译能力。在口译过程中，译员在理解源语（source language）的基础上，通过口头表达（或手语）的方式用目标语（target language）传达发言人的意思。

本指南旨在帮助口译用户更好地了解口译服务，从而与译员共同协作达成最佳口译服务质量，以促进口译产品质量及用户满意度提升。

会议交替传译服务是什么？

"会议口译"，顾名思义，通常指在多国跨语种会议中所使用的口译服务。从工作方式看，会议口译主要分"同声传译"及"交替传译"两种。在"会议交替传译"的服务过程中，口译员通过听解发言人讲话，辅以口译笔记，在发言人讲话段落完毕后，使用目标语言传译讲话信息。在设备方面，"会议交替传译"服务无特殊要求。与"会议同声传译"相比，"会议交替传译"需要双倍的时间量，因此并不总是适合语种较多及讨论频繁的会议。

会议交替传译员如何工作？

与单一语言转换不同，口译服务质量的影响因素除来自语言本身外，还包含译员对社会文化背景的认知、交际沟通目的的理解、主题知识的熟悉程度等。在提供专业口译服务的过程中，会议交替传译员会基于与用户的译前沟通及自己过往的口译经历进行译前准备,并在会议现场根据具体情况选择合适的表达方式,尽可能在形式、内容及交际层面保证口译质量,传译源语信息。因此,口译用户的作用不可或缺。

翻译服务公司的作用

专业翻译服务公司以项目管理的方式,针对项目需求派遣相应项目经理与用户沟通,在理解用户的意图及要求的基础上建议口译工作方式并选择合适的专业译员。在此基础上,项目经理协同用户与译员双方,为口译任务做会议前准备。

在会议口译服务的进行过程中,翻译服务公司项目经理亦可针对性地跟进会场设备状况,监控每位译员的口译情况,实时与译员及用户交流与磋商,协助译员及用户解决会议口译过程中出现的各种问题,在必要的时候做出调整,以确保会议口译项目的整体效果与质量标准。

口译用户(会议组织方及发言人为主)可以做什么以实现更好的会议交传服务效果?

成功的口译服务来自专业翻译服务公司、专业译员及口译用户的多方协作,充分的译前沟通及资料准备是口译服务质量的保证。

【译前沟通】

• 发言人:在会议开始前,提醒发言人在合适的长度暂停,由译员完成该段落口译后,继续发言(特别告知发言人,如果两人以上同时发言,译员或无法高质量完成口译工作)。控制发言速度及音量,合理安排发言人与译员距离,确保译员可以无障碍接收到全部源语信息。同时,为译员提供合理的饮食和中途休息时间以避免工作效率减低。

• 口译员:告知译员您期望通过会议口译的交际沟通达到的目的或效果。在发放译前准备资料时,告知译员文件保密性,例如是否需要立即删除或返还纸质文件。如果会议内容专业化或技术性程度较高,建议为译员提供简短介绍,以促进口译服务达到最佳效果。

【会议前三周】译前准备文件清单:

尽早提供会议相关资料,留给译员足够的时间做充分译前准备。

• 会议议程

- 过去（或同类）会议的议程和会议纪要
- 词汇表（如有专业词汇或词语专门要求，请特别注明）
- 任何在会议上要讨论的文件
- 发言大纲或 PPT
- 发言人简介
- 相关网站链接

【会议前三天】会议资料清单：

- 最新会议议程
- 发言人讲稿
- 发言人 PPT
- 主持词
- 嘉宾名单（包含性别、头衔、所在单位）

【会议当天】发言人注意事项：

- 语速适中，清晰扼要
- 避免使用行话或俚语
- 尽量避免使用双关语或笑话（因这些表达往往难以译出合宜效果）

附录9　反省式有声思维实验转写内容举例

编号:TAP 3.1.3.1(源语中文、译语英文及反省式有声思维转写内容)①

刘延东同志在表彰大会上发表了一篇重要讲话,它的题目是"国家发展,希望在教育;办好教育,希望在教师"。所以,为什么我觉得你问的,第一个问题特别重要呢?为什么党中央、国务院和人民群众对教师队伍建设这么重视呢?

And actually the member of the State Council Liu Yandong held an important speech in the awarding ceremony of the national teachers. And her speech was something like that … the national development of China relies on the education; and the development of the Chinese education relies on the teacher faculty's quality. So I would like to say that the first issue you mentioned is very important. It's about building of the faculty team. And as you see the party leaders and State Council members and people all across China pay special attention and great importance to the issue of education.

S:我刚才想说,你有没有留意"办好教育希望在老师",我又用了一次faculty,其实我觉得我其实应该是想说 teachers,但是因为我用惯了faculty,因为我在说老师的时候,我们大学老师就会用 faculty members,然后就会有这种现象。然后我觉得"它的题目是什么"的时候,我用的是

---

① 本附录文字未加任何编辑润色,文字错误也未加修改,以保留原貌。

sth. like this,我觉得这样听回去的话,我觉得这不是一个正规的场合的表达,这样就会显得把它的 register 很随意那样的。因为我觉得在一个 dialogue 里面的话,我说 the title of his speech is sth. like this 的话,我觉得是没问题。但是因为这个是一个 conference,就是比较正规的,我就觉得这个可能,这样听回去可能就不用 sth. like this,但是我用 sth. like this 的原因是因为我看我的笔记,我没有一下子能够看得懂或者说我没有一下子能够组织的了那个他的题目是怎么翻,所以我就用了一点点时间,争取了一点点时间,所以就用了 sth. like this。然后就把它翻出来。

从有学上到上好学,从大到强,最关键的问题是什么?是质量。而提高教育质量的最核心的问题是什么?最关键的问题是什么?是教师,是教师队伍建设。所以大家都知道,百年大计,教育为本;教育大计,教师为本。

So you see the change from having access to schooling to having access to good schooling and also the change from big nation to a strong nation. And we think that the quality of education is very important that is why we rely on the building of our faculty team and our teachers' members. And we hope that in the next hundred years' endeavor, we will stress the importance of education and the quality of education.

S:最后我没有译出来"教育大计,教师为本"? 还是变成了后面一段的?

R:就是你会翻成,we hope that in the next hundred years' endeavor。

S:不是,那个是"百年大计,教育为本",不可能啊,那应该看没记住了,笔记上也没有。其实那个"从大到强",其实没有太知道他说的是"从一个大国到一个强国"还是什么,所以我当时翻,就是把自己的理解带上去,就翻的"big nation to strong nation",就把"国"给加上去了,我就是不知道他是不是说的这个意思。另外一点,有一句,他是用问题来表达,比如说"最关键的问题是什么? 是教师"之类的,然后我就没有用问题,直接就用了陈述句把它的意思带出来了。因为我觉得如果我用疑问句表达,我不觉得这是英文中常见的表达方式,就是中文可能会用自问自答的方法来强调 information,但是我觉得英文强调的时候很少用这种自问自答的方式,所以我没有用这种方式。

所以我们教师队伍建设还存在着很严峻的挑战,一个最突出的就是我们农村教师队伍的建设,刚才你提的这个问题确实是一个非常重要的问题。

And when we are trying to build our team and one of the most demanding challenges is actually the construction of faculty in the rural area, so that is why I think your question pinpoints the importance of this issue.

　　S:我听到一个语法错误,one of the most demanding challenges。

　　R:"刚才你提的这个问题确实是一个非常重要的问题"前面你加了一个 so,所以你是意识到句与句之间暗含着某种关系的时候将信息显化了吗?

　　S:其实我没有很有意识的加这个 so,但是我就觉得这样会很顺,所以就加了。

在很多措施当中,最根本的一条,是今年 1 月 1 日开始实施的义务教育教师绩效工资制度。在这个要求呢,第一,是要求我们的义务教育的老师,特别是农村的义务教育的老师的工资收入要不低于当地公务员的。当然,绩效工资制度不仅仅是收入的提高,同时也是一次人事分配制度的改革,我们进行绩效考核,进一步地调动广大教师的积极性。

And one of the key measure is actually the performance-based salary and this is enacted in the first of January of this year. And through this performance-based salary, we mended that the teachers in the compulsory educational years, especially those in the country, in the rural area. Their salary should not be lower than the, than that of the civil servant of the same area. And we hope that through the economical status enhanced, the distribution system of the resources and also the salary will be optimized. And this will help us to increase the dynamics and also the motivation of the teachers in the rural area.

　　S:其实我当时听到"公务员"的时候脑袋有点空白,其实正常情况下,不用 civil 很久以后才把 servant 说出来，所以翻的，整句话听上去会不太好。然后我当时没听到"人事分配制度"，所以我就自己加了一个 resources，因为我没听到"人事"。

R：还有就是"收入有所提高"，然后你说的是"地位有所提高"。

S：对，其实我记下来的确实是"收入"，但是翻的时候我就不知道为什么他会变成了一个境界提高。

R："在很多措施当中，最根本的一条"用的是 one of the key measure。

S：其实我觉得他说的最根本，其实并不是真的很根本，就是当我们的 Chinese speaker 说最根本的时候，他们的意思只是"最有效的一条是……"这样的意思。就是我把他的 degree soften 了一下。我没有真的是根本那个意思。

我们的一个基本思想就是要吸引社会上优秀的人才来当老师，要吸引优秀人才到农村，到基层，去长期从教，终身从教。

Our basic mindset is to attract excellent teachers to go to the countryside or to go to the rural area to devote themselves to the educational endeavors and also to the grass-root level to devote themselves to the educational endeavors for relatively long period of time or even for their life time.

S：我当时是记了农村和基层的，但是我翻的时候先把农村翻了，其实他应该是把农村和基层一起当成是一个地点，但是我会发现我当时很怪又 to the grass-root level to 什么什么，因为我发现我翻完了农村以后，又漏了基层，所以我又把基层补上去，但是我觉得这是一个非常累赘的表达。

图书在版编目(CIP)数据

口译产品质量与用户满意度研究：以汉英会议交替
传译为例 / 王巍巍著. —杭州：浙江大学出版社，
2021.9
ISBN 978-7-308-21700-2

Ⅰ.①口… Ⅱ.①王… Ⅲ.①英语—口译—研究
Ⅳ.①H315.9

中国版本图书馆 CIP 数据核字(2021)第 171411 号

中华译学馆 莫言题

口译产品质量与用户满意度研究：以汉英会议交替传译为例
王巍巍 著

丛书策划	包灵灵	
责任编辑	诸葛勤	
责任校对	陆雅娟	
封面设计	闰江文化	
出版发行	浙江大学出版社	
	（杭州市天目山路 148 号　邮政编码 310007）	
	（网址：http://www.zjupress.com）	
排　　版	浙江时代出版服务有限公司	
印　　刷	杭州高腾印务有限公司	
开　　本	710mm×1000mm　1/16	
印　　张	16.25	
字　　数	284 千	
版 印 次	2021 年 9 月第 1 版　2021 年 9 月第 1 次印刷	
书　　号	ISBN 978-7-308-21700-2	
定　　价	65.00 元	